新・基礎からの社会福祉

2

ソーシャルワーク

空閑浩人
[編著]

ミネルヴァ書房

はじめに

　今日の社会状況のなかで，たとえば経済的なことや健康上のことなど，様々な理由で，生きづらさや生活のしづらさを抱える人々がいる。ソーシャルワークとは，そのような状況にある人々にかかわり，寄り添いながら，その生活を支える社会福祉援助の仕事である。

　本書は，ソーシャルワークをはじめて学ぶ方々に向けて書かれたものである。日本のソーシャルワーカーの国家資格である社会福祉士資格が誕生して，まもなく30年が経とうとしている。また，この間ソーシャルワーカーとしてのより高い実践力を証明する認定社会福祉士制度も誕生した。社会福祉分野に限らず，医療や教育，司法や労働などの様々な分野で，ソーシャルワーカーの働きが求められる時代となった。本書の執筆と編集にあたっては，読者のみなさんが，ソーシャルワークの基礎的な内容はもちろんのこと，様々な分野におけるソーシャルワークの可能性，その実践の魅力や醍醐味，そしてソーシャルワーカーであることの喜びにも触れていただけるような執筆と編集を心がけたつもりである。

　ソーシャルワークとは，何らかの支援が必要な人の，その生活や人生が少しでも豊かなものになるように，その人が自らの生活や人生の主人公となるように，また主人公であり続けるために，かかわり，寄り添い続ける営みである。また，そこで暮らす一人ひとりが大切にされる地域や社会であるために，人々を取り巻く環境にも働きかける営みである。そして，ソーシャルワーカーとは，人々の生活，痛み，悲しみ，喜びに寄り添い，そして人々の人生の一時期に寄り添う，社会福祉援助の専門職である。

　本書を手にとられたみなさんが，ソーシャルワークへの興味をもち，ソーシャルワークの学びと実践への関心を拡げることになれば，執筆者一同この上ない喜びである。さらにみなさんが，将来，社会福祉士の資格を取得され，ソーシャルワーカーとしてさまざまな現場で活躍されることを願ってやまない。

2014年12月

編著者　空閑浩人

もくじ CONTENTS

はじめに

第Ⅰ部　ソーシャルワークをとらえる

第1章　現代社会とソーシャルワーク

第1節　ソーシャルワークとは何か……4
人生で体験する様々な出来事…4／人は一人では生きていけない…4／「社会的な支え」が必要なとき…5／社会福祉援助としてのソーシャルワーク…6

第2節　社会福祉とソーシャルワーク……8
「ヒト」ではなく「人」として…8／「社会の一員」としての幸せ…8／社会福祉の根本となる考え…9／制度やサービスと当事者をつなぐ…10／専門職による社会福祉援助活動…10

第3節　ソーシャルワークが求められる社会状況……12
個人に起こる問題を社会的な問題として…12／高齢者とその介護を支える…12／社会参加や社会的活動を支える…12／子どもを守り，子育てを支える…13／自殺や孤立死をさせないために…14／非行や犯罪に走る子どもたちへの支援…14／不登校の状態にある子どもたちへの支援…14

第4節　ソーシャルワークの視点と役割……16
「あたりまえ」の日常を支える…16／人の「生き方」にかかわる営み…16／対個人と対社会への視点…16／ソーシャルワークの「生命線」…17／人間の「ライフ（Life）」を支える…18

第5節　ソーシャルワークが行われる場所……20
実践される場所と機会の広がり…20／福祉行政機関…20／様々な社会福祉施設や機関…20／医療や司法，教育分野での働き…20／国際的な場におけるソーシャルワーク…21

CONTENTS

第2章　ソーシャルワーカーの資格と仕事

第1節　ソーシャルワークとソーシャルワーカー………… 26
ソーシャルワーカーという人…26／人が人を支える…26／「人生の主人公」であるために…27／「かかわり続ける」専門職…28／時代が求めるソーシャルワーカー…28

第2節　ソーシャルワーカーの資格………… 30
国家資格の必要性…30／社会福祉士，介護福祉士，精神保健福祉士の誕生…30／社会福祉士への期待…31／社会福祉士に必要な知識と技術…32／「認定社会福祉士」制度の創設…32

第3節　社会福祉士の役割と仕事………… 34
社会福祉士の定義…34／社会福祉士の義務…34／連携とチームアプローチによる実践…35／地域福祉の推進のために…36

第4節　ソーシャルワーカーの専門性………… 38
ソーシャルワーカーにはなぜ専門性が必要なのか…38／ソーシャルワーカーが専門職であるための条件…38／成長する専門職として…39／時代や社会の要請に応える専門職…40

第5節　ソーシャルワーカーを支える職能団体………… 42
専門職と職能団体…42／日本社会福祉士会の活動…42／日本ソーシャルワーカー協会の活動…43／日本精神保健福祉士協会の活動…44／その他の社会福祉職の職能団体…4

第3章　ソーシャルワークの定義と歴史

第1節　ソーシャルワークのグローバル定義………… 48
ソーシャルワークのグローバル定義…48／ソーシャルワーカーが果たすべき務めとは何か…48／ソーシャルワーカーの考え方と行動の根拠となる原則は何か…50／ソーシャルワーカーはどのような知識を使うのか…52／ソーシャルワーカーはどのような実践を行うのか…52／ソーシャルワークの定義の3つのレベル…52

CONTENTS

第2節　ソーシャルワークの誕生……………54
19世紀から20世紀初頭のアメリカの時代背景…54／COSの活動…54／セツルメントの活動…56／リッチモンドによるケースワークの体系化（1900年代から1920年代）…56

第3節　ソーシャルワークの発展……………58
精神医学の氾濫…58／診断主義と機能主義の論争（1930年代から1950年代）…58／内外からのケースワーク批判（1960年代から1970年代）…59／システム論，生態学的視点の登場（1980年代から現代）…60

第4節　現在のソーシャルワーク……………62
ソーシャルワークの統合化…62／ソーシャルワークの共通基盤…62／生態学的視点と生活モデル…63／ジェネラリスト・ソーシャルワーク…64

第4章　ソーシャルワークを支える理念

第1節　ソーシャルワークを支える理念……………68
実習でソーシャルワークを支える考え方に出会う…68／卒業レポートを書く中でソーシャルワークを支える考え方に気づく…68／ソーシャルワークを支える考え方としての理念…69／ソーシャルワークを支える理念と価値・倫理…70

第2節　一人ひとりの「生活」を「支援する」ということと，ソーシャルワークの理念……………72
人々が営む生活を支援するということ…72／一人ひとりの生活を営む権利を私たちの社会は保障する…73／ソーシャルワーク実践にともなう社会的責任と理念・価値・倫理…74／ソーシャルワークの仕事がもつ意義や特性と，理念・価値・倫理…74

第3節　ソーシャルワークにおける「利用者本位」とは何か……………76
ソーシャルワークにおける利用者とは誰か…76／「利用者本位」とはどのような考え方か…76／利用者からみたソーシャルワーカー…77／「利用者本位」を重視した援助関係と原則…78

CONTENTS

第4節　ソーシャルワークにおける「自立支援」とは何か
……………80

法に定められている「自立した日常生活」の営みへの支援…80／「自立」した「生活」を支援するということ…80／自立生活運動にみる自立観…82／自己決定や自己実現を支えるということ…82

第5節　ソーシャルワークを支える ノーマライゼーションと社会的包摂……………84

私たちの社会における自殺の問題を考える…84／自殺の原因・背景とソーシャルワーク…84／社会的存在としての人間の尊厳と社会正義…85／ノーマライゼーションの理念…86／社会的包摂…86

第5章　ソーシャルワークの倫理

第1節　ソーシャルワークにおける倫理…………90
倫理とは何か…90／なぜソーシャルワークに「倫理」が必要なのか…90／倫理綱領の原点…91／信頼関係の重視…92

第2節　専門職と倫理綱領…………94
倫理と価値…94／倫理綱領の特徴…94／倫理綱領策定の経緯…96

第3節　倫理的ジレンマとは…………98
ジレンマの定義…98／価値のジレンマが生じる理由…98／ジレンマと葛藤…100／倫理的ジレンマの例…101／倫理を学ぶ意味について…102

CONTENTS

第Ⅱ部　ソーシャルワークを行う

第6章　ソーシャルワークの方法と技術

第1節　ソーシャルワークの共通基盤……………108
状況の中にいる人…108／人と社会環境との関係を調整する…108／ソーシャルワークを構成する要素…109／価値・知識・方法と技術…110

第2節　個人や集団にかかわるソーシャルワーク…………112
ソーシャルワークの多様な形態と技術…112／個人に対するソーシャルワーク…112／生活の「主体」であることを支える…113／グループを対象とするソーシャルワーク…114／メンバーを支える相互援助関係…114

第3節　地域を対象とするソーシャルワーク…………116
地域を支えるソーシャルワーク…116／地域の社会資源を開発する…116／深刻化する社会的孤立の問題…117／孤立予防のための居場所づくり…118／つながりを取り戻すソーシャルワーク…118

第4節　社会環境への働きかけとその他の関連技術…………120
社会環境の整備や改善に向けて…120／計画的・効果的なサービスの整備や提供のために…120／ケアマネジメントとネットワーキング…121／カウンセリングとソーシャルワーク…122／スーパービジョンとコンサルテーション…122

第5節　ソーシャルワークの展開過程…………124
過程（プロセス）としてのソーシャルワーク…124／導入（インテーク）…124／情報収集と事前評価（アセスメント）…124／契約…125／援助目標の設定と援助計画の作成…126／援助活動（介入）の実施…126／点検と評価（およびフィードバック）…126／終結と追跡調査…127

CONTENTS

第7章　ソーシャルワークと権利擁護

第1節　権利擁護が求められる背景……………130
「自分らしく暮らす」という権利を護る…130／契約によるサービスの利用のなかで…130／利用者の権利侵害の問題…131／社会的孤立とセルフ・ネグレクト…132

第2節　権利擁護とは何か…………134
ソーシャルワークと権利擁護…134／権利擁護の意味…134／社会福祉法で規定された権利擁護制度…135／成年後見制度とオンブズパーソン…136／暮らしのSOSに敏感であること…136

第3節　権利擁護のソーシャルワーク実践…………138
保護の対象から権利の主体へ…138／人がもつ「ストレングス」への信頼…138／地域とのつながりをつくる…139／地域に働きかけるソーシャルアクション…140／環境づくりとしてのエンパワメント…140

第8章　多職種連携とソーシャルワーカー

第1節　ソーシャルワーカーに求められる総合的かつ包括的な援助…………144
総合的・包括的な援助が求められる時代背景…144／多職種との連携は社会福祉士の責務…145／総合的・包括的援助になぜ多職種の連携が必要か…146

第2節　地域における多職種連携…………148
多職種の中で発揮される社会福祉士の視点…148／狭間にこぼれ落ちる人を見逃さない力…150

第3節　多職種連携によるチームアプローチを機能させるためのソーシャルワーカーの役割…………152
多職種連携（チームアプローチ）とは何か…152／チームで取り組むべき様々なコンフリクト…153

CONTENTS

第4節 ケースカンファレンス・サービス担当者会議・地域ケア会議の必要性………… 156

カンファレンスにおけるコミュニケーションの重要性…156／地域包括支援センターにおける多職種連携の実際…156／ジェネラリストの視点に基づく地域を基盤とするソーシャルワーカー…157

第9章 ソーシャルワーカーの現任研修

第1節 関係性に着目するソーシャルワーカー………… 160

関係性で結ばれた私たち…160／人と環境との交互作用…160／関係性のなかで利用者の主体的な問題解決を支えるソーシャルワーカー…162

第2節 一人前になるために必要なトレーニング………… 164

資格取得がスタート──知っていることを使えるように…164／なぜ，学び続けることが必要なのか…164／養成校での学びと福祉現場での学び…165

第3節 一人前に向けてどのように何を学ぶのか──研修内容と方法………… 168

職場で・職場外で，自分で学ぶ…168／職員・利用者・家族などの多様な関係性から学ぶ…168／学ぶことを支える所属感…170

第4節 かかわり続けることで培われるソーシャルワーカーの実践力………… 172

状況に対応するソーシャルワーカーの実践力…172／状況に支えられて培われる私（個人）と私たち（集団）の実践力…172

第5節 私の支援をふり返る──スーパービジョンの必要性………… 176

スーパービジョンとは何か…176／スーパービジョンの必要性…176／スーパービジョンの方法…177

第10章　ソーシャルワークの実践研究

第1節　実践とは何か……… 182
学校で学んだ知識がそのまま使えるわけではない…182／利用者と向き合い試行錯誤や創意工夫を繰り返す…182

第2節　「実践研究」という言葉をどうとらえ言語化するか……… 184
「実践→総括→再実践」の手段としての実践研究…184／実践研究という言葉の整理…184／実践研究にはエビデンスがないのか…186／実践を語る機会の確保と書く行為の活用…186／実践記録を手がかりにする…188

第3節　事例検討会を運営する方法……… 190
事例検討会への参加と意義…190／事例検討会の基本的ルールと展開——序盤…190／事例検討会の基本的ルールと展開——中盤…192／事例検討会の基本的ルールと展開——終盤…192

第4節　研究成果を発表する方法……… 194
研究の対象となる実践事例を選ぶ…194／論文形式で発表する際の留意点…195

さくいん……… 201

第Ⅰ部

ソーシャルワークを とらえる

第1章

現代社会と
ソーシャルワーク

本章で学ぶこと

●私たちの生活とソーシャルワークとの関係を学ぶ。（第1節）

●社会福祉とソーシャルワークの関係を学ぶ。（第2節）

●ソーシャルワークが必要とされる様々な社会問題を学ぶ。（第3節）

●個人と社会にかかわるソーシャルワークの視点や役割を学ぶ。（第4節）

●ソーシャルワークはどこで実践されているのかについて学ぶ。（第5節）

第1節 ソーシャルワークとは何か

この節のテーマ
- 人の生活や人生に起こりうる出来事を知る。
- 生活問題や生活困難状況について理解する。
- ソーシャルワークが社会的な支えであることを知る。

人生で体験する様々な出来事

　私たちは、この世に生を受けてからその生を終えるまで、人生のなかで様々な出来事を体験する。そのような出来事には、もちろんうれしいことや楽しいことがたくさんある。たとえば家族での団らん、学校での勉強、友人との遊び、クラブ活動、進学、恋愛、就職、結婚、出産や子育てなどは、人生の充実感や幸せを感じる出来事や体験となる。

　しかし一方では、そのような出来事に対して、必ずしも幸せや喜びを感じられないということも起こりうる。学齢期には、学校での勉強についていけないこと、あるいは不登校やいじめを体験することもある。その後も、志望高校や大学の受験に失敗したり、就職がうまくいかなかったり、就職はしたものの、会社が倒産したり、事故による怪我や病気で仕事が続けられなくなることもある。また、出産後の子育てや高齢になった親の介護のことで悩むこともある。さらに長い間ともに生きてきた親や配偶者を亡くし、つらさや悲しみの時を過ごすこともある。

　このように、その内容は人によって様々であるが、私たちは人生のなかで、楽しいことやうれしいことばかりでなく、色々な困りごとや悩み、悲しいことも体験する。

人は一人では生きていけない

　もしもあなたが、何かの困りごとをかかえたとしよう。そのときあなたはどうするだろうか。自分の力で何とか乗り越えようとがんばるだろうか。困りごとの中身によっては親や兄弟に相談することもあるだろう。もしくは、学校の先生や仲のよい友人に悩みを聞いてもらうこともあるかもしれない。あるいは信頼できる知人に助けを求めるかもしれない。そうやって私たちは、人生の様々な場面で、時には家族や友人など周囲の人々に支えられ、日々の生活を営み、自分の人生を生きている。

　このことは、つらく悲しいときだけでない。うれしく楽しいときも、それが誰かの支えがあってのことといえる体験も多くある。そもそも人は生まれて間もない頃には、必ず誰かの世話が必要である。このように、私たちが生きて生活していくことは、家族や親戚、学校の先生や友人、会社の同僚など、誰かの支えがあってはじめて成り立つことであり、人は誰もが一人では生きていくことができない存在なのである。

「社会的な支え」が必要なとき

　それでは，私たちが生活していく上で，何かの困りごとを抱えたときに，誰も相談する相手がいない，手伝ってくれる人がいない，助けを求めても応えてくれる人がいない，あるいは誰に相談したらいいのかわからないという状況を想像してみよう。たとえば以下のような場面である。

- いじめられて**不登校**になったが，親や先生が自分の気持ちをわかってくれない。
- 会社の人間関係での悩みから引きこもりになり，**社会復帰**できない。
- 結婚後，夫から暴力をふるわれているが，逃げ出すことができない。
- 働いていた会社が倒産して失業したが，次の仕事が見つからない
- 子どもに障害があることがわかったが，これからどうすればいいかわからない。
- 毎日の子育てに精神的にも疲れているが，手伝ってくれる人がいない。
- 同居している親の介護で疲れているが，家族の協力が得られない。
- **認知症**の夫が深夜に突然起きては外に出かけるので，毎日眠れない。
- 長期入院が必要な病気になり，妻子の生活のこともあり家計に余裕がない。
- 就労しての自立生活を望んでいるが，**精神障害**に対する職場や地域の理解がない。

　このような様々な困りごとに対して，自らの力で，また家族の力だけでは解決できないとき，あ

必ず覚える用語

- ☐ 不登校
- ☐ 社会復帰
- ☐ 認知症
- ☐ 精神障害
- ☐ 社会福祉援助
- ☐ ソーシャルワーク
- ☐ 社会福祉サービス

◆1　不登校
文部科学省によれば，年間30日以上を欠席する（長期欠席）状態で，「何らかの心理的，情緒的，身体的，あるいは社会的要因・背景により登校しない，あるいはしたくてもできない状況にあること（ただし病気や経済的な理由によるものを除く）」と定義している。2012（平成24）年度の文部科学省による調査では，11万2689人の小中学生が不登校の状態にあるとされた。これは全児童生徒数（1033万3629人）の1.09％にあたる。

◆2　社会復帰
何らかの病気や事故などで正常な社会活動ができなくなっていた人が，再び社会で活動するようになる（社会参加する）ことをいう。具体的には，就労やボランティア活動への参加，サークル等で人間関係を広げることなどである。障害等による生活の困難をかかえる人の社会復帰や社会参加を支援することもソーシャルワークの役割である。

◆3　認知症（dementia）
脳や身体の疾患を原因として記憶力・判断力などに障害が起こり，普通の社会生活が営めなくなった状態のことをいう。脳の働きの一つである認知機能が低下するために，様々な生活場面に支障をきたす病気であり，加齢にともなって起こる単なる「もの忘れ」とは異なる。症状は様々で個人差があるが，人や時間，場所などを認識する知的能力や家事などを行う日常生活能力の低下，また精神的な不安定や，徘徊などの行動の障害が見られる。

第1章
現代社会とソーシャルワーク
第1節　ソーシャルワークとは何か

るいは親戚や友人や同僚などの周囲からの助けを得られないとき，その困りごとは生活していく上で問題となる。これが生活困難や生活問題といわれる状況である。何らかの生活問題を一人でかかえ込んでしまい，誰にも相談できず助けを求めることができないままに，その問題が深刻化することもある。

このような生活問題や困難状況が，解決・改善されて，再び安定した生活を取り戻すためには，相談できる場所や何かの制度やサービス，専門家による援助などの「社会的な支え」が必要である。この「社会的な支え」となるしくみの一つが，社会福祉の制度や様々なサービスであり，そのような制度やサービスを活用しながら生活困難状況にある人々を支える営みが**社会福祉援助**の活動，すなわち**ソーシャルワーク**◆5である。

社会福祉援助としてのソーシャルワーク

「社会的な（Social）」「営み・仕事（Work）」と表現されるソーシャルワーク（Social Work）とは，社会福祉援助の実践やその方法のことである。それは，子どもから高齢者まで，この社会で暮らす人々の，毎日の生活を支える営みである。

人は誰も自分や家族の幸せな人生を願って生きている。上で挙げたような生活問題や生活困難状況に，自ら望んでなるのではない。また，これらは決して一部の人々に起こることではなく，誰の生活にも起こる可能性があることである。そのような状況にあるとき，人々の生活の「社会的な支え」となるものに社会福祉の制度とそれに基づく**社会福祉サービス**◆6がある。しかし，それらの制度やサービスは，単に存在するだけでは意味がない。必要な人にきちんと利用されてはじめて，「社会的な支え」として意味があるものとなる。そのために必要な働きがソーシャルワークである。

ソーシャルワークとは，何らかの生活問題や困難状況を抱えている人々にかかわる営みである。様々な社会福祉の制度やサービスを活用しながら，それらの人々の生活を支援する「社会的な支え」の活動やその方法である。同時にソーシャルワークは，社会福祉の制度やサービスがより利用しやすく，より質の高いものになるように改善を促す働きも担う。

さらに，ソーシャルワークは，家庭や学校，職場や地域など，人々の暮らしの場や生活環境にも働きかける。人々に何らかの生きづらさや生活のしづらさをもたらすような環境があれば，それを改善するという役割も担っている。たとえば地域のなかで，障害をもつ人や高齢者などに対する差別や偏見，無理解などがあれば，それをなくして周囲の理解を促し，誰もが住みよい地域にするための活動も行うのである。

Check

次の文の正誤を答えなさい。

生活システムの中心は個人であるため、ソーシャルワークは個人を特化して、その変化に焦点を当てて働きかける。

（答）×：個人だけでなく、家庭や地域など個人を取り巻く生活環境にも働きかける。
（第23回社会福祉士国家試験問題91より）

Close up

ソーシャルワークの仕事を描いたドラマ「サイレント・プア」

2014年4月から6月にかけてNHKで放送されたドラマ「サイレント・プア——私はその手を離さない」をご存じだろうか。

「声なき貧困＝サイレント・プア」と呼ばれる、「外からは見えない・見えにくい貧しさ（生活困難状況）」を抱える人々にかかわり、その生活を支援する活動を行うコミュニティ・ソーシャルワーカー（Community Social Worker：CSW）にスポットライトを当てた社会派ドラマである。

女優の深田恭子演じる主人公の里見涼（社会福祉協議会のCSW）が出会うのは、ゴミ屋敷の住人や、引きこもり、ホームレス、若年性認知症などの状態にある、社会の中で孤立を強いられる人々である。「人は何度でも生き直せる」という信念のもと、そのような人々の生活を支え、立て直すべく、地域を基盤にしたソーシャルワークを実践するCSWの姿が描かれている。

ドラマのキャッチコピーである「私は、その手を離さない」という言葉は、「誰もが地域社会の一員であること」を支える、すなわち「その地域で暮らす一人ひとりを孤立させない」という、社会福祉やソーシャルワークの基本を表す言葉であるといえる。

◆4 精神障害

脳の器質的変化や機能的障害によって、様々な精神・身体症状や行動の変化が現れる状態をいうが、法律や診断基準によって様々な定義があり統一されていない。ソーシャルワークにおいては、神経症や統合失調症などの精神疾患にともなう様々な生活の困難がある状態としてとらえる。その生活困難状況が病気だけによるものではなく、周囲の人々や社会環境との関係で生じるという視点が重要である。

◆5 ソーシャルワーク（Social Work）

社会福祉の専門的な援助活動の実践や方法を総称するものとして使われる。過去には社会事業と訳されたこともあった。「社会福祉士及び介護福祉士法」では、社会福祉士が担う業務として「相談援助」とされている。今日では社会福祉分野に限らず、医療、教育、司法分野など様々な分野でソーシャルワークが求められ、その実践が行われている。

◆6 社会福祉サービス

高齢者福祉サービスや障害者福祉サービスなど、社会福祉制度に基づいた様々なサービスがある。サービスの形態としては、在宅で生活しながら利用する居宅サービスと、その施設に入所して利用する老人ホームなどの施設サービスに分けられる。またサービスを提供する主体としては、行政などの公的機関や、社会福祉法人、医療法人によるもの、また株式会社などの営利法人やNPO等の非営利法人によるものなどがある。

第2節 社会福祉とソーシャルワーク

この節のテーマ
- 社会の一員としての幸福について考える。
- 社会福祉の基盤となる考えについて知る。
- 社会福祉とソーシャルワークの関係を学ぶ。

「ヒト」ではなく「人」として

ソーシャルワークと密接に関連する「**社会福祉**」という言葉には、どのような意味があるのだろうか。最初に私たちの生活と「**社会**」との関係について考えてみたい。

私たち人間は、まず一つの「生命体」としてこの世に存在している。同時に、家族や友人など色々な人や場所とのつながりのなかで日々の生活を営んでいる。単に「ヒト」ではなく「人」、つまり「社会的な存在」として生きていることになる。それは具体的には、家族や地域、学校や職場など、人々の集まりである様々な「社会」に所属しながら、その社会の一員として、日々の生活（社会生活）を営んでいることを意味する。

家族や友人と一緒にいることや、学校や職場に通うこと、あるいは遊びや買い物に出かけることなど、私たちの日々の生活は、様々な場所での様々な人々とのつながりのなかで成り立っている。

「社会の一員」としての幸せ

「**福祉**」とは、「幸福」や「生活の安定」を意味する。したがって、「社会福祉」とは「社会の幸せ」、すなわち「社会の中で、社会の一員としての個人の福祉、一人ひとりの福祉が実現され、保障される状態」を意味する言葉である。それは、家族や友人、また職場や地域の人々とのつながりのなかでの、生活の安定や幸せな状態を意味する。決して、社会のなかの大勢が幸せであれば、一部の人たちはそうでなくてもよいということではない。誰もが社会の一員として、つまり家族や地域、学校や職場などの一員として、様々な社会とのつながりのなかで安定した生活を送ることを意味している。

言い換えれば、たとえば何らかの病気や重い障害を抱えている人であっても、また認知症や寝たきりの状態にある高齢者であっても、社会とのつながりを失うことのないようにすることである。そして、もしもつながりを失い孤立した状態にある人がいれば、新たなつながりがもてるように人や場所とつなぐことが必要である。誰もが孤立することなく、社会とのつながりのなかで、それぞれの安定した生活の維持や回復を目指すことが、「社会福祉」の意味である。

「社会福祉」が意味する社会の幸せ、社会のなかでの生活の安定とは、社会を構成している一人ひとりの「福祉」が保障されて初めて成り立つ。そのような「社会の一員としての個人の福祉」の実現を目指すこと、すなわち「**社会的存在**」であ

る人間として「人の間」で生きていくなかでの幸福や生活の安定の実現が「社会福祉」の目標である。そして、そのあり方を見いだしていくことが、社会福祉やソーシャルワークの学びである。

社会福祉の根本となる考え

「社会福祉」という言葉は、それが使われる文脈によって、その根本の考えとしての理念を表し、また法律や制度・サービスを表し、さらに実践としての援助活動を表す言葉として用いられる。これらは、「社会福祉」の意味である「社会のなかでの社会の一員としての個人の福祉」を実現するための理念であり、法律・制度・サービスであり、実践である。

日本の社会福祉の基盤となる理念を示すものとして、まずは**日本国憲法第25条**の条文が挙げられる。「すべて国民は、**健康で文化的な最低限度の生活**を営む権利を有する。国は、すべての生活部面について、社会福祉、社会保障及び公衆衛生の向上及び増進に努めなければならない」とされる条文は、人々の「**生存権**」を国が保障するという理念を謳ったものであり、人々の権利としての社会福祉を示すものである。

その他、社会福祉に関連する憲法の条文としては、「国民は、すべての**基本的人権**の享有を妨げられない」として「基本的人権の永久不可侵性」を示した第11条や、「すべて国民は、個人として尊重される。生命、自由及び幸福追求に対する国民の権利については、公共の福祉に反しない限り、立法その他の国政の上で、最大の尊重を必要とす

必ず覚える用語

- [ ] 福祉
- [ ] 社会的存在
- [ ] 健康で文化的な最低限度の生活
- [ ] 生存権
- [ ] 基本的人権
- [ ] 個人の尊重
- [ ] 幸福追求権
- [ ] 社会福祉法
- [ ] NPO
- [ ] クライエント

◆1 福祉（welfare）
広く人々の幸せや暮らしの安定、豊かさを表す言葉。「福」も「祉」も幸福やさいわいを表す。

◆2 生存権
日本国憲法第25条で規定された「健康で文化的な最低限度の生活を営む権利」のことをいう。人間として人間らしく生きる当然の権利である。同じく第25条の第2項では、すべての国民に対してこの権利を保障するべく、国の責任として、その体制を整備しなければならないことが規定されている。この「生存権」に関する裁判として有名なものに、生活保護のあり方をめぐって争われた「朝日訴訟」（1957～1967年）がある。

◆3 基本的人権
人間として当然もつ基本的な権利のこと。基本的人権の尊重は、国民主権、平和主義とともに日本国憲法における三大原則とされる。第11条の条文では、「国民は、すべての基本的人権の享有を妨げられない。この憲法が国民に保障する基本的人権は、侵すことのできない永久の権利として、現在及び将来の国民に与へられる」とされている。

第 1 章
現代社会とソーシャルワーク
第2節 社会福祉とソーシャルワーク

る」する「**個人の尊重**」と「**幸福追求権**」を示した第13条が挙げられる。このような憲法で示された理念を基にして、様々な社会福祉関係の法律や制度、サービスそして実践が成り立っている。

制度やサービスと当事者をつなぐ

「社会福祉」は、以上のような理念を掲げながら、現実には様々な法律や制度というかたちとなって存在している。社会福祉関係の法律には様々なものがあるが、代表的な法律である「**社会福祉法**」には、「福祉サービスの基本的理念」として、「福祉サービスは、個人の尊厳の保持を旨とし、その内容は、福祉サービスの利用者が心身ともに健やかに育成され、又はその有する能力に応じ自立した日常生活を営むことができるように支援するものとして、良質かつ適切なものでなければならない」（第3条）と記されている。

社会福祉の法律、あるいはそこに規定されている様々な制度やサービスは、それがただ存在するだけでは意味がない。それを必要とする人々に利用されてはじめて意味があるものとなる。同様に、憲法の「生存権」保障の理念なども、それらをただ唱えていれば十分というのではない。社会生活上の困難を抱えている人々の日常の生活の中に浸透し、具現化されることが必要である。

そのような制度と当事者をつなぐこと、また様々なサービスをそれを必要としている人々に届けること、さらに社会福祉の理念を人々の日常生活のなかで現実のものにしていくこと、そのような社会的なはたらきや営みが社会福祉の実践である。

専門職による社会福祉援助活動

社会福祉の実践とは、広く地域住民やボランティアによる活動、公的な機関だけでなく民間団体や**NPO**等の非営利団体などによる活動も含まれる。そして、この実践のなかで、社会福祉に関する専門的な知識や技術を備えた専門職（profession）による社会福祉援助活動がソーシャルワークである。

それは「社会の中で、社会の一員としての個人の福祉、一人ひとりの福祉が保障される状態」という社会福祉の実現のための活動である。そして、必要な人が必要な福祉サービスを利用しやすく、かつ**クライエント**（サービス利用者）が不利益を被ることなく安心して各種のサービスを利用できるように、利用者の権利を守ることもソーシャルワークの役割である。

ソーシャルワークとは、何らかの社会的な支援が必要な個人を支えると同時に、その個人の生活が護られる環境整備のための働きかけも担う。すなわち、個人とその個人を取り巻く人や場所などの環境の両方を一体的にとらえて、その生活を支援する社会福祉援助の活動とその方法である。

間違いやすい用語

「NPO」と「NGO」

NPOはNon Profit Organizationの略で「非営利組織」という意味である。一方NGOは、Non Governmental Organizationの略で「非政府組織」の意味である。双方ともに営利を目的としない活動を行う団体であるが、名称の通り、ボランタリーな活動であることや政府とは異なる組織であることがそれぞれの活動において強調される。

◆4 社会福祉法
1951（昭和26）年に制定された社会福祉事業法が、2000（平成12）年5月に大幅な改正が行われ、名称も社会福祉法となって同年6月に施行された。社会福祉の目的や理念、原則が示された、わが国の社会福祉事業・社会福祉サービスの基盤となる法律である。「福祉サービス利用者の利益の保護及び地域福祉の推進」を図り、「社会福祉の増進に資することを目的とする」（第1条）とされている。

◆5 NPO（Non Profit Organization）
「民間非営利組織」と訳される。利潤追求を目的としない社会的な活動を行う民間の組織のことをいう。1998（平成10）年には、そのような組織や団体の活動を促進するために「特定非営利活動促進法（NPO法）」が議員立法により成立した。法人格を得て、介護保険制度や障害者総合支援制度に基づくサービスの提供を担う団体もある。現在、福祉や保健、医療その他様々な分野で多くのNPOが活動を行っている。

◆6 クライエント（client）
顧客や依頼人と訳されることが多い。社会福祉やソーシャルワークにおいては、何らかの生活の困りごとを抱えて相談にきた人（来談者）、あるいはソーシャルワーカーの支援や福祉サービスを利用する人（利用者）のことをいう。

Check

次の文の正誤を答えなさい。

　ソーシャルワークでは、個人と環境とをシステムとして一体的にとらえることは容易でないため、環境の問題については、個人と切り離して働きかける。

（答）×：家庭や地域や制度などの個人を取り巻く社会環境とのつながりのなかで個人を支援する。
（第23回社会福祉士国家試験問題91より）

第3節 ソーシャルワークが求められる社会状況

この節のテーマ
- 私たちの生活に起こりうる様々な問題について知ろう。
- 生活問題の背景にある社会的要因について理解しよう。
- 様々な分野でのソーシャルワークの必要性を学ぼう。

個人に起こる問題を社会的な問題として

介護や子育てにともなう問題，就学や就労にともなう問題，家庭における経済的な問題，また何らかの病気を患うことによる生活問題など，私たちは生きていくなかで，何らかの困難に直面することがある。それらの困難を前に，時には自分や家族だけの力では解決できずに行き詰まってしまうこともある。今日の複雑な社会では，このような生活問題は決して個人や家族だけで抱えることではなく，またその全てを個人や家族だけで解決していくべきことでもない。何らかの「社会環境的な要因」を背景に持つ「社会的」な問題として取り組んでいく必要がある。

ソーシャルワークによる対応が求められる生活問題は，以下に挙げるように多岐にわたる。しかし，たとえその内容は様々であっても，ソーシャルワークとして共通することがある。それは人々の生活問題に対して，それを個人的なこととして個人の解決努力だけを求めるのではなく，誰にでも起こりうる社会的な問題としてとらえ，対応していくことである。

高齢者とその介護を支える

人口の高齢化◆1にともなって，介護が必要な高齢者やその家族をどう支えるかは，社会的に取り組むべき課題である。今日では，平均寿命の伸びとともに介護が必要な期間も長期化し，認知症や寝たきりの状態にある高齢者の食事や入浴の世話など，家族だけで介護の全てを担うとなると，その身体的，精神的負担は非常に大きなものとなる。

今日，家族による**高齢者虐待**◆2の問題も注目されるなかで，必要な介護サービスが必要な人々にきちんと利用されなければならない。ソーシャルワークは，様々な介護サービス等の**社会資源**◆3を活用しながら，要介護高齢者の生活を支えると同時に，それは家族の生活をも支える役割を担っている。

社会参加や社会的活動を支える

何らかの障害をもつ人々に対するソーシャルワークでは，多様な**社会参加**の機会を創出し，地域の一員としての生活を保障する取り組みが求められる。たとえば入所型の施設では，利用者の生活が施設内で完結するのではなく，地域に出かけて，様々な場所や人とかかわる機会をもつことが重要である。そのような社会参加や社会的活動

の体験を通して，社会性の拡大や「**生活の質（QOL）**◆4」の向上も可能となる。

もしも地域住民の偏見や差別によって，障害者の就労や社会参加が妨げられている状況があるのであれば，その状況を改善していくための働きかけがソーシャルワークに求められる。誰もが社会の一員として，普通であたりまえの生活を営むことを支えるのである。

子どもを守り，子育てを支える

今日，**児童虐待**◆5の問題が深刻である。育児放棄や身体的暴力，ひどい場合は子どもが死亡する事件もある。背景には，子どもをもつ親が，たとえばマンション等の密室のなかで育児に悩み，しかし誰にも相談できないというような孤立した子育てを強いられている状況がある。また，失業などによる経済的に苦しい状況が，結果的に子どもに十分な世話や愛情が与えられないというようなこともある。

もちろんいかなる理由があっても虐待は許されることではない。しかし，子どもへの虐待はどの家庭にも起こりうる問題である。個人の問題ではなく社会的にその支援のあり方を考えていくべき問題である。虐待されている児童の保護とともに，保護者への支援も必要である。子どもの生命を守り，その健やかな発育のために，児童虐待を防止し，子育てをいかに支援していくかは，地域におけるソーシャルワークの課題である。

必ず覚える用語

- ☐ 人口の高齢化
- ☐ 高齢者虐待
- ☐ 社会資源
- ☐ 社会参加
- ☐ 生活の質（QOL）
- ☐ 児童虐待
- ☐ 自殺
- ☐ 孤立死
- ☐ 更生

◆1 人口の高齢化
国連によれば，全人口に占める65歳以上人口の割合（高齢化率）が7％以上の社会を高齢化社会（aging society），14％以上を高齢社会（aged society）とされている。わが国の高齢化率は，1970（昭和45）年に総人口の7％を，1994（平成6）年には14％を超えた。その後も上昇を続け，2012（平成24）年は24.1％に達している。

◆2 高齢者虐待
高齢者に対する身体的虐待や心理的虐待，性的虐待や経済的搾取など，その生活を脅かし，人権や人格を侵すような言動をいう。家族や親族によるものだけでなく，介護施設従事者等による虐待も含む。2006（平成18）年4月には「高齢者虐待の防止，高齢者の養護者に対する支援等に関する法律（高齢者虐待防止法）」が施行された。

◆3 社会資源
社会生活を送る上で必要に応じて活用できる様々な制度やサービス，また機関や施設，専門職やボランティアなどの人材その他を総称して社会資源という。制度に基づいた社会福祉サービスや施設・機関の職員などのフォーマルなものと，地域のボランティア団体や近隣の人々，または家族などのインフォーマルなものとに分けられる。ソーシャルワークは，生活の困難を抱える人々がこれらの社会資源をうまく活用できるように支援する。

第1章 現代社会とソーシャルワーク

第 1 章
現代社会とソーシャルワーク
第3節 ソーシャルワークが求められる社会状況

自殺や孤立死をさせないために

　日本では，年間3万人近い人々が自殺でその命をなくしている。**自殺**[◆6]は決して個人の問題ではなく，社会的な問題として考えるべきことである。様々な生活問題を抱える状況のなかで，自らの人生や生活の見通しや意欲が得られないままに，孤立無援状態になっていることが，自殺の背景にある状況として考えられる。

　また，単身高齢者の増加にともない，誰にも看とられずに亡くなり，死後何日か経ってから発見される「**孤立死**[◆7]」も起こっている。

　自殺や孤立死を防ぐためには，人を社会的に孤立させない取り組みが必要である。どのような状況にあっても，社会の一員・地域の一員として，社会的存在として，誰かとつながっているという体験や実感を抱きつつ，その安定した生活をいかに社会的に保障していくかが，ソーシャルワークにおける重要な課題である。

非行や犯罪に走る子どもたちへの支援

　司法分野におけるソーシャルワークの一例として，少年非行や少年犯罪などの問題への対応がある。たとえば，非行や犯罪に対して，それらを少年がこれまでに体験してきた，あるいは現在体験している何らかの人間関係や社会関係の現れとする見方がある。たとえば父親や母親から愛情を注いでもらえないなどの親や家庭環境との関係や，学校の友人や先生などから自分のことを認めてもらえないなどの学校との関係が，結果として非行や犯罪という行為として現れていると考えられる。

　更生[◆8]や社会復帰に向けた取り組みでは，心理的な支援と同時に，自分が大切にされ，信頼できる人間関係やそれを体験できる環境づくり，すなわち学校や地域のなかで，少年たちの社会的な「居場所」をつくるためのソーシャルワークが必要である。

不登校の状態にある子どもたちへの支援

　学校に行かない，あるいは学校に行きたくても行けないという「**不登校**」の状況は，家庭の状況や学校との関係など，子どもを取り巻く環境のなかで，子どもの生活上に起こる出来事であり，体験である。つまり，子どもが社会生活上で直面している困難状況として，「不登校」をとらえていくソーシャルワークの視点とアプローチが必要である。

　今日では，学校などの教育現場でのソーシャルワークの活動も行われている。学校だけでなく家庭も含めた子どもの生活全体を支えるために，子どもを取り巻く様々な環境に着目して，家庭や学校，地域とをつなぐ働きがソーシャルワークに求められている。

　その他，近年の所得格差の拡大により，「**子どもの貧困**[◆9]」の問題も深刻化している。食事や教育の機会の保障など，子どもが健やかに育つ環境整備のための働きも求められている。

◆4 生活の質（Quality of Life：QOL）
生活全体の安定感，豊かさ，満足感，生きがい，幸福感などを含めた概念。QOLは，「人生の質」や「生命の質」とも訳される。福祉サービス利用者のQOLの維持や向上は，社会福祉援助の目標である。

◆5 児童虐待
保護者や同居人などが児童の身体や精神に危害を加える，あるいは適切な養育を行わないこと。暴力による身体的な虐待，食事を与えないなどのネグレクト，性的な虐待，言葉による心理的な虐待などがある。2000（平成12）年5月には，児童虐待の防止を目的とする「児童虐待の防止等に関する法律」が成立した。虐待の定義，早期発見や被虐待児童の保護，家庭への立ち入り調査等に関する規定がある。

◆6 自殺
2012（平成24）年の日本における1年間の自殺者数は警察庁の統計によると2万7858人となっており，1997（平成9）年以来15年ぶりに3万人を下回ったとされる。自殺の理由としては，健康問題，経済・生活問題，家庭問題や勤務に関する問題が挙げられている。2006（平成18）年に成立した「自殺対策基本法」では，自殺の背景には社会的な要因があることをふまえ，自殺対策の社会的な取り組みの必要性が定められている。

◆7 孤立死
一人暮らしの高齢者などが，自宅で誰にも看とられないまま死亡し，その後に発見される状況のことをいう。「孤独死」という表現もあるが定義は統一されていない。高齢者の単独世帯の増加にともない，社会状況や住宅環境の変化，また心身機能の低下等により社会との接点を失う社会的孤立状態が生じやすいことが背景にある。緊急時の通報システムの整備や見守り訪問による安否確認や交流の機会づくりなど，防止のための取り組みが行われている。

◆8 更生
好ましくない生活態度が改まるなど，精神的，社会的に立ち直ることをいう。犯罪者や非行を犯した少年などに対して，再び社会の一員としての生活が営めるように，就労などの社会復帰を支援する事業を総称して更生保護と呼ばれる。今日では，社会福祉士が刑務所に配置されるなど，司法と福祉との連携による取り組みが推進されている。

◆9 子どもの貧困
「平成25年国民生活基礎調査」では，18歳未満の子どもの貧困率は16.3%とされている。この数字は約6人に1人の子どもが貧困状態にあることを示している。このような子どもの貧困の問題に対して，「子どもの貧困対策の推進に関する法律」（子どもの貧困対策法）が2013年に成立した。この法律は，「子どもの将来がその生まれ育った環境によって左右されることのないよう，貧困の状況にある子どもが健やかに育成される環境を整備するとともに，教育の機会均等を図る」ために，子どもの貧困対策を総合的に推進することを目的としている。

Check

次の文の正誤を答えなさい。

2007（平成19）年の厚生労働省の通知によれば，社会福祉士は，深刻化する自殺の問題へ対応するために，相談援助を通して人々の心理的課題に焦点を当てて自殺予防に努めることとされている。

（答）×：心理的課題に焦点をあてるのではなく，その生活全体を支援するという視点で援助を行う。
（第24回社会福祉士国家試験問題87より）

第4節 ソーシャルワークの視点と役割

この節のテーマ
- ソーシャルワークが人の生活や生き方を支えることを理解しよう。
- 人と社会環境および両者の関係への視点について学ぼう。
- 様々な人の「ライフ」を支えることについて理解しよう。

「あたりまえ」の日常を支える

　前節では、ソーシャルワークの対象となるいくつかの生活問題について述べてきたが、人々の社会生活を支援する活動としてのソーシャルワークが求められる状況はこれにとどまらない。今日の社会状況のなかで、人々が直面する生活問題も多様化・複雑化している。そして、そのような問題を抱えて、安定した生活が脅かされる状況にある人々がいる。様々な社会的な要因を背景とする生きづらさや生活のしづらさを抱える人々に寄り添い、社会生活を支えるソーシャルワークの実践が様々な場所で求められている。

　私たちは「あたりまえ」に日常生活を送っている。しかし、そのような日常があたりまえなだけに、その大切さに普段はあまり気づかない。毎日学校に行く、仕事に行く、遊びや買い物に出かけるなどという、あたりまえに繰り返される日常が、私たちが生きる基盤としていかに大切かということである。そんな、あたりまえの日常が、たとえば病気によって、事故によって、何らかのハプニングによって脅かされ、壊されることがある。生活上の困難に直面するということはそのようなあたりまえの日常が揺らぐ体験である。そのような困難状況のなかには、個人だけで、あるいは家族だけでは抱えきれないものもある。その困難状況を個人や家族とともに共有し、再び「あたりまえ」の日常を取り戻し、支えていくための働きと方法がソーシャルワークである。

人の「生き方」にかかわる営み

　そして、人々の生活を支援するソーシャルワークは、その人の生き方にもかかわり、生き方を支えていく活動でもある。生活問題や困難な状況にあっても、その人がどういう人生を送りたいか、どういう生き方をしたいかということを大切にするのである。その人の生活や人生は誰のものでもなく、その人自身のものである。たとえその人が何らかの病気を抱えたとしても、老いて障害をもつことになったとしても、「あたりまえ」の日常と、その人らしい生活や人生を支えていこうとする営みがソーシャルワークなのである。

対個人と対社会への視点

　ソーシャルワークの対象は、人々の生活上の諸問題や困難状況である。またその実践は、援助を必要とする当事者や家族にかかわるだけでなく、その問題や困難を生み出す要因となっている**社会環境**◆1にも働きかける。

たとえば，障害をもつ人が地域社会の一員として生活するには，地域住民や職場などの周囲の理解が欠かせない。周囲の理解が十分でない場合には，障害や障害者への理解やノーマライゼーション◆2の浸透，そしてソーシャル・インクルージョン◆3を促すための啓発活動に取り組む。また，子育てや高齢者の介護◆4で悩んでいても，サービスに関する情報が不足しているなどの理由で，必要なサービスの利用に結びつかない場合がある。そのような場合には，子育て支援◆5などの必要なサービスを利用しやすくするために情報提供を行い，また地域における各関連機関の連携やネットワーク作りを進める。

ソーシャルワークは，個人が抱える生活問題をあくまでもその社会的状況や環境とのつながりのなかで把握し，問題を抱える個人だけでなく，その個人を取り巻く社会環境との両方を視野に入れて活動を行う。すなわち，対個人と対社会の両方の視点を備える活動である。

ソーシャルワークの「生命線」

今日では生活環境や社会・経済状況の変化等とともに，様々な生活問題が社会的な問題として認識されるようになってきている。あわせて人々が抱える生活問題も多様化・複雑化の傾向を見せている。問題を抱える当事者の相談に応じ，必要な制度やサービスなどの社会資源を活用しながら，人々の安定した生活の維持や回復を支援していくソーシャルワークの活動が，今日ますます求められている。

必ず覚える用語

☐ 社会環境
☐ ノーマライゼーション
☐ ソーシャル・インクルージョン
☐ 個人と社会環境
☐ ライフ

◆1　社会環境
個人を取り巻く人々や場所などを総称していう。家族，地域，学校，職場など具体的な場所やそこで関係する人々のほか，社会情勢や文化，世論や社会全体の価値観なども意味する。ソーシャルワークは，何らかの生活困難を抱える当事者の，その困難状況，すなわち生きづらさや生活のしづらさを生み出す社会環境への視点を重視する。

◆2　ノーマライゼーション（normalization）
たとえば障害をもつ人や高齢者なども，他の人々と同じように，一人の市民としてあたりまえに社会に参加して生活できる社会こそが正常な社会であり，もし一部の人々を排除するようなことがあれば，その社会は正常ではなく，弱くてもろい社会であるとする考え。国連による国際障害者年（1981年）をきっかけに，国際的に浸透していった。現在は障害者福祉分野に限らず，日本においても社会福祉全体の基本理念となっている。

◆3　ソーシャル・インクルージョン（social inclusion）
「社会的包摂」と訳される。人々が社会的に排除（ソーシャルエクスクルージョン）されることなく，社会とつながり，社会の構成員として包まれるという理念である。2000（平成12）年12月に厚生労働省がまとめた「社会的な援護を要する人々に対する社会福祉のあり方に関する検討会報告書」には，社会的に弱い立場にある人々を社会の一員として包み支え合う，ソーシャル・インクルージョンの理念を進めることが示されている。

第1章
現代社会とソーシャルワーク
第4節　ソーシャルワークの視点と役割

　様々に存在する社会福祉関係の制度やサービスが，それを必要とする人々に利用しやすいものになるために，利用者の立場から改善に向けた働きかけを行うこと，そしてたとえば不足するサービスなどがあれば，必要に応じて新たなサービスや制度の開発をも視野に入れた活動を行うこともソーシャルワークの重要な役割である。

　このように，ソーシャルワークは社会生活に何らかの困難を抱えている目の前の当事者一人ひとりにかかわりながら，制度やサービスにも働きかけて，生活状況の改善を目指す営みである。それは，一人ひとりの当事者を心理的にも支えながら，同時にその問題状況を生み出す社会環境的要因へと働きかけることにより，当事者の生活の全体を支援していく社会福祉専門職としての活動である。

　このような「**個人と社会環境**」との両方およびその関係（相互作用）への視点こそ，人とその生活にかかわり，支援する役割を担ったソーシャルワークの，いわば「生命線」ともいえるものである。そして，対人援助専門職の一つとして，医療や心理などの分野とは異なった社会福祉援助としてのソーシャルワークの専門性もここにある。

人間の「ライフ（Life）」を支える

　ソーシャルワークは，生活問題を抱える一人ひとりにかかわると同時に，何らかの生きづらさや生活のしづらさをもたらす社会的，あるいは環境的要因に目を向ける。そしてその社会や環境を，当事者にも誰にも住みよい場にすることを視野に入れた活動である。

　私たち人間は，単に生物的な個体として存在しているのではなく，まさに「人間＝人の間にいるもの」として，すなわち「社会的存在」として生きている。そしてそのことは，様々な他者や場所とのつながりのなかで，自らの存在や生きる意味をその時々で確認し，また見いだしながら生きていることを意味する。

　ソーシャルワークは，老いや病気，障害などの様々な事情で，他者や社会的な場所とのつながりを失い孤立しつつある，あるいは自らの生きる意味を見失いつつある人々にかかわる。それは，そのような人々が社会的存在であり続けるための支援を行う活動である。

　「**ライフ**（Life）」とは，「生命」「生活」「人生」という意味をもつ言葉であるが，ソーシャルワークとは，人々の「ライフ」，すなわち暮らしや生き方，そしていのちを社会的に支える実践なのである。

◆4　高齢者の介護

日本では，平均寿命の伸長にともなって加齢による要介護者高齢者の数が増大しているが，それとともに配偶者や子どもなどの介護する家族の年齢も高齢化している。要介護者，介護者ともに高齢者であり，高齢者が高齢者を介護する，いわゆる「老老介護」の世帯も増加している。要介護高齢者と介護者との共倒れを防ぐためにも，介護の身体的・精神的負担の軽減に向けた介護者への支援が必要である。

◆5　子育て支援

親や家庭による子育てを社会的に支援すること。子育ての負担感の増大や児童虐待などの問題の深刻化が背景にある。就労と子育ての両立の支援，様々な相談体制の整備や子育てサークル等の活動の充実，また地域における子育て支援のネットワークづくりなどを通して，安心して子どもを生み育てることができる社会を目指す。

Check

次の文の正誤を答えなさい。

社会福祉施設の入所者が地域社会で生活できるように環境を整えることは，ノーマライゼーションに立脚した活動である。

(答)○：ノーマライゼーションとは，誰もが地域社会の一員として生活できることを意味する。
(第23回社会福祉士国家試験問題87より)

間違いやすい用語

「QOL」と「ADL」

QOLとはQuality of Lifeの略語で「生活・生命・人生の質」と訳される。一方で，ADLはActivities of Daily Livingの略語で「日常生活動作」と訳される。ADLは具体的には食事や移動，排泄や入浴などのおもに身体的な動作を指し，QOLは身体的な側面に加えて生きがいや幸福感などの精神的な豊かさの面も意味する。たとえば，ADLが自立していても生きがいを失っていてはQOLが低いということになり，その逆にADLの面で介護が必要でも幸福感を感じている場合はQOLは高いということになる。

Close up

ソーシャルワークは「アシスト」すること

サッカーの試合でゴールにつながるパスを出すことを「アシスト」という。ソーシャルワークは様々な人や家族の生活，人生，生き方にかかわり，人々が自分の生活や人生の「主人公」であり続けることを支える営みである。それは，利用者の自分らしい生き方，その主体的な生活や人生の実現（ゴールに向かってシュートを打つこと）を願いながら，利用者を信頼し，様々なかたちのかかわりを続ける（パスを出し続けてアシストする）実践であるといえる。

第5節 ソーシャルワークが行われる場所

この節のテーマ
- 様々な場所や分野で実践されるソーシャルワークを学ぼう。
- 医療や司法，教育等の分野でのソーシャルワークを学ぼう。
- 国際的な場でのソーシャルワークを学ぼう。

実践される場所と機会の広がり

表1-1は，ソーシャルワークが行われる職場を，その活動を担う職種とともに，分野ごとに整理したものである。このように今日では，多様な分野や機関，施設に所属する専門職により，ソーシャルワークの実践が行われている。この表で挙げた以外にも，たとえば，シルバーサービス事業所等の民間企業や，社会福祉に関する様々な分野で活動している民間非営利活動（NPO）法人の事業所，国際的な支援活動を行う非政府組織であるNGO等の団体や組織，また**災害時のソーシャルワーク**◆1など，ソーシャルワークが実践される場所や機会はますます広がりを見せている。

福祉行政機関

都道府県や市町村には福祉行政業務を行う様々な機関がある。たとえば，社会福祉法において「福祉に関する事務所」と規定される**福祉事務所**は，社会福祉行政を総合的に担う第一線の現業機関である。また児童福祉法により規定される**児童相談所**は，子どもの障害や非行，育成に関する相談など広く児童福祉に関する様々な相談援助業務を行う児童福祉行政機関である。その他にも専門的に身体障害者や知的障害者の相談に応じる機関もある。それら福祉行政機関の働きは市民の生活を支える**セーフティネット**◆2として重要である。

様々な社会福祉施設や機関

社会福祉施設には多くの種類がある。老人福祉施設，生活保護施設，児童福祉施設などである。また施設の形態としても，大きく入所施設と通所施設に分けられる。入所施設でのソーシャルワークの役割を一言で言うならば，その施設が利用者にとっての「**生活の場**」となるような実践を行うことである。また地域で働く社会福祉機関や組織として代表的なものには，**社会福祉協議会**や**地域包括支援センター**◆4などが挙げられる。これらの機関では，地域福祉の推進や高齢者の在宅生活支援に関するソーシャルワークが行われている。

医療や司法，教育分野での働き

ソーシャルワークの実践分野は，医療機関や司法関係，また学校関係にも広がっている。医療機関においては，医師や看護師等との連携を図りながら業務が行われている。司法関係では，たとえば非行や犯罪を犯した少年や，刑法に触れる犯罪

を犯した人々などの社会適応や社会復帰を支えるソーシャルワークが行われている。教育分野では、いじめや不登校等の問題への対応、また家庭環境に問題を抱える子どもたちを支援するために、**スクールソーシャルワーク**◆5の実践が行われている。

国際的な場におけるソーシャルワーク

グローバル化する社会の中で、日本に滞在する外国人の数も増加している。その中には、たとえば言葉や文化等の問題で日本社会に適応できない人々がいる。また、職場での劣悪な待遇や、安定した仕事に就けないなどの理由で経済的に困難な状況にある人々がいる。離婚や**ドメスティック・バイオレンス**◆6（DV）などにより住む場所や安定した生活を奪われている人々などもいる。そのような日本で暮らすなかでの様々な生活上の困難を抱える外国人の生活を支えるために、NPO法人などに所属するソーシャルワーカーが様々な形での支援活動を行っている。また途上国への支援などの国際協力の活動も広がりを見せている。

必ず覚える用語

- ☐ 福祉事務所
- ☐ セーフティネット
- ☐ 児童相談所
- ☐ 生活の場
- ☐ 社会福祉協議会
- ☐ 地域包括支援センター
- ☐ スクール・ソーシャルワーク
- ☐ ドメスティック・バイオレンス

◆1 災害時のソーシャルワーク
2011（平成23）年3月11日の東日本大震災後の被災地での支援活動をきっかけに、災害時のソーシャルワークのあり方の検討が進められてきている。災害時には命の危険はもちろんのこと、様々な苦しみや悲しみが、突然に重層的に被災者を襲う。災害時のソーシャルワークは、被災地の一人ひとりの生命の保護を最優先に、被災者の生活の支援、被災地域への支援、様々な福祉サービス事業所等の運営支援、政策立案などの活動を担う。

◆2 セーフティネット
「安全網」と訳されるように、何らかの病気や事故、失業その他などによる生活困窮状態に陥った際の様々な救済策を張ることで、生活の安心や安全を提供する社会的な仕組みをいう。具体的には生活保護制度などの社会保障制度を指すことが多い。今日の社会・経済状況のなかで増加する失業や貧困、ホームレスの状態にある人々や生活保護受給者に対する総合的な就労や自立支援として、セーフティネット支援対策等事業が行われている。

◆3 社会福祉協議会
社会福祉法において「地域福祉の推進を図ることを目的とする団体」（第109条第1項）と規定されている社会福祉法人。1949（昭和24）年のGHQによる「社会福祉に関する協議会の設置」の要請をきっかけに中央および全国に設置されていった。全国社会福祉協議会、都道府県社会福祉協議会、市区町村社会福祉協議会からなる。各地域ごとに福祉に関する様々な事業を展開しており、災害時の被災地支援の活動でも重要な役割を担っている。

第1章
現代社会とソーシャルワーク
第5節　ソーシャルワークが行われる場所

表1-1
各社会福祉関係分野におけるおもな社会福祉専門職と職場（機関・施設）

社会福祉の分野	社会福祉専門職のおもな職種	ソーシャルワークが実践されているおもな職場
低所得者福祉	査察指導員，現業員（ケースワーカー），生活支援員，作業指導員，職業指導員，相談支援員など	福祉事務所，社会福祉協議会，救護施設，更正施設，医療保護施設，授産施設，宿所提供施設，生活困窮者自立相談支援機関など
障害者福祉	身体障害者福祉司，知的障害者福祉司，更正相談所相談員（ケースワーカー），生活支援員，作業指導員，職業指導員，職場適応援助者（ジョブコーチ），相談支援専門員など	福祉事務所，身体障害者更正相談所，知的障害者更正相談所，精神保健福祉センター，社会福祉協議会，地域障害者職業センター，「障害者総合支援法」に規定される各サービスの提供や各種事業を行う事業所や施設。また施設入所支援，共同生活介護（ケアホーム），共同生活援助（グループホーム）等を行う施設など
高齢者福祉	老人福祉指導主事，生活相談員（ソーシャルワーカー），介護職員（ケアワーカー），各機関のソーシャルワーカーなど	福祉事務所，社会福祉協議会，地域包括支援センター，養護老人ホーム，特別養護老人ホーム，軽費老人ホーム，老人デイサービスセンターなど
児童福祉	児童福祉司，家庭児童福祉主事，児童指導員，児童生活支援員，職業指導員，児童自立支援専門員，家庭支援専門相談員（ファミリーソーシャルワーカー）など	児童相談所，福祉事務所（家庭児童相談室），児童館，児童家庭支援センター，社会福祉協議会，児童養護施設，児童自立支援施設，重症心身障害児施設，盲・ろうあ児施設，知的障害児通園施設，情緒障害児短期治療施設など
母子・父子福祉	母子指導員，母子・父子自立支援員，少年指導員など	児童相談所，福祉事務所，社会福祉協議会，母子生活支援施設，母子・父子福祉センター，母子家庭等休養ホームなど
医療福祉	医療ソーシャルワーカー（MSW），精神科ソーシャルワーカー（PSW）など	福祉事務所，保健所，精神保健福祉センター，一般病院，専門病院，診療所，精神病院，精神科診療所など
教育福祉	学校（スクール）ソーシャルワーカーなど	児童相談所，教育委員会，小学校，中学校，高等学校，特別支援学校など
司法福祉	家庭裁判所調査官，保護観察官，法務教官，婦人相談員，社会復帰調整官など	児童相談所，家庭裁判所，保護観察所，婦人相談所，少年鑑別所，少年院，婦人保護施設，刑務所，地域定着支援センターなど
地域福祉	福祉活動指導員，福祉活動専門員，コミュニティソーシャルワーカー，日常生活自立支援事業専門員など	社会福祉協議会，地域包括支援センター，生活困窮者自立相談支援機関など

出所：空閑浩人（2009）「相談援助にかかる専門職の概念と範囲」『相談援助の基盤と専門職（第2版）』中央法規出版，179頁の表を一部加筆・修正．

◆4 地域包括支援センター

2005（平成17）年の介護保険法改正で各地域に設置された。おおむね人口2～3万人に1か所程度の設置とされている。地域住民の福祉や医療，介護等に関する総合的な相談支援活動や関係組織や機関のネットワークづくりを行うなど，地域を基盤に地域住民の生活全体を視野に入れた活動を担う。センターには，保健師，主任ケアマネジャー，社会福祉士の3職種が置かれ，それぞれの専門性を生かしながら相互連携して業務にあたる。

◆5 スクールソーシャルワーク（school social work）

学校教育の場で，教師や関係者と連携しながら子どもや親などへの支援を行うソーシャルワーク。学校と家庭や地域との連携を図り，子どもたちの健やかな学びや成長・発達のための相談援助活動を担う。いじめ，不登校，貧困などの今日の学校教育や子どもの生活をめぐる様々な問題に対して，スクールカウンセラーなどによる心理的な援助とともに，ソーシャルワーカーによる社会福祉の側面からの対応が求められている。

◆6 ドメスティック・バイオレンス（domestic violence：DV）

夫婦や恋人などの親密な男女の関係における暴力のことをいう。1995年に北京で開催された国連第4回女性会議を経て広く認識されるようになった。日本では，2001（平成13）年に「配偶者からの暴力の防止及び被害者の保護等に関する法律」（DV防止法などと略される）が制定され，通報や相談援助，一時保護，情報提供など，DVの防止と被害者保護の体制の整備が図られている。

Check

次の文の正誤を答えなさい。

ソーシャルワークは，既存の社会福祉制度の対象となる人を優先し，適切にサービスを提供することを重視する。

（答）：生活問題の多様化のなか，既存の制度で対応できない課題への対応も等しく求められている。

（第23回社会福祉士国家試験問題90より）

Close up

刑務所に配置される社会福祉士

高齢や障害などで，刑務所から出所しても親族等の受け入れがない，仕事や住居が得られない等で早期に再犯にいたるリスクが高い人々への福祉的支援が求められている。このような状況のなかで，刑務所や出所後の支援を担う地域生活定着支援センターに社会福祉士が配置されるようになった。出所後の生活基盤を整えることが結果的に再犯率を下げることにもなる。住居の確保や就労支援等，出所者の社会復帰を支援するソーシャルワーカーの活躍が期待される。

さらに学びたい人への基本図書

リッチモンド，M.E.／杉本一義訳『人間の形成と発見──人間福祉学位の萌芽』出版館ブッククラブ，2007年
ケースワークの母と呼ばれるリッチモンドによる1922年の著作（What is Social Case Work?）の翻訳。今ではソーシャルワークの古典とされるが，社会福祉やソーシャルワークを学ぶ学生たちには一度は読んでほしい1冊。

社団法人日本社会福祉士会ほか共編『躍進するソーシャルワーク活動──「震災」「虐待」「貧困・ホームレス」「地域包括ケア」をめぐって』中央法規出版，2013年
日本社会福祉士会などのソーシャルワーカーの職能団体および大学等のソーシャルワーカー養成団体が共同で研究・編集したもの。様々な生活問題に向かう実践としてのソーシャルワークの「今」が描かれている。

高橋源一郎『101年目の孤独──希望の場所を求めて』岩波書店，2013年
ダウン症の子どもたちのアトリエ，身体障害者の劇団，子どもたちのホスピスなど，作家である著者が様々な場所に足を運んで記されたルポルタージュ。人が生きるという営みを改めて考えさせられる1冊。

Try! 第1章

問：人々が抱える生活問題に対するソーシャルワークの視点について述べなさい。

ヒント：個人と社会環境をキーワードに考えてみよう。

第2章

ソーシャルワーカーの資格と仕事

本章で学ぶこと

- ●社会福祉専門職としてのソーシャルワーカーについて学ぶ。(第1節)
- ●ソーシャルワーカーや社会福祉士職の資格について学ぶ。(第2節)
- ●社会福祉士の定義や義務,役割について学ぶ。(第3節)
- ●ソーシャルワーカーが専門職であるための条件について学ぶ。(第4節)
- ●社会福祉関係の様々な職能団体の意義や役割について学ぶ。(第5節)

第1節 ソーシャルワークとソーシャルワーカー

○ この節のテーマ
- ソーシャルワーカーの仕事やその意義について知ろう。
- 利用者とその生活にかかわり続ける営みについて理解しよう。
- ソーシャルワーカーに期待されていることを学ぼう。

ソーシャルワーカーという人

　ソーシャルワークの活動は，児童福祉や高齢者福祉，また障害者福祉や**地域福祉**[◆1]など，社会福祉の様々な分野で実践されている。それは，何らかの生活問題や困難を抱えている人々や地域にかかわりながら，人々の生活を支援するとともに，安心して暮らせる地域づくりの活動である。そして，このソーシャルワークの活動を担う人が，社会福祉専門職としての**ソーシャルワーカー**である。

　医者が医学に基づく実践を，あるいは教師が教育学，そして臨床心理士が心理学に基づく実践を行うように，ソーシャルワーカーは，自らの実践の基礎を「社会福祉学」におく。この社会福祉学の学びから得た社会福祉の専門的知識や技術を用いて，生活の困難を抱える人々への援助活動を行う。多くのソーシャルワーカーは，様々な社会福祉の施設や機関，また病院などに所属して活動を行っているが，今日では，自ら個人事務所を構えるなど，独立してその実践を行うソーシャルワーカーも増えている。

人が人を支える

　「福祉は人なり」という言葉がある。これは社会福祉の実現のためには，法律や制度，施設整備ももちろんであるが，何より実際に活動を担う「人」の存在や働きが重要であるということを示している。様々な法律や制度が直接に人を支援するのではない。ソーシャルワークの知識や技術を備えた「人」としてのソーシャルワーカーが，それらの制度を活用しながら利用者である「人」を支援するのであり，このことがソーシャルワークの本質なのである。

　たとえば，**老人ホーム**[◆2]などの社会福祉施設でのソーシャルワークを考えてみよう。その施設の外観や設備がどれほど豪華で立派なものであっても，建物内の掃除がされていなかったらどうだろうか。そこでの生活が細かく規則で縛られ，利用者にとっては自由もなく窮屈なものであったらどうだろうか。あるいは，外に出かける機会や地域住民との交流もなく，職員のかかわりも冷たいものであったらどうだろうか。果たしてあなたは，そのような社会福祉施設で暮らしたいと思うだろうか。

　ソーシャルワークは，たとえば認知症や身体的な障害を抱えて介護が必要な状態にあっても，社

会の一員・地域の一員として，他者との交流や地域とのつながりのなかで，主体的な生活者としてその人らしく暮らすことができるように支援する活動である。これは施設で暮らす利用者でも同じである。ソーシャルワーカーは，利用者に寄り添いながら，利用者にとっての豊かな「生活の場」としての施設づくりを行っている。

「人生の主人公」であるために

ソーシャルワーカーは，生活問題を抱える人を，あくまでも「社会生活を営む個人」，つまり「**生活者**」として総合的にとらえる。そこから，その人に応じた具体的な援助のあり方を見いだし，安定した生活の維持や回復のために働く。その仕事は人々の日々の生活，人生や生き方にもかかわるものである。そして，人の生活や生き方は個々に異なるものであるゆえ，その人の生活の個別性を尊重することこそ，生活支援の重要な視点である。

ソーシャルワークがそのような営みであるため，それは一定のマニュアルに沿って進められるような性質のものでもない。また，援助の仕方として，たとえば「こうなるためには，こうすればよい」などのあらかじめ用意された「正解」はない。その意味でソーシャルワークは，より適切な支援を模索し続ける「試行錯誤」の営みである。一人ひとりまた個々の家族によって異なる生活状況を理解しながら，当事者やその家族を側面的に支え，様々な社会資源を活用しながら，ともに困難状況の解決に向けての手だてを，その時々で見いだしていく仕事である。

必ず覚える用語

- [ ] 地域福祉
- [ ] ソーシャルワーカー
- [ ] 老人ホーム
- [ ] 生活者
- [ ] 人口の少子化

◆1　地域福祉
人々が生活するそれぞれの地域において，地域住民が安心して暮らしていけるように，住民や行政機関，社会福祉専門職や関係機関等が互いに連携・協力して地域の福祉課題に取り組むことをいう。児童福祉や高齢者福祉，障害者福祉などの社会福祉の諸分野の枠にとどまらず，地域を基盤にした横断的な取り組みが展開される。社会福祉法の目的として「地域福祉の推進」（第1条）が示されている。

◆2　老人ホーム
高齢者が入所して暮らす施設の総称。老人福祉法に基づく社会福祉施設としての老人ホームと，一般に有料老人ホームといわれている営利を目的としたものとがある。社会福祉施設としては，老人福祉法に規定される特別養護老人ホームや養護老人ホームがある。前者は身体上または精神上の障害により常時介護が必要な者，後者は環境上の理由および経済的な理由により居宅での生活が困難な者を対象としている。

第2章
ソーシャルワーカーの資格と仕事
第1節　ソーシャルワークとソーシャルワーカー

　ソーシャルワーカーは，何らかの生活問題を抱える人々が，その安定した主体的な生活を維持し，回復するために働く。それは言い換えれば，困難な生活状況にある人々と「ともに」，その困難状況に向き合う仕事である。ソーシャルワーカーは，生活問題や困難状況の解決や改善を目指して，その人が自らの「**人生の主人公**」であり続けるために，あるいは再び自らの「人生の主人公」となるために働くのである。

「かかわり続ける」専門職

　ソーシャルワーカーの仕事は，人とその生活を支援することである。しかし，その活動はいつも順調に進むとは限らない。そもそも，他人の生活や人生のことがそんなに簡単にどうにかなるものでもない。ソーシャルワーカーは，時に，あまりに重い生活問題や深刻な困難状況に圧倒され，どうすればよいかわからず立ち尽くしてしまうようなこともある。

　しかし，たとえそのような状況でも，そして様々な悩みや葛藤をともないながらも，それでもその利用者との関係から降りずに，利用者とその生活に「かかわり続ける」専門職がソーシャルワーカーなのである。そして，そのような行き詰まった状況のなかでも，しなやかに，柔軟に，そして創造的に，よりよい援助のあり方を求めて，創意工夫や試行錯誤を繰り返しながら，仕事を進めていく人なのである。

時代が求めるソーシャルワーカー

　都市化や核家族化，また**人口の少子化**[3]や高齢化，さらに経済的状況の変動など，私たちを取り巻く社会的状況の急激な変化は，私たちの生活に影響を与えている。そして，そのような状況のなかで様々な生きづらさや生活の困難を抱える人々がいる。そのような人々にかかわり，その困難状況を生み出す様々な社会的な要因を見極めつつ，人々の社会生活全体を支える援助活動が求められている。今日，ソーシャルワークの実践の場は多岐にわたっている。社会福祉の分野に限らず，医療や教育，司法や労働などの分野でもソーシャルワーカーの活躍が求められている。

　ソーシャルワーカーは，親子関係や家族関係，地域や学校，職場での人間関係などの様々な社会関係からなる人々の生活全体を視野に入れ，その主体的な生活を支えていこうとする社会的な（ソーシャルな）働き手である。現代社会のなかで様々な生活の困難を抱えている人々に寄り添い，その生活を支えるソーシャルワーカーは，まさに時代が求める専門職なのである。

◆3 人口の少子化
出生率の持続的な低下により子どもの数が少なくなっていくこと。一人の女性が一生の間に生む子どもの数の平均を合計特殊出生率というが，日本では1989（昭和64）年の合計特殊出生率が1.57と戦後最低となり，少子化が社会問題となった。2005（平成17）年の合計特殊出生率は1.26と史上最低を記録したが，2006（平成18）年は1.32と多少回復し，2012（平成24）年には1.41と16年ぶりに1.4台に回復したとされている。

Close up

ソーシャルワークの仕事の「やりがい」は？

　現役のソーシャルワーカーの方々にインタビューをしたり，話しを聞いたりすることがある。
　「あなたはなぜソーシャルワークの仕事を続けているのですか？ あなたにこの仕事を続けさせるものは何ですか？」
　もちろん，その答えはそれぞれである。「人が好きだから」「子どもが好きだから」「お年寄りが好きだから」「この街が好きだから」「仲間が素敵だから」「イベントの企画や実施が好きだから」……。
　ソーシャルワークの仕事は，必ずしも「権威」や「偉くなる」ことを求めるものではないと思う。結果，専門職として，役職としてそうなることはあったとしても，そのこと自体が仕事の目的ではない。人が好きで，人のそばで，その息づかいを感じつつ，様々な人生とその歴史，また様々な生活のドラマに触れることができることの喜び，魅力，醍醐味，面白さ，楽しさを感じつつ，自らが出会う人々に少しでもよりよい支援をと願いつつ，専門職としての自分を磨き，利用者にかかわり，寄り添い続ける仕事なのだと思う。
　確かにソーシャルワークは人を支援する仕事である。しかし，ソーシャルワーカー自身も，利用者や地域の人々，同僚やその他，多くの人々との出会いとつながりによって支えられているのである。

Check

次の文の正誤を答えなさい。

　入所施設では施設の効率的な経営が重視されるので，それに支障をきたさない範囲で利用者の要望に応えることが必要である。

（答）×：利用者の利益を最優先に考え，利用者の要望に応えることが優先されなければならない。

（第24回社会福祉士国家試験問題85より）

第2節 ソーシャルワーカーの資格

この節のテーマ
- ソーシャルワーカーの国家資格の必要性を理解しよう。
- 介護福祉士や精神保健福祉士の資格について知ろう。
- 社会福祉士への期待と求められる知識や技術について知ろう。

国家資格の必要性

わが国の社会福祉従事者の資格としては,従来から「保育士」と並んで「**社会福祉主事**」の資格があった。社会福祉主事は,「社会福祉主事任用資格」とも呼ばれる通り,おもに福祉事務所などの福祉行政機関で,生活保護などの職務に任用される者に必要とされる資格である。この資格は,社会福祉従事者の基礎資格として1950(昭和25)年の「社会福祉主事の設置に関する法律」により定められた。現在でも「社会福祉法」によりその任用等について規定されている。社会福祉主事は国家資格ではないが,高齢者福祉施設や障害者福祉施設などの社会福祉施設で働く職員の要件ともされるなど,わが国の社会福祉全体の発展に大きな役割を果たしてきた。

しかし,都市化や景気の変動,人口の少子・高齢化など,社会状況や生活環境の変化にともなって,人々が抱える生活問題や生活上の困難も多様化・複雑化してきた。そのなかで,ソーシャルワークなどの社会福祉の仕事を担う人に,より高い専門性が求められるようになった。様々な生活困難状況への専門的な対応を可能にする社会福祉の**マンパワー**の必要性と,そのようなマンパワーを制度的にも保障するために,社会福祉専門職の国家資格が必要とされるようになった。

社会福祉士,介護福祉士,精神保健福祉士の誕生

1987(昭和62)年に制定された「**社会福祉士及び介護福祉士法**」は,「社会福祉士及び介護福祉士の資格を定めて,その業務の適正を図り,もつて社会福祉の増進に寄与すること」(第1条)を目的として,わが国最初の社会福祉専門職の国家資格を制度化するものであった。こうして,社会福祉の専門的な知識や技術をもって,様々な**相談援助**◆2業務を行う「**社会福祉士**」◆3と,高齢者や障害者の介護の専門職としての「**介護福祉士**」◆4が誕生した。

また,10年後の1997(平成9)年には,「精神保健福祉士の資格を定めて,その業務の適正を図り,もつて精神保健の向上及び精神障害者の福祉の増進に寄与すること」(第1条)を目的とする「**精神保健福祉士法**」が制定され,精神障害者の社会復帰の促進と家族の支援を担う専門職である「**精神保健福祉士**」◆5の国家資格が誕生した。

さらに地域における子育て支援の中核を担う専門職としての保育士の重要性が高まるなかで,2001(平成13)年には「児童福祉法の一部を改正する法律」が公布(2003(平成15)年から施行)され,「保育士」の資格も国家資格化された。

今日、子育てや教育、労働や介護など、様々な生活場面で生じる問題や困難状況も多様化・複雑化している。そのような状況に対応するべく、社会福祉士等の国家資格を備え、専門職としての力量や実践力をもった人々の活動が、様々な分野の様々な社会福祉関係施設や機関に、そして地域に求められている。

社会福祉士への期待

1987（昭和62）年に制定された「社会福祉士及び介護福祉士法」により、日本のソーシャルワーカーの国家資格である社会福祉士が誕生した。そして、2007（平成19）年12月には、制定後20年を経た「社会福祉士及び介護福祉法」が改正された。この法改正は、近年の人々の生活状況の多様化、また生活問題の複雑化や深刻化に対応する福祉人材の確保と、両福祉士の専門性や実践力の向上が求められている状況をふまえたものである。具体的には、社会福祉士・介護福祉士の両資格の定義や義務規定、資格取得方法の見直しがなされた。社会福祉士に関しては、利用者の自立生活を総合的かつ包括的に援助する専門職として、様々な場所での任用や活用の促進についての規定などが加えられた。

また、この法改正にともない、厚生労働省に検討作業チームが設けられ、両資格の養成課程における教育内容の見直しも行われた。この一連の動きは、国家資格としての社会福祉士の責任の増大とともに、社会福祉士への期待の大きさの表れといえる。

必ず覚える用語

- ☐ 社会福祉主事
- ☐ マンパワー
- ☐ 社会福祉士及び介護福祉士法
- ☐ 相談援助
- ☐ 社会福祉士
- ☐ 介護福祉士
- ☐ 精神保健福祉士
- ☐ 認定社会福祉士

◆1　マンパワー
人間の労働力や人的資源のこと。様々な社会福祉の活動を支える労働力や人的資源を「福祉マンパワー」という。福祉マンパワーには、様々な社会福祉施設で働く職員や地域で活動する民生委員や保護司、またボランティアなどが含まれる。

◆2　相談援助
「社会福祉士及び介護福祉士法」に規定された社会福祉士の業務。「専門的知識及び技術をもつて、身体上若しくは精神上の障害があること又は環境上の理由により日常生活を営むのに支障がある者の福祉に関する相談に応じ、助言、指導、福祉サービスを提供する」ことや「医師その他の保健医療サービスを提供する者その他の関係者との連絡及び調整その他の援助を行うこと」とされている。

◆3　社会福祉士
社会福祉士資格を所得するためには、福祉系4年制大学等の指定科目を履修して卒業する、あるいは社会福祉士指定養成施設を卒業する等で、年1回行われる社会福祉士国家試験に合格して、国に登録することが必要である。登録者数は、2014（平成26）年2月末日現在で16万5684人となっている。

第2章
ソーシャルワーカーの資格と仕事
第2節　ソーシャルワーカーの資格

社会福祉士に必要な知識と技術

　2007（平成19）年12月の厚生労働省による「社会福祉士養成課程における教育内容等の見直しについて（案）」のなかでは，今後の社会福祉士養成課程における教育内容として，以下の知識や技術などが挙げられている。
　①　福祉課題を抱えた者からの相談への対応や，これを受けて総合的かつ包括的にサービスを提供することの必要性，その在り方等に係る専門的知識
　②　虐待防止，就労支援，権利擁護，孤立防止，生きがい創出，健康維持等に関わる関連サービスに関わる基礎的知識
　③　福祉課題を抱えた者からの相談に応じ，利用者の自立支援の観点から地域において適切なサービスの選択を支援する技術
　④　サービス提供者間のネットワークの形成を図る技術
　⑤　地域の福祉ニーズを把握し，不足するサービスの創出を働きかける技術
　⑥　専門職としての高い自覚と倫理の確立や利用者本位の立場に立った活動の実践
　これらの教育内容の見直しからも，社会福祉士がソーシャルワーカーとして，確かな専門性と実践力を備えたその働きが期待されていることがわかるであろう。

「認定社会福祉士」制度の創設

　さらに2011（平成23）年10月には**社会福祉士認証・認定機構**[◆6]が設立され，社会福祉士のさらなるキャリアアップ支援および実践力を認定する認定制度として，「**認定社会福祉士**」と「**認定上級社会福祉士**」の資格が創設された。それぞれ以下のような資格である。
　①　認定社会福祉士
　所属組織を中心にした分野における福祉課題に対し，倫理綱領に基づき高度な専門知識と熟練した技術を用いて個別支援，他職種連携及び地域福祉の増進を行うことができる能力を有することを認められた者。
　②　認定上級社会福祉士
　福祉についての高度な知識と卓越した技術を用いて，倫理綱領に基づく高い倫理観をもって個別支援，連携・調整及び地域福祉の増進等に関して質の高い業務を実践するとともに，人材育成において他の社会福祉士に対する指導的役割を果たし，かつ実践の科学化を行うことができる能力を有することを認められた者。
　どちらの資格にも，ソーシャルワーカーとしての高い専門性と実践力をもって日々の仕事を行うこと，生活問題を生み出す社会状況の改善や制度や政策に訴える働きを担うこと，そしてその専門性を社会に対して発信していくことが期待される。

間違いやすい用語

「相談援助」と「社会福祉援助」

一般的にどちらもソーシャルワークを表す日本語であるが，「相談援助」は1987（昭和62）年制定の社会福祉士及び介護福祉士法で，社会福祉士の業務として規定された。また「社会福祉援助」の意味を広くとらえると，介護（ケアワーク）や保育の仕事も含むことができる。

Check

次の文の正誤を答えなさい。

　2007（平成19）年の社会福祉士及び介護福祉士法の改正により，地域における介護の担い手として，社会福祉士が期待されるようになった。

（答）×：介護の担い手ではなく，総合的かつ包括的な援助の担い手として期待されている。
（第22回社会福祉士国家試験問題84より）

◆4　介護福祉士

「社会福祉士及び介護福祉士法」（第2条第2項）によれば「介護福祉士の名称を用いて，専門的知識及び技術をもつて，身体上又は精神上の障害があることにより日常生活を営むのに支障がある者につき心身の状況に応じた介護を行い，並びにその者及びその介護者に対して介護に関する指導を行うことを業とする者」とされている。資格取得の方法は，厚生労働大臣が指定した養成施設を卒業する方法と，3年以上介護等の業務に従事した者等が介護福祉士国家試験に合格する方法がある。登録者数は118万5261人（2014（平成26）年2月末日現在）となっている。

◆5　精神保健福祉士

「精神保健福祉士法」（第2条）によれば「精神障害者の保健及び福祉に関する専門的知識及び技術をもって，精神科病院その他の医療施設において精神障害の医療を受け，又は精神障害者の社会復帰の促進を図ることを目的とする施設を利用している者の地域相談支援の利用に関する相談その他の社会復帰に関する相談に応じ，助言，指導，日常生活への適応のために必要な訓練その他の援助を行うことを業とする者」とされている。資格取得のためには，福祉系4年制大学等の指定科目を履修して卒業する，あるいは精神保健福祉士指定養成施設を卒業する等で，年1回行われる精神保健福祉士国家試験に合格して，国に登録することが必要である。登録者は6万946人（2014（平成26）年2月末日現在）となっている。

◆6　社会福祉士認証・認定機構

認定社会福祉士並びに認定上級社会福祉士の認定，及び認定制度の対象となる研修を認証する第三者機関として，2011（平成23）年10月に設立された。その目的は，認定社会福祉士制度の運営を通して，社会福祉士の質の向上を図り，日本のソーシャルワークの発展と国民の福祉の増進に寄与することとされている。

第3節 社会福祉士の役割と仕事

この節のテーマ
- 社会福祉士の定義と義務について学ぶ。
- 連携やチームアプローチによる支援ついて学ぶ。
- 地域福祉の推進と社会福祉士の役割について学ぶ。

社会福祉士の定義

2007（平成19）年に改正された「**社会福祉士及び介護福祉士法**」では、社会福祉士について以下のように定義されている。

「専門的知識及び技術をもつて、身体上若しくは精神上の障害があること又は環境上の理由により日常生活を営むのに支障がある者の福祉に関する相談に応じ、助言、指導、福祉サービスを提供する者又は医師その他の保健医療サービスを提供する者その他の関係者との連絡及び調整その他の援助を行うこと（「相談援助」）を業とする者をいう」（第2条第1項）。

様々な事情で日常生活に困難を抱える人々に対して、社会福祉士は必要なサービスや社会資源を活用しながら、総合的に生活支援を行う役割を担う。そのために、保健医療などの他の分野の関係者や関係機関との連携や協働を行いながら業務を行うのである。

今日では、**介護保険制度**◆1など、サービス利用の多くがサービス提供者や事業所との契約による利用となっている。そのなかで、たとえば認知症の高齢者や知的障害者など、自らの意思を表明することが難しいサービス利用者が不当な扱いを受けることのないようにしなければならない。利用者の声を代弁し、その個人としての尊厳を保持する利用者保護や**権利擁護**◆2のための働きが社会福祉士に強く求められている。利用者が住み慣れた地域で安心して暮らしていけるように、地域に根ざした総合的な生活支援の活動の担い手として、社会福祉士への期待は大きい。

社会福祉士の義務

「社会福祉士及び介護福祉士法」には、社会福祉士として守らなければならない義務が規定されている。「その担当する者が**個人の尊厳**を保持し、自立した日常生活を営むことができるよう、常にその者の立場に立つて、誠実にその業務を行わなければならない」とする「**誠実義務**」（第44条第2項）、また社会福祉士の信用を傷つけるような行為をしてはならないとする「**信用失墜行為の禁止**」（第45条）、正当な理由がなくその業務に関して知り得た人の秘密を（社会福祉士でなくなった後においても）漏らしてはならないとする「**秘密保持義務**」（第46条）がある。

さらには、「福祉サービス及びこれに関連する保健医療サービスその他のサービスが総合的かつ適切に提供されるよう、地域に即した創意と工夫を行いつつ、福祉サービス関係者等との連携を保たなければならない」とする「**連携**」（第47条

第1項）の義務，そして，社会福祉を取り巻く環境の変化による業務の内容の変化に適応するため，相談援助や介護等に関する知識及び技能の向上に努めなければならないとする「資質向上の責務」（第47条第2項）が規定されている。

社会福祉士は，ソーシャルワークの専門職として，常に利用者に寄り添い，利用者の立場に立ってその業務を実践する。人々の生活への総合的な支援のために，保健・医療関係者や，また司法や教育関係者など，必要に応じて他専門職と幅広く連携する。そして，専門職としての自らの専門性や実践力を向上させていく自己研鑽を怠ってはならないのである。

連携とチームアプローチによる実践

上で述べたように，社会福祉士には様々な分野の多職種と連携しながら，**チームアプローチ**◆3による実践が求められる。

利用者が抱える様々な生活問題には，社会福祉の援助と同時に，医療や看護の側面から，また心理，教育，法律などの側面からの専門的な支援が必要なことがある。そのとき利用者の生活全体への支援を行う社会福祉士に求められることは，その利用者が抱える問題状況にあわせて他の専門職との連携をとりながら援助活動を行うことである。

たとえば，在宅や施設での高齢者の生活を支える際には，医療や保健の側面でのサポートも必要になることが多く，医師や看護師，また保健師などとの連携が求められる。また今日深刻化してい

必ず覚える用語
☐ 介護保険制度
☐ 権利擁護
☐ 個人の尊厳
☐ 秘密保持義務
☐ 連携
☐ チームアプローチ
☐ 民生委員
☐ 地域福祉計画

◆1 介護保険制度
人口の高齢化にともなう要介護高齢者の増加，また家族介護の負担軽減のための「介護の社会化」を目的に，1997（平成9）年に成立，2000（平成12）年に施行された介護保険法に基づく制度。強制加入の社会保険制度として被保険者の保険料と公費により運用される。2005（平成17）年の法改正にともなって地域包括支援センターが設置され，介護予防や権利擁護への取り組みも重視されている。

◆2 権利擁護
何らかのサービスの利用の際に，たとえば認知症や知的障害があることで，利用者が不利益を被ることがないように，利用者の立場からその権利を擁護すること。権利擁護の制度としては，都道府県社会福祉協議会が実施主体である日常生活自立支援事業（社会福祉法では「福祉サービス利用援助事業」（第2条第3項12号）と規定されている）や民法に基づく成年後見制度などがある。

◆3 チームアプローチ
医療・保健・福祉などの様々な分野の専門職が連携して，利用者やその抱える問題に対して協力してかかわること。多様なニーズを抱える利用者に対しては，複数の専門職が別々にサービスを提供するのではなく，相互に情報や援助計画や方針などを共有しながらの，チームとしての援助活動の遂行が求められる。今日の多様化・複雑化する生活問題への対応として，専門職相互の連携とチームワークがますます重要視されている。

第2章
ソーシャルワーカーの資格と仕事
第3節 社会福祉士の役割と仕事

る児童虐待や高齢者虐待, またドメスティック・バイオレンスなどの人権侵害をともなう問題に対しては, 弁護士や警察等との連携も必要になる。さらに, いじめやひきこもり, 不登校などの子どもをとりまく問題については, 教師やカウンセラーなどとの連携を保ちながら子どもの生活やその成長・発達を支えていくことが求められる。

社会福祉士には, 様々なサービスを利用者の状況に応じて, 適切にマネジメントする能力や, 専門職間の連携を調整するコーディネーターとして, チームアプローチによる協働での援助を可能にするような役割が求められる。

地域福祉の推進のために

「社会福祉法」の第1条にはその目的の一つとして, 「地域における社会福祉 (地域福祉) の推進」を図ることが挙げられている。また「社会福祉士及び介護福祉士法」では, 社会福祉士の義務として, 「地域に即した創意と工夫を行いつつ」関係者との連携を図ることが規定されている (第47条第一項)。社会福祉士の役割として, このような関係者との連携・協働により, 利用者を中心とするネットワークづくりを中心的に行うことが求められる。それは, 保健や医療等の他専門職との連携はもちろんのこと, **民生委員**や地域のボランティア団体, あるいは地域住民等との連携・協働も意味する。

さらに, 「社会福祉法」には, 市町村あるいは都道府県における「**地域福祉計画**」の策定が規定されている (第107, 108条) が, この計画の策定あるいは実行の過程への住民参加を促進するなど, 地域住民の声が反映されていくようにすることも社会福祉士の重要な役割といえる。

今日の様々な生活問題の背景には, 人々が地域とのつながりを失いつつある社会的孤立の状況や, 困難状況にあるにもかかわらず必要な支援につながらないということがある。暮らしの安心のためには, 地域で孤立することなく生活でき, また福祉や介護のサービスを必要とする人々が, 必要なサービスを必要なときにきちんと利用できることが大切である。そのために, 様々なサービス提供機関や施設間の連携, 地域住民のつながりやネットワークづくりなどにより, 住民が安心して暮らせる地域づくりを推進していかなければならない。このことは地域で働く社会福祉士の役割として, ますます重要になるであろう。

◆4 民生委員

「民生委員法」に基づき，厚生労働大臣から委嘱された非常勤の地方公務員。地域住民の立場から生活や福祉全般に関する相談や支援の活動を行っている。全ての民生委員は児童福祉法による「児童委員」も兼ねており，妊娠中や子育ての不安などの相談に応じる活動も行う。地域社会のつながりが薄くなっている今日，地域住民の身近な相談相手として，支援を必要とする住民と行政や専門機関をつなぐ重要な役割を担っている。

◆5 地域福祉計画

地域福祉の推進のために，市町村および都道府県による地域福祉計画の策定が社会福祉法に規定されている。「市町村地域福祉計画」には，福祉サービス利用および社会福祉事業の発達や福祉活動への住民参加の促進に関する事項，「都道府県地域福祉計画」には，市町村における地域福祉推進のための方針および福祉人材の確保や資質向上などに関する事項を定めることとされている。

Close up

コミュニティ・ソーシャルワーカーとは？

今日，地域福祉の推進が重要視されるなかで，コミュニティ・ソーシャルワーカー（CSW）とその仕事が注目されている。コミュニティ・ソーシャルワークとは，当初イギリスにおいて，コミュニティワークとして実践されたコミュニティに焦点をあてた社会福祉活動・業務の進め方である。既存の福祉サービスだけでは対応しきれない課題に対しても，新たな解決システムの開発などにより，解決に取り組もうとする。まさにその仕事を担うのがコミュニティ・ソーシャルワーカーである。

日本では大阪府が，2004（平成16）年度に府内各市町村にはじめて配置したという経緯がある。「地域福祉のコーディネーター」として，地域を基盤とする生活支援活動（コミュニティワーク）として，何らかの援助を必要とする人々を福祉サービスにつなぐ，また，住民のニーズに基づく新たなサービスの開発，および地域の関係機関や団体間のネットワークを構築するなど，「地域の福祉力」を向上させる役割が期待されている。

Check

次の文の正誤を答えなさい。

社会福祉士及び介護福祉士法に定められた社会福祉士の義務のうち，クライエントに関する秘密保持義務は，社会福祉士でなくなった後においては適用されない。

（答）×：秘密保持義務は社会福祉士でなくなった後においても適用される。
（第24回社会福祉士国家試験問題84より）

第4節 ソーシャルワーカーの専門性

この節のテーマ
- ソーシャルワークの専門性について考えよう。
- 専門職の条件について理解しよう。
- ソーシャルワークの成長や発展について理解しよう。

ソーシャルワーカーにはなぜ専門性が必要なのか

　ソーシャルワークは、日常生活を営む上で何らかの問題や困難状況を抱えている人々にかかわり、その困難状況の改善や問題の解決を図ることで、安定した生活の維持や回復を支援する仕事である。そして、そのような生活問題は、たとえば高齢者の介護や子育てをめぐる問題、貧困等の経済的問題、虐待の問題、自殺や孤立死の問題等々、その内容は非常に多岐にわたる。日々の暮らしのことにとどまらず、なかには生命の危険にまで及ぶものもある。

　さらに、人々の生活状況、生活様式は個人や家族ごとに異なるために、その生活のなかで起こる問題の内容や程度も、当然のことながら個々に違ったものになる。ソーシャルワークは、人々の「生活」や「人生」という、非常に個別性・独自性の高い営みや状況にかかわる。たとえば、一口に要介護高齢者の在宅における介護の問題といっても、要介護高齢者の状況によって、また家族の状況、地域の状況等によって、その問題はまったく異なった様相を呈する。また、そのような生活問題が、個々人の生きる意欲や生き方、そして生命にまで影響を及ぼすこともある。

　このような問題やそれに直面している人々のかかわりには、単に思いやり、やさしさ、同情、親切心だけではどうしようもないことが多くある。ソーシャルワーカーが、援助を必要とする個々のクライエントやその家族との信頼関係を築き、直面している状況や抱えている問題を適切に把握し、その状況や問題の改善、解決に向けて適切な援助活動を行うためには、専門的な知識や技術および**価値と倫理**◆1などの専門性が必要になる。

ソーシャルワーカーが専門職であるための条件

　私たちが通常、「専門職」というときには、どのような職業をイメージするであろうか。具体的には、医師や看護師、弁護士あるいは教師の仕事などが思い浮かぶであろう。これらの専門職を一言で表すならば、一定の専門的な知識や技術をもってその専門職に固有の職務に携わり、その専門性が**国家資格**◆2などの資格制度等によって保証され、その専門職による仕事や活動の必要性や有効性、そして専門職としての能力が社会的にも認められているような職業のことであるといえる。

　専門職の条件については、以下のようにまとめられたものがある。(1)

　① 専門職とは、科学的理論に基づく専門の技術の体系をもつものであること。

② その技術を身につけるのには，一定の教育と訓練が必要であること
③ 専門職になるには，一定の試験に合格して能力が実証されなければならないこと。
④ 専門職は，その行動の指針である**倫理綱領**◆3を守ることによって，その統一性が保たれること。
⑤ 専門職の提供するサービスは，私益でなく公衆の福祉に資するものでなければならないこと。
⑥ 社会的に認知された**専門職団体**として組織化されていること。

日本においてソーシャルワーカー（社会福祉士）が専門職と認められるためには，以上の①～⑥の専門職の条件を満たしていくことが求められる。それには，個別の社会福祉士の自己研鑽や，**職能団体**（専門職団体）としての「**日本社会福祉士会**」◆4の活動による専門技術や能力あるいは社会的地位の向上に向けた努力が欠かせない。また，日本社会福祉士会の活動として，社会福祉士が担う職種や仕事内容，勤務形態，また資格制度等をめぐる日本の現状にあわせて，その専門職としてのあり方を検討していくことも求められる。

成長する専門職として

現状においては，専門職の条件に関する研究のなかでは，日本のソーシャルワーカー（社会福祉士）が専門職であるか否かということについては様々な議論があり，統一した見解は見いだせていない。日本では，1987（昭和62）年の「社会福祉士及び介護福祉士法」の成立により，国家資格と

必ず覚える用語
- [ ] 価値と倫理
- [ ] 専門職
- [ ] 倫理綱領
- [ ] 職能団体
- [ ] 日本社会福祉士会
- [ ] 業務独占
- [ ] 名称独占

◆1 価値と倫理
両者を明確に区別するのは難しいが，一言で言うなら，「価値」とはその基本となる思想や理念とは何か，「倫理」とはその思想や理念を実現するために何をするかを表すものといえる。ソーシャルワークでいえば，価値とは個人の尊厳や基本的人権の尊重，ノーマライゼーションなどの思想や理念を意味し，倫理とは個人の尊厳や人権を護るため，そしてノーマライゼーションの具現化のために何をするべきかということを意味する。

◆2 国家資格
国の法律に基づいて，その知識や技術が一定水準以上であることを国によって認定されている資格のこと。国や地方公共団体，あるいは国から委託を受けた機関が実施する試験に合格した人，もしくは国が指定する養成施設を卒業した人だけに与えられる資格をいう。

◆3 倫理綱領
倫理綱領とは，ある専門職の行動や実践が，その社会的役割や価値に沿った適切なものであるために，専門職としての行動規範や義務，遵守しなければいけないことなどを具体的に定めたもの。ソーシャルワークが専門職であるためには倫理綱領をもつことが欠かせない。わが国においては，2005（平成17）年に制定された日本ソーシャルワーカー協会の倫理綱領が有名である。

第2章
ソーシャルワーカーの資格と仕事
第4節　ソーシャルワーカーの専門性

しての社会福祉士が誕生し，社会福祉専門職としてのソーシャルワーカーという認識も広がってきた。しかし実際には，社会福祉士が医師や弁護士のように「**業務独占**[5]」ではなく，「**名称独占**[6]」資格であることや，働く領域や場所，その仕事内容も幅広く，多岐にわたることから，社会福祉士資格やその業務の曖昧さ，あるいはソーシャルワークという仕事が外部からは見えにくいなどの指摘もある。

しかし一方で，専門職が，時代の流れや社会状況の変化のなかでその時々の社会的な要請に応えるものであるならば，一つの専門職が，どこかの時点で専門職として完成するというような考え方はできない。ソーシャルワークは，人々の日常生活における生きづらさや生活のしづらさと，それをもたらす社会的要因へと視点を据えて，生活困難状況の改善を図り，安定した生活の維持や回復を支援しようとするものである。その意味でも，特にソーシャルワークの実践，研究や養成教育においては，時代や社会の変化のなかで，常に専門職であろうとする努力，また専門職化を進めようとする努力が求められるのである。

時代や社会の要請に応える専門職

現在の日本では，ソーシャルワークの実践が，社会福祉分野に限らず，医療や教育，司法などの様々な分野で社会的に必要とされている。そしてその仕事に一定の知識や技術等の専門性が求められている。さらに社会福祉士などのソーシャルワーカーの国家資格が社会的に認められ，信頼されるものに成熟しつつある。

現代社会のなかで人々が直面する様々な生活問題や困難状況への対応を重ねながら，ソーシャルワークの専門職としての力量を磨き，その専門性を高めていくことが大切である。その努力がソーシャルワーカーという職業を社会的に信頼される専門職として成長させていくことになる。

ソーシャルワークとは，時代や社会のなかで生活を営む人々に寄り添い，人々とともにあることが求められる実践とその方法である。すなわち，時代や社会の状況，人々の生活状況に常に敏感であり，かつその時々で人々がかかえる生活困難状況に対応していける専門性を育んでいくことが大切である。ソーシャルワーカーとは，社会の福祉のために行動する職業として，そのような専門職であるための努力を続ける職業でなければならない。

◆4 日本社会福祉士会（Japanese Association of Certified Social Workers：JACSW）

社会福祉士資格取得者の職能団体として，1993（平成5）年に任意団体として設立されたのが始まりである。社会福祉士の倫理の確立，専門的技能の研鑽，社会福祉士の資質と社会的地位の向上に努めるとともに，社会福祉の援助を必要とする人々の生活と権利の擁護および社会福祉の増進に寄与することを目的に設立された。全国47都道府県に社会福祉士会があり，会員数は2013（平成25）年3月末日現在で3万5140人となっている。

◆5 業務独占

特定の業務について，有資格者のみがその業務を独占して行うことができるとする法的規制のこと。たとえば医師や弁護士などの国家資格は業務独占とされており，無資格者はそれらの名称を使用したり，その業務に携わることができない。

◆6 名称独占

有資格者のみが，その国家資格の名称を使用できるという法的規制のこと。社会福祉士，介護福祉士，また精神保健福祉士は名称独占の国家資格であり，業務独占ではない。よって資格を有しない者でもその業務に携わることができるが，資格の名称の使用は禁じられている。

Check

次の文の正誤を答えなさい。

ソーシャルワークの専門職倫理に関して，守秘義務を遂行することにより第三者に被害が及ぶことが予測される場合などは，クライエントの個人情報を開示してもよいと考えられている。

（答）○
（第25回社会福祉士国家試験問題96より）

注

(1) 仲村優一（2009）「社会福祉士の位置と役割――生涯研修の意義」日本社会福祉士会編『新社会福祉援助の共通基盤（上）［第2版］』中央法規出版，3頁。

第5節 ソーシャルワーカーを支える職能団体

この節のテーマ
- 職能団体の意義や役割について学ぼう。
- 日本社会福祉士会の活動について知ろう。
- ソーシャルワーカーの職能団体の活動について知ろう。

専門職と職能団体

職能団体とは，法律，医療，看護，福祉などの分野において，専門的資格をもってその仕事に従事する人々で構成される団体である。その目的は，自分たちの専門知識や技術の向上，専門職として守るべき**倫理綱領**の確立，また所属する職場や組織での待遇および社会的な地位の保持や改善のための諸活動を行うことである。

活動内容は団体によってそれぞれであるが，共通して，同じ資格をもつ者同士のつながりやネットワークづくりを行っている。また全国大会や各都道府県での大会の開催，講演会や研修会，各種研究会等を企画・実施している。さらに会報などの発行を通して，会員への情報提供や会員相互の交流などの役割も担っている。何らかの職業や資格が多くの人々に知られ，社会からの信頼を得ること，またその資格の制度的な位置づけや社会的地位の向上を図っていく上で，職能団体の役割は重要である。

現在，日本国内には様々な分野で様々な職能団体がある。たとえば医療，心理，司法の分野で見ると，日本医師会，日本看護協会，日本臨床心理士会，日本弁護士連合会などである。社会福祉分野でも様々な団体が組織されている。ソーシャルワーカーの職能団体としては日本社会福祉士会，日本ソーシャルワーカー協会，日本精神保健福祉士協会がある。その他にも，福祉関係の団体としては**日本介護福祉士会**◆1，**全国保育士会**◆2などがあり，また，職種や実践を行う領域に応じた団体として**日本医療社会事業協会**◆3や**日本スクールソーシャルワーク協会**◆4などもある。

日本社会福祉士会の活動

「**日本社会福祉士会**」（Japanese Association of Certified Social Workers：JACSW）は，1993（平成5）年に任意団体として設立され，1996（平成8）年に社団法人化された，社会福祉士資格取得者の職能団体である。1993年1月15日の設立宣言には，以下のような言葉がある。

> 我々「社会福祉士」は，次のように願う。
> 我々は闘う，全ての人々のより良き生活のために。
> 我々は憎む，非人間的な社会を。
> 我々は愛する，全てのかけがえのない人々を。
> 我々は援助する，謙虚な心と精一杯の努力をもって。
> そのために我々は，明るい，さわやかな，実力を持った，柔軟で民主的な専門職集団を結成したいと心より願う。

日本社会福祉士会はその設立以来，様々な教育・研究・広報等の活動を行ってきている。会員がその実践や研究の成果を発表しあう全国大会の開催を行い，また，「**社会福祉士の行動規範**」の策定や**生涯研修制度**◆5を設けるなど，社会福祉士としての専門性を維持し高めることを目的とした取り組みを行っている。さらに，**権利擁護センター**◆6「ぱあとなあ」を設置するなど，高齢者や障害者などの判断能力が不十分な人々も安心して暮らせるように，地域に根ざした権利擁護や虐待予防の取り組みを実践している。

　2014（平成26）年4月には公益社団法人へと移行し，社会福祉士とその活動の社会的認知をさらに高めるとともに，今日の日本がかかえる様々な社会問題に取り組んでいくことが期待されている。

日本ソーシャルワーカー協会の活動

　「**日本ソーシャルワーカー協会**」（Japanese Association of Social Workers：JASW）は，日本最初のソーシャルワーカーの職能団体として1958（昭和33）年に誕生した。2005（平成17）年には，特定非営利活動法人（NPO）の認証を受け，その定款（第3条）には，会の目的として次のように挙げられている。

　　この法人は，ソーシャルワークが展開できる社会システムづくりに関心を持つすべての人々を対象として，会報，出版，ホームページなどによる普及啓発事業，ソーシャルワーク実践に関する調査研究事業，社会福祉及

必ず覚える用語

- [ ] 倫理綱領
- [ ] 社会福祉士の行動規範
- [ ] 生涯研修制度
- [ ] 権利擁護センター

◆1　**日本介護福祉士会**（The Japan Association of Certified Care Workers：JACCW）
介護福祉士の全国的な職能団体として，1994（平成6）年に設立された。「介護福祉士の職業倫理の向上，介護に関する専門的教育及び研究を通して，その専門性を高め，介護福祉士の資質の向上と介護に関する知識，技術の普及を図り，国民の福祉の増進に寄与する」（定款第3条）ことを目的として，全国大会や様々な研修会の開催，研究活動，情報提供等を行っている。

◆2　**全国保育士会**
1956（昭和31）年に「全社協（全国社会福祉協議会）保母会」として発足，1977（昭和52）年には名称を「全国保母会」に改め，1999（平成11）年の児童福祉法施行令等の一部改正による「保育士」の創設にともない，「全国保育士会」へと名称を変更した。保育事業の発展や保育士の専門性向上を目的とした様々な活動を行ってきている。2001（平成13）年に保育士資格が国家資格化されたことにともない，倫理綱領の策定や，保護者への保育指導などの地域における子育て支援業務を担う専門職としての取り組みを行っている。

◆3　**日本医療社会事業協会**（Japanese Association of Social Workers in Health Services：SWHS）
わが国におけるソーシャルワーカーの職能団体としては最も古い歴史をもつ職能団体である。1953（昭和28）年に結成され，1964（昭和39）年に社団法人として認可された。保健医療機関で活躍する医療ソーシャルワーカーの実践の質の向上や，保健・医療・福祉の連携，また医療福祉に関する研究の推進などを目的とした様々な活動を行っている。

第 2 章
ソーシャルワーカーの資格と仕事
第5節　ソーシャルワーカーを支える職能団体

びソーシャルワークに関するセミナー，各種研修会事業や同種の目的を有する国内外の団体とのネットワーク構築事業で，広範な人々や関係機関と協働を深めながら社会福祉の向上発展に寄与することを目的とする。
　NPO法人化以降は，ソーシャルワークの普及や社会のソーシャルワークに対する理解を拡げることをも目的とし，入会資格をソーシャルワーカーだけでなく，ソーシャルワークに関心のある他の専門職や一般市民へも拡げている。

日本精神保健福祉士協会の活動

　精神保健福祉士とは，精神保健福祉分野で働くソーシャルワーカーの国家資格である。この精神保健福祉士の全国規模の職能団体は，「**社団法人日本精神保健福祉士協会**」(Japanese Association of Psychiatric Social Workers：JAPSW)であるが，これは1964（昭和39）年に設立された「日本精神医学ソーシャルワーカー協会」が，1997（平成9）年の精神保健福祉士法の制定を受けて1999（平成11）年に名称変更されたものである。
　日本精神保健福祉士協会は，「精神保健福祉士の資質の向上を図るとともに，精神保健福祉士に関する普及啓発等の事業を行い，精神障害者の社会的復権と福祉のための専門的・社会的活動を進めることにより，国民の精神保健福祉の増進に寄与すること」（定款第3条）を目的とした様々な活動を行っている。
　精神障害をかかえる人々の権利擁護の活動や，精神保健福祉士の倫理の確立，職務に関する知識および技術の向上を図るための研修事業，また資格制度の発展や普及に関する活動などを行いながら，精神保健福祉士の資質の向上，および精神障害者の社会復帰や地域での自立生活支援のための様々な活動を進めている。

その他の社会福祉職の職能団体

　その他，介護福祉士の全国的な職能団体として，1994（平成6）年に設立された「日本介護福祉士会」がある。都道府県介護福祉士会との連携のもと，介護福祉士の職業倫理及び専門性の確立，介護福祉に関する専門的教育及び研究の推進並びに介護に関する知識の普及を図り，介護福祉士の資質及び社会的地位の向上に資するとともに，国民の福祉の増進に寄与する（定款第3条）ことを目的として，全国大会や様々な研修会の開催，研究活動，情報提供等を行っている。
　また，保育士の職能団体である「全国保育士会」は，1956（昭和31）年に「全社協（全国社会福祉協議会）保母会」として発足，1977（昭和52）年には名称を「全国保母会」に改め，1999（平成11）年の児童福祉法施行令等の一部改正による「保育士」の創設にともない，「全国保育士会」へと名称を変更した。2001（平成13年）に保育士資格が国家資格化されたことに伴い，倫理綱領の策定や，保護者への保育指導などの地域における子育て支援業務を担う専門職としての位置づけに向けた取り組みを行っている。
　さらに，社会福祉士や介護福祉士等の資格別の職能団体とは異なり，実践を行う領域や職種別に

組織された団体もある。たとえば、「日本医療社会事業協会」は、わが国におけるソーシャルワーカーの職能団体としては最も古い歴史を持っており、1953（昭和28）年に結成された。また、1999（平成11）年に設立された「日本スクールソーシャルワーク協会」は、スクール（学校）ソーシャルワーカー及びスクールソーシャルワークに関心をもつ人々で構成されている団体である。

人々が直面する生活問題の多様化・複雑化に対応して、様々な専門職間の連携やチームアプローチによる実践が行われているなかで、このような各職能団体間の相互の連携や、協働しての活動がますます求められている。

◆4 日本スクールソーシャルワーク協会 (School Social Work Association of Japan：SSWAJ)
1999（平成11）年に設立された「特定非営利活動法人日本スクールソーシャルワーク協会」は、スクール（学校）ソーシャルワーカーおよびスクールソーシャルワークに関心をもつ人々で構成されているNPO法人である。様々な研修会や調査研究活動等を行い、日本におけるスクールソーシャルワークの普及や発展、その実践の質の向上に努めている。

◆5 生涯研修制度
専門職が資格を所得して以降、その資質向上を図るために設けられた生涯にわたる研修制度。たとえば日本社会福祉士会の生涯研修制度は、会員が社会福祉士の職務に関する知識および技術の向上、倫理および資質の向上のために、生涯にわたって研鑽を重ねることを支援する制度とされている。また、日本社会福祉士会および各都道府県社会福祉士会は、この生涯研修制度の運営を目的とする生涯研修センターを設置している。

◆6 権利擁護センター
認知症や障害などで判断能力が不十分なために、介護や福祉のサービスの選択や契約、また金銭管理が難しくなった等の人々が、そのことで不利益を被ったり、権利が侵害されることのないよう、生活上の悩みや困りごとの相談に応じたり、成年後見制度や福祉サービス利用等の支援を行う機関。社会福祉士会のほか、都道府県や市などの社会福祉協議会が運営する権利擁護センターもある。

Check

次の文の正誤を答えなさい。

日本社会福祉士会の「社会福祉士の行動規範」には、「他の社会福祉士が非倫理的な行動をとった場合、必要に応じて関係機関や日本社会福祉士会に対し適切な行動をとるよう働きかけなければならない」と明記されている。

（答）○：行動規範のなかの「専門職としての倫理責任：7．調査・研究」のなかに明記されている。
（第21回社会福祉士国家試験問題6より）

宮本節子『ソーシャルワーカーという仕事』ちくまプリマー新書，2013年
筆者の経験やエピソードも交えつつ，人々が暮らしていく環境をつくるソーシャルワーカーの仕事がとてもわかりやすく描かれている。ソーシャルワーカーを目指す人にはぜひ読んでほしい1冊。

藤田孝典『ひとりも殺させない――それでも生活保護を否定しますか』堀之内出版，2013年
筆者は，NPOを立ち上げホームレス支援を行ってきた社会福祉士である。現代の貧困問題に立ち向かうソーシャルワーカーの実践と思いが伝わる1冊。生活保護制度についても考えさせられる。

ハンフリーズ，M.／都留信夫・都留敬子訳『からのゆりかご――大英帝国の迷い子たち』日本図書刊行会，1997年
2012（平成24）年に日本でも上映された映画『オレンジと太陽』の原作。第二次世界大戦後に英国からオーストラリアへ集団移住させられた子どもたちの人権回復のために奔走した実践を，ソーシャルワーカーである筆者自らが著した作品。

 第2章

問：社会福祉士の資格の意義や求められている役割について述べなさい。

ヒント：社会福祉士及び介護福祉士法の条文を参考に考えてみよう。

第3章

ソーシャルワークの定義と歴史

本章で学ぶこと
- ソーシャルワークの国際的な定義の内容を学ぶ。（第1節）
- ソーシャルワークがどこで何の活動から生まれたのか学ぶ。（第2節）
- ソーシャルワークがどのように発展してきたのか学ぶ。（第3節）
- 現在のソーシャルワークとはどのようなものなのか学ぶ。（第4節）

第1節 ソーシャルワークのグローバル定義

この節のテーマ
- 「ソーシャルワークのグローバル定義」の内容を学ぼう。
- ソーシャルワーカーが果たすべき務めとは何かを理解しよう。
- ソーシャルワーカーの考え方と行動の根拠となる原則を学ぼう。
- ソーシャルワーカーが使う知識の範囲を知ろう。
- ソーシャルワーカーが行う実践の特徴を知ろう。

ソーシャルワークのグローバル定義

　私たちの社会において、ソーシャルワーカーはどのような役割をもち、どのような働きをしていくものなのだろうか。現在、ソーシャルワーカーが活動しているのは日本だけではなく、世界の90か国以上でおよそ75万人のソーシャルワーカーが活動している。ソーシャルワークの国際的な定義は1982年に初めて作られたが、2001年5月に国際ソーシャルワーク学校連盟（IASSW）と**国際ソーシャルワーカー連盟（IFSW）**によって「ソーシャルワークの定義」が公式に採択された。しかし、これから後の節で学んでいくように歴史をみても「ソーシャルワークとは何か」は時代や社会状況によって変化してきた。ソーシャルワークの定義は、ソーシャルワーカー自体の変化と社会の変化に応じて変わっていくということを前提として、10年サイクルで見直されることになっている。2014年7月には14年ぶりに「ソーシャルワークとは何か」の世界的な定義が次のように改定された。

　「ソーシャルワークは、社会変革と社会開発、**社会的結束**、および人々の**エンパワメント**と**解放**を促進する、実践に基づいた専門職であり学問である。社会正義、人権、集団的責任、および多様性尊重の諸原理は、ソーシャルワークの中核をなす。ソーシャルワークの理論、社会科学、人文学、および地域・民族固有の知を基盤として、ソーシャルワークは、生活課題に取り組みウェルビーイングを高めるよう、人々やさまざまな構造に働きかける。

　この定義は、各国および世界の各地域で展開してもよい。」

　この定義の内容は、どのような意味なのだろうか。ソーシャルワーカーが果たすべき務めとは何か、ソーシャルワーカーの考え方と行動の根拠となる原則は何か、ソーシャルワーカーはどのような知識を使うのか、ソーシャルワーカーはどのような実践を行うのかという4つの点から、定義の内容を学んでいこう。

ソーシャルワーカーが果たすべき務めとは何か

　ソーシャルワークが誕生するきっかけとなった活動の一つに**セツルメント運動**がある。まず、その例からソーシャルワーカーの活動を考えて

みよう。あるセツルメントの近くに結核の患者がいた。しかし，よく調べてみると地域の他のところにも同じように結核にかかった人が多数おり，それは貧困世帯に多いことがわかった。セツルメントのワーカーたちは，この結核の問題は，結核になったその人個人の問題ではあるが，貧困世帯に限って結核が生じることは一つの社会問題であり，貧しい人々が住むスラム街の保健衛生上の環境の改善が必要だと考えて，市民や政府に働きかけた。(3)

　この活動のように，ソーシャルワークには，問題を個人の問題としてとらえるとともに社会の問題としてとらえ，構造的な条件の変革に取り組むという活動がある。このような活動を社会変革と言い，ソーシャルワークの務めの一つである。

　さらに，現在の日本に目を移してみても，親世代の貧困のために義務教育修了後に働き出さなくてはならず教育を受ける機会が得られなかったり，非正規雇用のために雇用保険や社会保険に入ることができなかったり，公的な福祉として保障されているはずの生活保護を受給することができないことがあったり，様々な**社会的排除**の問題◆3がある。そうした社会からの排除を受け続けると，「やっぱり自分が駄目だから」「生きていてもいいことは一つもない」というように，自分で自分を排除してしまうような状態に陥ってしまうことがある。(4)

　このような問題に対してソーシャルワーカーが，人々が自分で自分を排除してしまうような個人的な問題に取り組むとともに社会的な不平等や差別，搾取，抑圧といった構造的な障壁の問題

必ず覚える用語

- ☐ 国際ソーシャルワーカー連盟(IFSW)
- ☐ エンパワメント
- ☐ 社会的結束
- ☐ セツルメント運動
- ☐ 社会的排除
- ☐ ソーシャルワークのグローバル定義
- ☐ 社会正義
- ☐ 第三世代の人権
- ☐ 集団的責任
- ☐ 多様性の尊重

◆1　国際ソーシャルワーカー連盟 (The International Federation of Social Workers：IFSW)
国際ソーシャルワーカー連盟(IFSW)は，1982年に設立されたソーシャルワーク専門職を代表する国際的な組織。ただし，個人の立場ではなく，各国のソーシャルワーカー組織を通じて加盟する。現在は，90か国の組織が加盟し，世界の75万人のソーシャルワーカーを代表している。日本からは4つのソーシャルワーカーの職能団体（日本ソーシャルワーカー協会，日本医療社会事業協会，日本社会福祉士会，日本精神保健福祉士会）が加盟している。

◆2　社会的結束
社会的に結束した社会とは，安定していて，安全で公正な社会のことであり，すべての人権を促進し保護するとともに，無差別，寛容，多様性の尊重，機会の平等，連帯，すべての人々の安全と参加に基づいた社会のことをいう。

第3章
ソーシャルワークの定義と歴史
第1節 ソーシャルワークのグローバル定義

に取り組むのが先に挙げた社会変革の活動である。そして、個人的な問題と構造的な障壁に取り組むことを通して、人々が力を身に付けて（エンパワメントされ）、社会的な抑圧から解放されていくことができるように支援することが、ソーシャルワーカーの2つ目の務めである。

こうした個人的かつ社会構造的な問題に取り組む社会変革と、社会的に抑圧されている人々が力を身につけ、抑圧から解放されていくことができるようにエンパワメントするという務めを果たすことをとおして、ソーシャルワーカーは貧困や格差などの社会的な排除がなく、全ての市民が社会に包み込まれ、社会に信頼関係があり、安定していて公正な社会（結束した社会）の実現を目指している。

ソーシャルワーカーの考え方と行動の根拠となる原則は何か

ソーシャルワーカーの行動の動機は、**人権**と**社会正義**を守り、支持することである。

社会正義とは、社会の全てのメンバーが同様の権利、保護、機会、義務、社会的な利益をもつために不平等が確認され、是正されなければならないという考え方のことであり、差別、抑圧、不平等に立ち向かい、抑圧された状況にある人々の権利を擁護する行動が含まれる。社会福祉専門職団体協議会の「ソーシャルワーカーの倫理綱領」(2005年)でも「ソーシャルワーカーは、差別、貧困、抑圧、排除、暴力、環境破壊などの無い、自由、平等、共生に基づく社会正義の実現をめざす」（価値と原則Ⅱ）ことが表明されている。

また、社会正義の中でソーシャルワークにおいて重要なのは公正さである。公正というのは、制度や実践をとおして社会の財と資源を分配し、社会の全てのメンバーに人権や尊厳、社会に参加する機会を保障するということと、財や資源を分配するときには、社会の中で最も弱い立場にあるメンバーが最も益を受けるようにするということをいう。

そして、社会正義の土台となるのが人権である。人間の尊厳と価値という思想は、全ての宗教的な伝統や、様々な文化に見いだすことができるが、ソーシャルワークは、全ての人間存在は生まれながらの価値を有しているという基本的な信念を持っている。

それでは、人権とは何を意味するのだろうか。その内容は第一、第二、第三世代の3つの世代にわたって発展してきた。

第一世代の人権は、公民権、政治権と呼ばれるもので、18世紀の西欧の啓蒙主義と自由主義の政治思想から生まれてきた。これらは個人を基盤とし、民主主義と市民社会を形成するのに最も重要だと考えられた基本的自由にかかわる権利である。この人権には、選挙権、意見および表現の自由に対する権利、公正な裁判を受ける権利と法の下の平等、思想、良心および宗教の自由に対する権利などが含まれる。また、尊厳をもって扱われる権利、宗教、人種、ジェンダーなどの差別から自由である権利も含まれる。

第二世代の人権は、経済的、社会的、文化的権利である。これらは、個人あるいは集団が人間としての可能性を実現するために、社会保障やサー

ビスを様々な形で受け取るための権利である。勤労の権利，衣食住の権利，教育を受ける権利，適切な医療を受ける権利などである。現在の第二世代の権利は，19世紀から20世紀の社会民主主義あるいは社会主義に起源をもち，国家が個人のニーズを少なくとも最低限度は保障すべきであるという伝統をもっている。

　第三世代の人権は1970年代から登場したもので，人権が個人主義的で，西欧の自由主義を基にしており，共同体主義をもつ文化との関連が低いということに対する批判への応答として発展した。第三世代として提案される人権は，「共同体の権利」であり，個人に対して適用されるというよりも共同体，集団，社会あるいは国に属する権利である。これには，経済的な発展の権利，世界貿易や経済成長から利益を得る権利，結束し調和のある社会に生きる権利，汚染されていない空気で呼吸する権利，安全な水にアクセスする権利といった環境についての権利が含まれる。

　ソーシャルワーカーは，このような第一，第二，第三世代の権利を尊重する。そして，人権は**集団的責任**とともに存在すると考える。集団的責任とは，個人の人権は人々がお互いに対して，また環境に対して責任をもって初めて日常的に実現されるということ，そして人々がコミュニティの中でお互いの関係を作ることが重要であることを強調する考え方である。そのため，ソーシャルワーカーは人々の全ての権利を擁護するとともに人々が互いに依存し合っていること，人々と環境が互いに依存し合っていることを認めながら，人々が互いの幸せに対して責任をもつことがで

◆3　社会的排除
貧困が，生活に必要な物質やサービスなどの「資源の不足」を問題とするのにたいして，社会のメンバーとして生きていく上での主要な参加や権利の行使から排除されくいるという「社会への参加の欠如」を問題とするとらえ方のこと。

第3章
ソーシャルワークの定義と歴史
第1節　ソーシャルワークのグローバル定義

きるように助ける。

　また、ソーシャルワーカーは多様性を尊重する。**多様性の尊重**とは、一人ひとりの違いを認め、その違いを大切にすることをいう。多様性の尊重は、一人ひとりが世界に一人だけの固有な存在であることが認められ（個別性）、その一人ひとりの権利が認められること（人権）にもとづいている。

ソーシャルワーカーは
どのような知識を使うのか

　ソーシャルワークは実践をする専門職であり、学問でもある。そのため、ソーシャルワーカーはソーシャルワークの理論や研究はもちろんだが、地域開発・全人的教育学・行政学・人類学・生態学・経済学・教育学・運営管理学・看護学・精神医学・心理学・保健学・社会学など、ほかの社会科学、人文学の理論をも利用する。ソーシャルワークの研究や理論は、ソーシャルワーカーとサービス利用者との相互の対話を通して共同で作り上げられてきたものが多く、特定の実践環境から知識を得ている。

　さらに、ソーシャルワークは、先住民を含めた諸民族の固有の知からも学ぶものである。植民地主義の影響によって、先住民の知識はその価値を過小評価され、西洋の知識や理論が支配的だった。新しい**ソーシャルワークのグローバル定義**は、それぞれの地域、国、地方の先住民の人々も自分たち自身の価値、知り方、知識の伝え方をもっており、科学に重要な貢献をしてきたことを認めている。

ソーシャルワーカーは
どのような実践を行うのか

　ソーシャルワークは、人々が環境と相互にかかわり合っている接点にかかわっていく。環境とは、人々が自然的、地理的に組み込まれ、人々の生活に深く影響を与えている様々な社会のシステムのことをいう。

　ソーシャルワーク実践の活動範囲は、様々な形のセラピーやカウンセリング、グループワーク、コミュニティワークと、政策立案や分析、そして権利擁護や政治的実践に及ぶ。

　ソーシャルワークの働きかけというのは、人々の希望、自己尊重、創造的な力を増大させるという個人的なレベルでの働きかけと、抑圧的な権力構造や不正義の構造的な原因に向き合い、それに挑戦する社会構造のレベルでの働きかけという全体的な視点での取り組みである。

　つまり、ソーシャルワーカーは、人々が生活の課題に取り組み、幸せを増進するために、人々と社会構造に働きかける。そして、できる限り、人々のために働くというよりも、人々とともに働くという方法をとる。

ソーシャルワークの定義の3つのレベル

　世界の各地域（アジア太平洋、アフリカ、北アメリカ、南アメリカの5地域）と各国は、このグローバル定義をもとにそれぞれが置かれた社会的、政治的、文化的状況に応じた独自の定義を作ることができるようになった。そのため、ソーシ

ャルワークの定義は，世界，国，地域という3つのレベルをもつものとなる。

注

(1) IFSW（2014）「IFSWについて」(http://ifsw.org/what-we-do/ 2014.3.10)
(2) 社会福祉専門職団体協議会国際委員会＋日本福祉教育学校連盟による日本語訳(2014年5月版)。
(3) 木原活信（1997）『Jアダムスの社会福祉実践思想の研究』川島書店，173-174頁。
(4) 湯浅誠（2008）『反貧困—「すべり台社会」からの脱出』岩波書店，59-62頁。
(5) OECD開発センター（2013）『OECD世界開発白書2　富のシフト世界と社会的結束』61-62頁。
(6) Barker, R（2003）*The social work dictionary 5th edition*, NASW Press, 405.
(7) Finn, J.L. & Jacobson, M.（2008）Social justice, Mizrahi, Terry & Davis, Larry E. ed. *Encyclopedia of Social work 20th*, NASW Press, 44-45.
(8) IFSW（1988）*International Policy Papers*, Introduction.
(9) Ife, Jim, Human（2012）*Human Rights and Social Work toward Right-based practice 3rd edition*, Cambridge, 44-48.

第2節 ソーシャルワークの誕生

この節のテーマ
- ソーシャルワークが誕生する背景となった社会状況を学ぼう。
- ソーシャルワークはどのような活動として誕生してきたのかを知ろう。
- COS（慈善組織化協会）とセツルメント運動の考え方の違いを学ぼう。
- リッチモンドがケースワークをどのようにまとめたのかを知ろう。

　ソーシャルワークは，グローバル定義に表されているような現在のかたちとして初めからあったわけではなく，時代や文化，思想を背景として先駆者たちの努力によって歴史的に発展してきた。ソーシャルワークとは何かをよりよく理解するために，ソーシャルワークがどのように今日の姿に至ったのか，ソーシャルワークが最も発展したアメリカを中心にその歴史を学んでいこう。

19世紀から20世紀初頭のアメリカの時代背景

　18世紀後半からイギリスで始まった産業革命によって生産活動の機械化，動力化が進み，アメリカでも1865年から1900年までのあいだに歴史上類のない規模で，工業生産高の拡大が起こっていった。経済発展は国家の富の増大をもたらした一方で，不況と失業の循環，機械化された工場での長時間に及ぶ不健康な労働などの問題も生み出した。

　また，商工業の中心地には，外国からの大規模な移民や農村地方出身の労働者たちが移り住み，スラム街が膨張していった。1880年代になると，大都市においてスラム街の存在と，貧困，不衛生，不道徳，犯罪などの問題が明らかになっていった。アメリカでは建国以来キリスト教を中心としたチャリティの実践があり，**アガペー**◆1の思想をもとに，貧窮者の救済が行われてきた。しかし，不況によって大規模に増加した貧窮者に対しては，従来の慈善事業では対応ができなくなり，無組織，無秩序な慈善活動が混乱を引き起こすようになった。

　慈善団体が互いに連絡なく単独に活動した結果，同時に多くの慈善団体から援助を受ける人もいれば（濫救），より困窮した人が何らの援助も受けられないこと（漏救）がたびたび生じたこと，救助する人とされる人の間の人間関係がなく，物品を施すのみで救済した人たちの永久的な進歩が考えられていないことなどが問題として起こっていた。

COSの活動

　そのような状況のなかで，無差別，無計画な施しではなく，慈善活動を合理化し，組織化するために1869年にロンドンで**ロック**（Lock, C. S.）によって「**慈善組織化協会**」（Charity Organization Society：**COS**）が設立された。COSでは，町の各地区に「友愛訪問員」（friendly visitor）と呼ばれるボランティアが置かれ，担当地区内の要保護者を調査し，調査結果をカードに記載して登録

すること，各慈善団体の間で慈善活動に関する連絡調整を行うという活動がなされた。アメリカではロンドンのCOSを視察したガーティン（Gurteen, S. H.）によって1877年にバッファローでCOSが設立された。失業者の増加にともなって，1921年までにほとんどの市と町に775か所のCOSが作られた。

　当時のアメリカで強調されていた道徳は，「身体の健全な男子はすべて，自分自身とその家族を安全にささえうる」という「自助」（self-help）の精神であり，もしそうできていないとすれば，それは怠惰か，無思慮か，飲酒が理由であって，貧困に陥るのはあくまで個人の道徳的な欠陥のせいであると考えられていた。COSではそのような当時いきわたっていた考え方から，貧窮者は物質的な援助よりもむしろ，飲酒，怠惰，無分別と闘い，それを克服するような道徳的な指導が必要であるとして「施しではなく，友情を」をモットーとして貧困家庭を訪問した。

　やがて，1890年代にはボランティアであった友愛訪問員が有給化され，有給の調査員によって直接的なサービスが行われたことが専門職としてのソーシャルワーカーの始まりである。また，COSにおいて慈善活動を提供する組織がコーディネートされるようになったことが，コミュニティワークの始まりといわれている。

　また，COSの理論的リーダーであり，「ケースワークの母」として知られる**リッチモンド**（Richmond, M.）は，慈善事業に携わる友愛訪問員に訓練や専門的知識が欠けていることを痛感し，1897年に行われた全国慈善矯正会議（National

必ず覚える用語

- [ ] 慈善組織化協会（COS）
- [ ] 友愛訪問
- [ ] セツルメント運動
- [ ] リッチモンド，M.
- [ ] アダムス，J.
- [ ] リッチモンドのケースワークの定義
- [ ] バーネット，S.
- [ ] トインビー，A.
- [ ] ハルハウス
- [ ] グループワーク
- [ ] フレックスナー，A.

◆1　アガペー
チャリティ（charity）は，ラテン語のカリタス（caritas），ギリシャ語のアガペーからきている。ギリシャ語では，愛を表す言葉として他にストルゲ（自然の感情に由来する愛），フィレオ（友情），エロース（求める愛）があるが，アガペーは新約聖書のみに記述されている愛で，神の愛，すなわち他の世俗の愛とは異なる一方的に与える無条件の愛を意味している。

第3章
ソーシャルワークの定義と歴史
第2節 ソーシャルワークの誕生

Conference of Charities and Correction）の会合でソーシャルワーカーを訓練する学校の創設を提起した。それは1898年にニューヨーク慈善組織協会の「応用博愛夏期学校」として実現した。さらに1904年にはニューヨーク博愛学校（この学校はやがて現在のコロンビア大学のソーシャルワーク大学院へ発展した）となり、ソーシャルワーカーの教育と養成が始められていくことになった。

セツルメントの活動

一方、セツルメント運動は、**バーネット**（Barnett, S.）が1872年にロンドンのスラム街に聖ユダ教会司祭として着任し、妻ヘンリエッタとともに貧民と共同生活を始めたことがきっかけとなった。自分たちの知識を貧民と共有するという運動に献身し、31歳で死んだ**トインビー**（Toynbee, A.）をしのんで、1884年に彼の名にちなんで建設されたトインビー・ホールが最初のセツルメントと言われている。アメリカでは、トインビー・ホールの影響を受け、1886年にコイツ（Coit, S.）によって、ニューヨークにネイバーフッド・ギルドが、1889年には**ジェーン・アダムス**（Addams, J.）、スター（Starr E. G.）によって、シカゴのスラム街の近隣に**ハルハウス**（Hull House）が設立され、1900年には413か所、1915年には550か所に広まっていった。ハルハウスでは、毎朝働きに出る母親のために子どもを預かる保育園、昼に学校を終えた学童児がレクリエーションを行うクラブ活動、夜は英語が話せない移民のための語学教育のクラス、音楽や絵画の教室などの教育プログラムから、児童労働保護運動、少年裁判所設置、児童相談所の設置、児童公園の設置などの活動までが行われ、セツルメントで行われた様々なグループ活動がやがて**グループワーク**へと発展していった。

リッチモンドによるケースワークの体系化（1900年代から1920年代）

COSの活動とセツルメントの活動は、ともにそれまでの慈善事業が対応しきれなくなった近代的な社会問題に応えようとしたものであったが、貧困観や援助の方法など異なる点も多く、互いに対立もしていた。特に、COSが貧困の原因を個人の道徳的な欠陥のためと捉えていたのに対して、セツルメント運動は、貧困の原因は本人にあるのではなく社会経済的な欠陥から生み出されてくるという立場をとり、COSが問題の社会的な側面を見落としていることを批判していた。また、当時、大学院の専門教育についてアメリカで最も権威のあった**フレックスナー**（Flexner A.）が1915年に全国慈善矯正会議においてソーシャルワークは「教育的な過程によって伝達されうる」専門的技術をもっていないため専門職ではないと結論づけたことがソーシャルワーカーたちに大きな影響を与えた。リッチモンドはそうした批判に応える形で、1917年に『**社会診断**』を著し、医学をモデルとして個々人に対する処遇（ケースワーク）を調査、診断、予後、処遇という一連の過程として整理し、ケースワークを伝達可能な知識として示そうとした。その後、1922年には『**ソーシャル・ケースワークとは何か**』において、ケ

ースワークを「人間と社会環境との間を個別に，意識的に調整することを通してパーソナリティを発達させる諸過程からなり立っている」[(4)]と定義し，リッチモンドの2つの著作によって，ケースワークが確立された。こうしてソーシャルワークは科学的に体系化され，専門職として，慈善事業から脱皮していった。

◆2 グループワーク

グループによる意図的なプログラム活動やグループの相互作用を活用して，個人の成長を目指し，個人，集団，社会の様々な問題への効果的な対応を支援するための援助技術の体系をいう。

Check

ソーシャルワークの形成過程に関する次の記述の正誤を答えなさい。

慈善組織協会の友愛訪問員たちは，貧困の原因は個人の道徳的な問題というよりも，社会構造の問題であると捉え，社会改良に向けた活動を行った。

（答）×：友愛訪問員は個人の不道徳な生活の改善をもとめて活動し，セツルメントは貧困を社会構造的な問題ととらえる立場をとった。

（筆者作成）

注

(1) 一番ヶ瀬康子（1963）『アメリカ社会福祉発達史』光生館，70頁。
(2) 同前書，104，107頁。
(3) 木原活信（1997）『Jアダムスの社会福祉実践思想の研究』，160-163頁。
(4) Richmond, Mary E. (1922) *What is Social Case Work? An Introductory Description*, Russell Sage Foundation（＝1991，小松源助訳『ソーシャル・ケース・ワークとは何か』中央法規出版，57頁）。

第3節 ソーシャルワークの発展

この節のテーマ
- ソーシャルワークが今日に至るまでどうやって発展してきたのか学ぼう。
- ソーシャルワークの中の考え方の違い(学派)について知ろう。
- 個人と社会にかかわるソーシャルワークの視点がどのように展開してきたのか学ぼう。

精神医学の氾濫

ソーシャルワークは第一次世界大戦を契機として個人の心理的側面への関心を強めていくことになった。1914年に第一次世界大戦が勃発し、1917年にアメリカが参戦すると、ソーシャルワーカーは兵士たちの戦争神経症に対応するようになった。これに応答して1918年にはアメリカにおいてスミス大学に精神医学ソーシャルワークを学ぶ大学院が設立された。

また、1909年には精神分析学者の**フロイト**(Freud, S.)が訪米しマサチューセッツ州のクラーク大学で講義を行った。1920年代に入ると、フロイトの精神分析は科学的な援助を熱望していたケースワーカーたちに熱狂的に受け入れられるようになり、リッチモンドのケースワークの体系に、フロイトの精神分析の考え方と技法を応用した**診断学派**(diagnostic school)あるいは**診断主義派**と呼ばれるケースワークが生まれてきた。

1920年代をむかえるとアメリカは経済的に繁栄し、貧困問題への関心は薄れていった。ソーシャルワーカーたちは精神分析に没頭し、精神医学の氾濫とさえ表現されるような状況にいたった。つまり、**ケースワーク**がこれまで強調してきた問題の社会的な側面はなおざりにされ、個人の精神・心理的な面に焦点が向けられるようになっていったのである。ケースワークは治療関係を基本にして進められるセラピー(精神療法)が主流になっていった。

診断主義と機能主義の論争(1930年代から1950年代)

1930年代には主流派ともいえる診断学派に対して、**機能学派**あるいは**機能主義派**(functional school)と呼ばれる新しいグループが形成されていった。機能主義は、フロイトの弟子であったが、やがてフロイトと決別して渡米した**ランク**(Rank, O.: 1884-1939)の意志療法(Will therapy)の影響を受けて、ペンシルバニア大学のタフト(Taft, J.)とロビンソン(Robinson V.)によって形成された。リッチモンド以来、その流れをくむ診断主義では、ソーシャルワーカーが利用者の問題についての診断を行い、将来の結果を見通し、目標を定めた治療をソーシャルワーカーの主導によって行うことが考えられてきた。(1)

一方、機能主義では、その人が生来もっている意志の力によって、問題を自らの力で解決できるという人間観に立ち、その人がワーカーおよび施設・機関の機能を自由に選択し、主体的に活用で

きるように援助することがソーシャルワーカーの役割であると考えられた。診断学派と機能学派は鋭く対立し，それぞれの立場からケースワークの内容を深めることにはなったが，結果的にケースワークの機能をセラピーに限定してしまうという傾向を強めた。

このような心理・精神医学の偏重に対する批判と反省から，マイルズ（Miles A. R.）は，ケースワークはリッチモンド以来の伝統である社会環境を重視する立場を回復しなければならないと主張した。

また，診断学派と機能学派の対立を新しい概念で統合しようとする試みがなされるようになり，パールマン（Perlman, H. H.）は診断学派の立場から問題解決という観点で両者の統合を図った。また，アプテカーは機能学派の立場から，両者を統合しようとした。

内外からのケースワーク批判（1960年代から1970年代）

1960年代のアメリカ社会の高度成長は一般的には生活水準の向上と豊富な物質文明の発展によって豊かな社会を形成したが，高度成長の恩恵は人種差別にあえぐマイノリティの人びとや困窮にあえぐ人々にはなく，豊かな人々と貧しい人びととの格差がこれまで以上に明らかになり，社会の様々な矛盾とひずみが明らかになった。

1950年代からアフリカ系アメリカ人を中心とした，経済的，社会的，文化的に抑圧的な状況に置かれてきたマイノリティの人びとが自らの力で権利と福祉を獲得しようとする運動が展開さ

必ず覚える用語

- ☐ 精神分析の影響
- ☐ 診断主義と機能主義
- ☐ 問題解決アプローチ
- ☐ ケースワークへの批判
- ☐ システム論
- ☐ 生態学的視点（エコロジカル・パースペクティブ）

◆1　ケースワーク
個人や家族が抱えている生活上の困難やニーズに対して，その問題解決やニーズの充足を支援するために用いられる援助技術の体系を指す。ケースワークはリッチモンドによって初めて体系化されたが，ケースワーク，グループワーク，コミュニティ・オーガニゼーションのそれぞれの援助技術が一元的なソーシャルワークとして統合化されてからはケースワークという用語は用いられなくなり，「個人と家族を対象としたソーシャルワーク」，「個人を対象とした直接的なソーシャルワーク」などと呼ばれるようになっている。

Check

ソーシャルワークの形成過程に関する次の記述の正誤を答えなさい。

　診断学派と機能学派の間では，ソーシャルワークには個人の精神的な症状を治療するセラピーが必要とされているのか，社会的に抑圧された状況にある人々の社会的な環境の改善が必要とされているのかをめぐって論争が行われた。

（答）×：診断学派は診断と処遇を重視し，機能学派はその人が機関の機能を主体的に活用できるように援助することを主張した。
（筆者作成）

第 3 章
ソーシャルワークの定義と歴史
第3節 ソーシャルワークの発展

れるようになった。これはやがて**キング牧師**(King, M.L.)によって主導された公民権運動として発展し、国民としての平等や政治参加の権利を求める運動が大きな力となって、1964年には「公民権法」(Civil Rights Act)が成立した。

また、こうした権利獲得運動は福祉の領域では、公的扶助の給付水準の向上や権利の獲得を目指す「福祉権運動」として展開されていった。この運動は、ソーシャルワークの専門性そのものへも厳しい矛先を向けるものであった。つまり、福祉サービスの運用が専門的な方法技術で行われてきたが、その専門性が対象者のニーズを切り捨て、専門家の視野に問題として入るもののみを援助の対象として取り上げるというあり方に非難がよせられた。また、専門職主義に対して、利用者を排除して専門家のみによって基準が設定されるありかたにも再考が迫られた。

また、1960年代後半には「ソーシャルワークには援助の効果があるのか」という効果測定の調査が数多く実施された。ケースワークの有効性に関する議論の先駆けとなったのは、マイヤー(Meyer H. J.)とボーガッタ(Borgatta E. F.)が1965年に公表した女子職業訓練高校において行った調査の結果であった。これは、科学的統制群実験法と呼ばれる方法によって行われ、生徒を189名の実験群と192名の統制群に分け、実験群にはケースワークおよび**グループワーク**援助を行い、統制群にはなにもしないというものだった。その結果は、実験群は統制群と比較して非行、退学などの点で援助の有効性は実証されず、学業成績、退学、留年の比率でも実験群と統制群はほぼ違いがなく、ソーシャルワークの効果はほとんど見られないというものであり、アメリカの社会福祉界に大きな波紋を投げかけた。

こうした内側と外側からの批判を受けて、ソーシャルワークはその内容の再考を迫られた。1967年にパールマンはソーシャルワークの再生への関心を呼び覚まそうと「ケースワークは死んだ」と論じ、単に個人の症状を変化させるような介入ではなく、システムを変えていくような、より影響の大きな規模での予防的な介入が必要とされていると表明した。このような状況下で、個人の症状を治療するセラピーのソーシャルワークではなく、利用者の権利を擁護するアドボカシーが強調されるようになった。

システム論、生態学的視点の登場(1980年代から現代)

1960年代に心理面への傾斜が批判されたソーシャルワークの再生にとって、まず課題となったのは、ソーシャルワークの焦点は個人なのか、社会なのかということだった。個人か社会かではなく、個人と環境との両者の関係をとらえる枠組みを提供したのが**ピンカスとミナハン**(Pincus A. & Minahan A.)、ゴールドシュタイン(Goldstein, H.)による**システム理論**、ジャーメインとギッターマン(Germain C. B. & Gitterman, A.)による**生活モデル**、メイヤー(Meyer, C. H.)による**エコシステム論**といった、システム思考と総称される理論の枠組みだった。

これらの理論は、個人と社会をホリスティックな視点で全体的にとらえる視点、原因に対して結

果があると直線的に考えるのではなく、個人と環境を円環的にとらえる視点を提供し、ソーシャルワークの主流として受け入れられていった。

> **間違いやすい用語**
>
> **「医学モデル」と「生活モデル」**
>
> 医学モデルは、個人の問題に対して特定の原因を探り（診断し）、処遇していく過程を重視するのに対して、生活モデルはある人の問題は個人と環境とのかかわり合いの結果であると考え、個人と環境とが相互にかかわり合う接点に介入する。

注
(1) 仲村優一（1960）「ケースワークにおける診断主義と機能主義」吉田久一編『社会保障と社会事業』医歯薬出版、209頁。
(2) 岡本民夫（1973）『ケースワーク研究』ミネルヴァ書房、52-54頁。
(3) 白澤政和（1983）「ケースワーク処遇の効果測定に関する一研究：ケースワーク批判の克服を求めて」『更正保護と犯罪予防』69、1-35頁。
(4) Perlman, H. (1967) *Casework is dead*, *Social Casework*, 48 (1).

第4節 現在のソーシャルワーク

この節のテーマ
- 現在のソーシャルワークとはどのようなものなのか学ぼう。
- 個人と社会を捉える視点（生態学的視点）を学ぼう。
- 「ジェネラリスト・ソーシャルワーク」について学ぼう。

ソーシャルワークの統合化

　本章の第2節で学んだように，「ソーシャルワークとは何か」は，COSの活動とセツルメントの活動がそれぞれ重視した考え方についての議論から生まれてきた。リッチモンド（Richmond, M.）が個人の社会的な機能を促したり妨げたりする要因を診断することを重視したのに対して，アダムス（Addams, J.）は個人の問題に表されている社会的な問題を理解することを重視した。この2つの考え方は20世紀の初めまでお互いに対立していたが，1923年になって，アメリカのペンシルバニア州のミルフォードで，ソーシャルワークの6つの領域（一般医療，精神科，家族，児童，学校，保護観察）の全国組織から代表が集まり，ソーシャル・ケースワークの視点を共有するための会議が持たれた。会議は，ソーシャルワークの異なった分野を強調するよりも，「**ジェネリック・ソーシャル・ケースワーク**」といわれる基本的な概念の方が全ての形のソーシャルワークにとって重要であるという結論に至り，ソーシャルワーカーが個人のニーズだけでなくコミュニティや組織のニーズを扱っていくことができるようなジェネリックな基本的知識の重要性が強調された。1955年にはアメリカソーシャルワーカー協会，アメリカコミュニティオーガニゼーション研究協会，アメリカ医療ソーシャルワーカー協会，アメリカ精神医学ソーシャルワーカー協会，アメリカグループワーカー協会，ソーシャルワーク調査グループが合併して，**全米ソーシャルワーカー協会**（National Association of Social Workers, 以下**NASW**）が設立された。このことによって，「ソーシャルワーク実践とは何か」についての共通基盤がさらに探求されていくことになった。

ソーシャルワークの共通基盤

　NASWのソーシャルワーク実践検討委員会で，ソーシャルワーク実践とは何かについての実用的な定義をとりまとめる議長であった**バートレット**（Bartlett, H. M.）は，1970年に『**社会福祉実践の共通基盤**』を出版した。バートレットは，ソーシャルワークを分野や方法によって断片化してしまうのではなく，ソーシャルワーク実践に共通する本質的な要素として価値，知識，介入のレパートリーを挙げ，ソーシャルワーカーはそれらの共通要素を自分の実践する状況に適用していくことができるとした。それまでのケースワーク，グループワーク，**コミュニティ・オーガニゼーション**という概念はなくなり，それぞれの実践は，個人と家族を対象としたソーシャルワーク

(Social work with Individuals and Families), グループを対象としたソーシャルワーク（Social work with Groups), コミュニティを対象としたソーシャルワーク(Social work with Communities) と，まず**総体としてのソーシャルワーク**があり，それが個人と家族，小集団，コミュニティという対象や次元で実践されるものとしてとらえなおされた。

生態学的視点と生活モデル

1970年代にはソーシャルワークの統合化の議論が本格化した。個人と家族，小集団への直接的な援助とともに，組織やコミュニティの援助，政策立案といったあらゆる次元での介入を一元的にとらえることができる枠組みを提供したのが，システム論，ライフモデル，エコ・システム論といったシステム思考の理論的な枠組みだった。

1980年には**ジャーメインとギッターマン**(Germain, C. B. & Gitterman, A.) によって，生態学的な視点から個人と環境を一体的にとらえる枠組みとして，**生活モデル（ライフモデル）**が提唱された。生態学的な視点は，歴史を通して，介入していくのは個人なのか社会なのかと揺れ動いてきたソーシャルワークに「個人」と個人をとりまく「環境」を同時にとらえ，「**個人と環境との交互作用**」に焦点をあてる枠組みを提供した。

また，ソーシャルワークが伝統的にモデルにしてきた医学のモデルは，個人の欠陥や病理に目を向けてきたが，生態学的な視点は個人とそれをめぐる環境とのあいだの相互適応に焦点をあてる。(3)

必ず覚える用語
☐ ソーシャルワークの共通基盤
☐ 総体としてのソーシャルワーク
☐ 医学モデル
☐ 生活モデル（ライフモデル）
☐ 人と環境の交互作用
☐ ジェネラリスト・ソーシャルワーク
☐ ストレングス視点

◆1 コミュニティ・オーガニゼーション
ケースワークやグループワークでの個人や家族に対する直接的な支援では解決できない，地域社会のもつ社会的な課題に着目し，当事者を含む地域住民が組織的に問題解決を図れるように，地域住民を支援する援助技術の体系を指す。

第3章
ソーシャルワークの定義と歴史
第4節　現在のソーシャルワーク

たとえば,「障害」をどのようにとらえるかということを考えてみると,医学モデルでは障害は個人に属するもの,個人の問題ととらえられるが,生活モデルでは障害は個人が生活を営むうえでの困難な状況としてとらえる。つまり,障害をもっていることや高齢になったことそのものが問題なのではなく,そのことによって,人とのかかわりを含めた社会との多様なかかわりがもてなくなるという状況を問題としてとらえる。生活モデルでは,人と環境のあいだの関係性の障害に焦点があてられ,ソーシャルワーカーは個人とその環境との接触面に介入をしていく。

ジェネラリスト・ソーシャルワーク

1990年代以降に確立していった,「統合以降のソーシャルワークを構成する知識・技術・価値を一体的かつ体系的に構造化したもの」が**ジェネラリスト・ソーシャルワーク**と呼ばれている。ジェネラリストは,高度な専門性を身につけたスペシャリストに比べて専門性が低いという意味ではない。ジェネラリスト・ソーシャルワークは,複雑化,多様化した生活問題に多角的に対応できるよう,「多様な展開をし,多方面にその機能を発揮するソーシャルワーク」という意味でとらえられている。ジェネラリスト・ソーシャルワークの特徴は,①生態学的視点を基盤としている,②利用者主体,③ストレングス視点,④人々の生活の様々なニーズに対応することが挙げられる。ジェネラリスト・ソーシャルワークは生態学的視点を基盤とし,人が環境との交互作用を行いながら生活している,その交互作用のあり方に注目し,そこに焦点をあてて支援をしていく。

また,欠陥や病理に着目する医学モデルでは,専門職がどのように利用者の問題を解決できるかということに関心が向けられ,利用者は受動的な立場に置かれてしまうが,生活モデルでは,利用者自身が生活を営んでいる主体であり,利用者自身が問題に取り組んでいくのをソーシャルワーカーはどのように支援できるかに関心が向けられる。そして,問題に焦点をあてるのではなく,個人,グループ,家族,コミュニティは**ストレングス**(「できること」や「強み」)をもっており,そうしたストレングスが利用者の成長や変化の可能性に向けて活用されていくように支援する。

また,ジェネラリスト・ソーシャルワークは,人々の生活のすべてのニーズに対応するため,個人,グループ,家族,コミュニティといった様々なレベルで,従来のケースワーク,グループワーク,コミュニティ・オーガニゼーションの技術に加えて,チームアプローチや多職種連携などの様々な技術を用いる。日本ではジェネラリスト・ソーシャルワークの展開の一つとして,地域を基盤とした総合的包括的総合支援相談が行われている。

Close up

アプローチの方法

章の最後に様々なアプローチの方法についてまとめておく。

心理・社会的アプローチ	リッチモンドのケースワークは、精神分析を取り入れてハミルトン (Hamilton, G.)、トール (Towle, C.)、ギャレット (Garret, A.) らによって理論が形成され、診断学派と呼ばれた。医学モデルに依拠し、調査、診断、処遇という過程を重視した。1960年代になって、ホリス (Hollis, F) が「状況の中の人間」という視点から心理・社会的アプローチを確立した。
機能派アプローチ	タフト (Taft, J.)、ロビンソン (Robinson, V. P.) らが、ランク (Rank, O.) の意思療法を基盤として形成した。本人の意思を尊重し、結果よりも、クライエント自身の選択と成長の力を引き出す過程を重視し、社会機関の機能が重要な意味をもつと考えた。1960年代にスモーリー (Smalley, R. E.) によって機能派アプローチとして理論化された。
問題解決アプローチ	パールマン (Perlman, H.) は、問題解決という側面から診断学派と機能学派との統合を図った。ケースワークを問題解決の過程としてとらえ、クライエントが社会的役割を遂行する上で生じる葛藤の問題を重視した。
エコロジカル・アプローチ	ある人の問題やニーズは人々と環境とのかかわり合いの結果であると考え、人と環境とが相互にかかわり合う接点に介入し、人と環境との適合状態を図ろうとする。
ジェネラリスト・アプローチ	複雑化、多様化した生活問題に対応できるよう、ある人の問題を包括的にとらえる視点をもつ。人々の生活のすべてのニーズに対応するため、個人、グループ、家族、コミュニティといった様々なレベルで、ケースワーク、グループワーク、コミュニティ・オーガニゼーション、チームアプローチ、多職種連携などの様々な技術を用いる。

(筆者作成)

Check

ソーシャルワークの形成過程に関する次の記述の正誤を答えなさい。

リッチモンド, M. は、精神分析の考え方を取り入れ、社会的な環境が個人に与える影響よりも、個人の精神世界の構造がパーソナリティを形成すると考え、個人の精神世界を分析し、環境に適応できるように自我の強化をはかることが、ケースワークであると定義した。

(答) ×：リッチモンドはケースワークを人間と社会環境との間を調整することを通してパーソナリティを発達させる過程と定義した。

注

(1) National Association of Social Workers (1974) *Social Casework*, National Association of Social Workers, Inc.（＝1993, 竹内一夫・清水隆則・小田兼三訳『ソーシャル・ケースワーク：ジェネリックとスペシフィック：ミルフォード会議報告』相川書房, 2-3頁）。

(2) Bartlett, Harriett, M.(1970) *The Common Base of Social Work Practice*, National Association of Social Workers, Inc.（＝1978, 小松源助訳『ソーシャルワーク実践の共通基盤』ミネルヴァ書房, 80-83頁）。

(3) Germain, Carel B. (1992) *Ecological Social Work-Anthology of Carel B. Germain.*, Yoko Kojima ed., Gakuensha Inc.（＝1992, 小島蓉子訳・著『エコロジカルソーシャルワーク―カレル・ジャーメイン名論文集』学苑社, 72頁）。

(4) 岩間伸之 (2005)「講座 ジェネラリスト・ソーシャルワーク No.1」『ソーシャルワーク研究』31 (1), 53頁。

(5) 山辺朗子 (2011)『ジェネラリスト・ソーシャルワークの基盤と展開』ミネルヴァ書房, 64頁。

(6) Johnson, Louise C. & Yanca, Stephen J. (2001) *Social work practice: a generalist approach 7th* ed., Allyn and Bacon（＝2004, 山辺朗子・岩間伸之訳『ジェネラリスト・ソーシャルワーク』ミネルヴァ書房, 89-90頁）。

さらに学びたい人への基本図書

室田保夫『人物でよむ西洋社会福祉のあゆみ』ミネルヴァ書房，2013年
単に社会福祉の出来事の歴史だけではなく，福祉に生きた人物たちの思想や行動にふれながら，社会福祉がどのように成り立ってきたのか学ぶことができる。リッチモンドも取り上げられており，その時代に生きた人の目線を通してソーシャルワークとは何かを学ぶことができる興味深い一冊。

木原活信『J.アダムスの社会福祉実践思想の研究』川島書店，1997年
ソーシャルワークの誕生において，「ケースワークの母」といわれるリッチモンドに比べてアダムスの活動は触れられることが少ないが，リッチモンドがアダムスの活動の影響を受けつつ，どのようにケースワークを形成していったかを学ぶことができて興味深い。

Try! 第3章

問：ソーシャルワークは個人にかかわっていくのか，社会にかかわっていくのかをめぐる視点の揺れ動きは，これまでの歴史を通してどのように変わり，現在のソーシャルワークにおける個人と社会をとらえる視点はどのようなものとなったのか述べなさい。

ヒント：1920～30年代のソーシャルワークの動向はどのようなもので，1960年代にはどのような批判が起こり，それを統合するものとして生態学的な視点はソーシャルワークにどのような枠組みを提供したのか考えてみよう。

第4章

ソーシャルワークを支える理念

本章で学ぶこと

- ソーシャルワークを支える考え方，理念とはどのようなものかを学ぶ。（第1節）
- 人々の「生活」を「支援する」とはどのようなことか，ソーシャルワーク理念が大切にされる理由とあわせて考える。（第2節）
- ソーシャルワークにおける「利用者本位」とは何かを理解する。（第3節）
- ソーシャルワークにおける「自立支援」について学ぶ。（第4節）
- ソーシャルワークにおいて，ノーマライゼーションの理念や社会的包摂の考え方が大切となる背景や理由を考える。（第5節）

第1節 ソーシャルワークを支える理念

○ この節のテーマ
- 人を援助するとき，どのような考え方が大切なのかを知ろう。
- ソーシャルワークを支える理念とは何かを知ろう。
- ソーシャルワークにとって理念の大切さを理解しよう。

実習でソーシャルワークを支える考え方に出会う

「私は，あるお年寄り，Kさんが息をひきとる時，そこにいました。ただただ，Kさんの足をさすってあげることしかできませんでした。他にどうすればよいかわからなくて，お医者さんや施設の職員の方が見守る中，冷たくなっていくKさんの足が少しでも温かくなるように，少しでも心地よくいられるように，そう願っていました。息をひきとられる直前に，Kさんが優しく微笑んでいるように見えました。職員の方が『Kさんらしい，本当に素敵な笑顔……』とおっしゃって泣かれました。私も自然と涙が出ました。Kさんの人生の終わりに，そばに居させていただいたことに，ありがとうございます，みたいな，その方の尊さを感じたというか……，そんな気持ちでした。それまでのわたしは，"死"とは怖いものであり，できれば関わりたくなかった。でも，その時は，そうした怖いという気持ちは全くなかった。むしろ，Kさんが愛おしいという気持ちだったのです」。高齢者福祉施設で社会福祉実習を行った大学3年生のAさんは，実習中に一番心に残ったことについて，このように語った。Aさんの話を聞いた実習ゼミのメンバーは心を動かされたようで，シーンとしていたが，その後「Kさんはどんな方だった？」，「Kさんはどのように生きてきたんだろう？」，「Kさんが，Aさんに何かを贈ってくださったのかもしれないね」，「その人のかけがえのなさってこういうことをいうのかな……」，「Kさんと，職員の方と，Aさんと，その時，その場でしか経験できない心の交流があったように思う」，「人間って深いね。すごいね」等々，話が尽きなかった。

皆さんは，この経験を聞いて，どのようなことを思っただろうか。

卒業レポートを書く中でソーシャルワークを支える考え方に気づく

「私は，大学の卒業レポートで，障害のある子どもも，障害のない子どもも同じ教育を受けるにはどうすればよいか，それをテーマにしようと考えてきました。誰もが教室で授業を受けられる機会をもつことが平等であり，公平だと思っていました。私には弟がいて，障害があります。私は大学まで来て，学びたいと思うことは何でも学ぶことができて，友達も沢山いるのに，彼にはそれができません。同じ教育を受けることができないこの国の社会は不平等だとずっと思っていました。でも，卒業レポートを書き進めているうちに，ゼミの皆で議論したことやこれまでの学び，実習経験，いろんな人との出会いを思い出し，気づいた

ことがあります。私が考えていた"同じことができる"というのは、ただ、"私が思っている同じ枠の中に当てはめようとしていたに過ぎないかもしれない"、と。その人らしい生き方や、その人にとっての幸せとはどのようなものなのか、誰もが**教育を受ける権利**[◆1]を保障されるために社会の中で何が必要なのか等を、想像したり、応援したり、考えたりすることが、むしろ大切なのではないかと……」。大学4年生のBさんは、このようにゼミのメンバーに語りかけ、「ノーマライゼーションと福祉・教育」をテーマに報告を続けた。

ゼミのメンバーからは、「これまでのBさんの報告は、『……しなければならない』という義務感のような、何かに縛られている感じがしたけれど、今日はもっと自由で視野が広がっているように感じた」、「自分の価値観だけではなく、その人にとって大事なことは何かというふうに、視点を変えることができたのがすごいと思った」、「視野や視点を変えるということは、選択肢も広がるし、可能性も増えるのではないか」、「その人が望むあたりまえの生活を実現していくためにはどうすればよいのだろう」等の声があがった。

皆さんは、Bさんの話を聞いて、どのように考えただろうか。

ソーシャルワークを支える考え方としての理念

大学で学んだり、ボランティアや実習等で実際に人とかかわったり、あるいは新聞やテレビ番組、本、漫画・コミック、映画等を通して気づきを得たり等、私たちは実に様々な機会のなかで、ソー

必ず覚える用語

☐ ソーシャルワークの価値
☐ 職業倫理
☐ バートレット，H. M.

◆1　教育を受ける権利
日本国憲法では、第26条に「教育を受ける権利、受けさせる義務」を規定している。また、1994年に日本が批准した「児童の権利に関する条約」（1989年国際連合採択）では、「教育についての権利」（第28条）、「教育の目的」（第29条）がある。その第29条第1項には、「(a) 児童の人格、才能並びに精神的及び身体的な能力をその可能な最大限度まで発達させること」と規定されている。同条約第23条には、「心身障害を有する児童に対する特別の養護及び援助」があり、その第3項には、障害を有する児童の「特別な必要」を認めて、援助が可能な限り無償で与えられ、可能な限り社会への統合及び個人の発達を達成するための方法で「教育、訓練、保健サービス、リハビリテーション・サービス、雇用のための準備及びレクリエーションの機会」を受けることができるよう述べている。
さらに、2014年に日本が批准した「障害者の権利に関する条約」（2006年国際連合採択）では、障害に関するあらゆる差別を禁止し、人間の尊厳、障害者の固有の権利、自由、表現、教育、労働、社会参加等の権利が規定されている。国際的にも、人間の尊厳が尊重される教育を具現化していくことが求められている。教育と福祉の連携も問われる。

第4章
ソーシャルワークを支える理念
第1節　ソーシャルワークを支える理念

シャルワークを支える考え方に出会っている。上述したAさん，Bさんもそうである。

このようなソーシャルワークを支える考え方，すなわち"人間"とその"生活"を社会的に支えるための基盤となる考え方は，「ソーシャルワークの理念」として，歴史的・社会的な変容のなかで，大切に受け継がれ，共有され，発展してきた。

では，そもそも「理念」とは，何であろうか。辞書をひも解くとたとえば，以下のように記されている。「1　ある物事についての，こうあるべきだという根本の考え。（例：憲法の理念を尊重する）2　哲学で，純粋に理性によって立てられる超経験的な最高の理想的概念。プラトンのイデアに由来。イデー」（『デジタル大辞泉』小学館（2014年11月15日閲覧）より）。

阿部志郎は，『福祉の哲学』という本の中で，次のように述べている。「介護，ケア（carus）とは愛という貴重な価値を示す。なぜケアをするのかと問われれば，愛するからと答えることにほかならない。……（中略）……人間性に対する深い洞察を養い，福祉の意味をたずね，それによって人間への愛情と社会を見る目が育てられる。それが哲学であってよいではないか。……（中略）……実践を支える思想的根拠を問い，自分と他者との関係が，ふれあいを通して共に変えられ，共存を方向づけるところに哲学の意義がある」。

ソーシャルワークは，人間とその人間の「生の営み」，「生活」に関与する——おじゃまさせていただく——公的責任をともなった社会的な仕事である。その理念は，哲学や宗教，**思想**，価値，倫理などとも交わり，私たちがこの社会に共に生き，共に生活していくうえで，「こうありたい」，「こうあるべき」，「この考え方を大切に共有したい」，「このような社会を目指したい」という理想や願いが込められているのである。

ソーシャルワークを支える理念と価値・倫理

ソーシャルワークを支える理念は，ソーシャルワークの価値や倫理と深く結びついている。理念，価値，倫理は同義語（同じ意味をもつ語）として用いられることもあり，その意味の境界はあいまいである。本章では，先に述べたように，ソーシャルワークを支える理念とは，「こうあるべき」という根源的な考え方，基本的な視点を示す。そして，理念に根ざしたソーシャルワーク実践において，担い手に求められる判断基準やよりどころとなる考え方を**ソーシャルワークの価値**といい，それらに基づいて行動するための具体的な原則や指針，規範，ルール等を"**職業倫理**"という。職業倫理は職能団体の倫理綱領として明文化されていることも多い。詳細は本書第5章をみていただきたい。

さて，ソーシャルワークの価値について，**バートレット**（Bartlett, H. M.）は，1970年に出版した『**ソーシャルワーク実践の共通基盤**』（*the Common Base of Social Work Practice*）において，ソーシャルワーク実践を構成する3つの要素に，「価値の体系」，「知識の体系」，「調整活動（介入・援助活動）のレパートリー」を挙げている。ソーシャルワーク実践には，ソーシャルワーカーがどれほど豊かな知識と多様な援助方法・技術

をもっていたとしても、それだけでは不十分である。人間とその生活を支援するソーシャルワーカーの仕事は、何を目的とし、誰のためにそれを行うのか、それはどのような考え方や価値判断に基づいているのかがいつも問われる。ソーシャルワークの価値は、ソーシャルワーク実践の羅針盤である。したがって、ソーシャルワークを支える理念とは、そうした価値の源泉ともいえるだろう。

◆2 思想

思想とは、「①心に思い浮かんだこと。考え。特に、生活の中に生まれ、その生活・行動を支配する、ものの見方（例、思想・信条の自由）、②〔心理・哲学〕思考作用の結果生じた意識内容」（『岩波国語辞典』第六版、2000年）をいう。

社会福祉、ソーシャルワークにおいても、その歴史的・社会的な歩みのなかで、多くの人々の思想が紡がれてきた。たとえば、近江学園やびわこ学園を創設し、障害のある子どもや人々への支援に一生を捧げた糸賀一雄の実践の思想は、『福祉の思想』（日本放送協会、1967年）、『この子らを世の光に──近江学園二十年の願い』（柏樹社、1965年、復刊は日本放送協会、2003年）等にみることができる。人間の生命と尊厳、共に生きていくとはどのようなことなのか、人間と社会のあり方等について、今なお問われる課題が多くあると同時に、私たちが継承していきたい思想に気づかされる。

注

(1) 阿部志郎（2008）『福祉の哲学（改訂版）』誠信書房、iv-v 頁。

第2節 一人ひとりの「生活」を「支援する」ということと、ソーシャルワークの理念

この節のテーマ
- 人間の生活とはどのようなものであるかを考えてみよう。
- 人間の生活上の様々な困難や課題がどのような背景において生じているのか、社会とのかかわりの中で考えてみよう。
- 人々とその生活を支援するソーシャルワーカーに求められる理念について考えてみよう。

人々が営む生活を支援するということ

　なぜ、ソーシャルワークにおいて理念が大切なのか、さらに深く考えていこう。繰り返しになるが、ソーシャルワーク実践という仕事は、ひとくちにいえば、人々の生の営み、生活を支援することである。

　人々が営む生活を支援するとは、どのようなことであろうか。たとえば、窪田暁子は、援助者、すなわちソーシャルワーカーが、必要とする知識や技術、職業倫理について論じるにあたり、まず人々の「生活（Life）を生命活動、日々の暮らし、人生という3つのレベルでしっかりとその全体性をつかんだ上で、それらが3つのレベル深く相互に関連しているという事実を確信を持って理解している必要がある」と述べている。かけがえのない一人ひとりの人生には、過去・現在・未来という時間軸がある。その人生は、日々の暮らしの連続性にあり、その日々の暮らしとは、今このひと時を紡ぐ命、生命活動の積み重ねなのである。

　生活の営みは、あたりまえのことであるが、一人ひとり異なる。10人いれば10通り、100人いれば100通り、その暮らし方には差異がある。たとえば、親が年を取り、介護が必要となった時に、暮らしのなかで、家族が家庭で介護する場合もあれば、施設での介護を利用することもあるだろう。どのような選択をするにしても、その暮らし方は多様であり、単純に家庭での介護、施設介護といった2パターンにくくれるものではない。その家庭の経済状況を含む生活状況、性別や年代、家族構成、家族関係、家族の心身の健康、家族一人ひとりの自己実現や生き方、家族の中で形成されてきた世代間にわたる文化や価値観、親の介護についての考え方や価値観、近隣とのつながり、暮らしの拠点や地域性、適切な社会資源を利用できるかどうか、その時代社会のありようなどによって、様々な介護をともなう生活がある。こうした生活の営みは、その時代の経済的・社会的・文化的環境によって規定される側面もあれば、逆にそうした環境を変えていく働きや可能性をもつ。

　窪田は、生活を支えるという「小さな援助が、生命を支え、人生に意味を与えること、また人生の目標や生きる意欲を励まし強めることなしには、食事を勧めることも、リハビリの訓練も意味を持たない」、「個人の人生といってもそれが社会的に規定され、文化の一部を構成している」、「生活の全体性と多面性が十分に理解でき、そのような生活への畏敬の念に支えられて、他人の暮らしを観察したり助けたりすることが始まる」と述べ

ている。人々の生活とはどのようなものであり、ソーシャルワーカーにはどのような考え方が求められているのか、想像・創造する手がかりを与えてくれる。

一人ひとりの生活を営む権利を私たちの社会は保障する

　さて、一人ひとりの人間とその「生活」を支えることは、私たちの社会のなかでどのように位置づけられているだろうか。**日本国憲法第25条**には、「すべて国民は、健康で文化的な最低限度の生活を営む権利を有する。②国は、すべての生活部面について、社会福祉、社会保障及び公衆衛生の向上及び増進に努めなければならない」とある。これは、**生存権**として知られているが、**生活権**◆1——すなわち人々が生活を営む権利——でもあり、人間の生存、生活を、私たちの国や社会が保障することが規定されている。

　また、かけがえのない人間一人ひとりについて、憲法第11条では、「国民は、すべての基本的人権の享有を妨げられない。この憲法が国民に保障する基本的人権は、侵すことのできない永久の権利として、現在及び将来の国民に与へられる」（**国民の基本的人権の永久不可侵性**）とある。

　さらに、第13条には「すべて国民は、個人として尊重される。生命、自由及び幸福追求に対する国民の権利については、公共の福祉に反しない限り、立法その他の国政の上で、最大の尊重を必要とする」（**個人の尊重**）、第14条には、「すべて国民は、法の下に平等であつて、人種、信条、性別、社会的身分又は門地により、政治的、経済的又は

必ず覚える用語

- [ ] 生存権
- [ ] 生活権
- [ ] 法の下の平等
- [ ] 国際人権規約
- [ ] 利用者本位
- [ ] ソーシャル・インクルージョン

◆1　生活権
日本の戦後社会福祉の研究・教育・実践の発展に貢献した人物の一人に一番ヶ瀬康子がいる。一番ヶ瀬は、憲法25条の生存権を、より一般的普遍的な国民の権利として、誰もが人間らしい生活を営むことを保障する権利、すなわち「生活権」とした。それは、最低生活の保障に留まるのではなく、生活の質や生活の豊かさ、人間の尊厳や幸福追求を具体化するための実践や運動を支える理念でもあるといえよう。

注　(1) 窪田暁子 (1997)「序章　社会福祉方法・技術論を学ぶ人のために——この本から学んでほしいこと」植田章・岡村正幸・結城俊哉編著『社会福祉方法原論』法律文化社、16-17頁。

第 4 章
ソーシャルワークを支える理念
第2節 一人ひとりの「生活」を「支援する」ということと，ソーシャルワークの理念

社会的関係において，差別されない」（**法の下の平等**）と規定する。

憲法の内容とともに，国際的には世界人権宣言（1948年）やその内容に基づく**国際人権規約**[◆2]（1966年採択，日本は1979年に批准）等の様々な条約・宣言等があり，人間とその生活に関する理念をうたっている。当然，日本国憲法の下にある私たちの生活を支える法制度（社会福祉や社会保障，医療・保健，教育，就労等）も，人権，人間の尊厳と平等，生存権・生活権等を大切にする考え方をふまえていなければならない。ソーシャルワーク実践は，まさにそのかけがえのない人間一人ひとりとその生活を営む権利を支える公的・社会的な仕事なのである。

ソーシャルワーク実践にともなう社会的責任と理念・価値・倫理

一人ひとりの人間とその生活を社会的に保障するソーシャルワーク実践は，それゆえに，公共性があり，社会的責任をともなう。憲法や法制度に明文化されている理念だけではなく，職能団体などのソーシャルワークを担う組織や団体には「倫理綱領」が示されていたり，多くの施設や機関等の職場では，その目的および理念に関する内容がパンフレットや要覧等に記載されていたりする。施設が設立された背景や沿革，歴史的な歩みの中に，創設者やそれを発展させてきた人々の思いとして，「理念」が語られていたり，それらを成文化した書物や資料に出会ったりすることもあるだろう。私たちの身の回りで，人間の生と生活を支える考え方がどのように共有され，明文化されているだろうか，どのような課題があるだろうか。

ソーシャルワークの仕事がもつ意義や特性と，理念・価値・倫理

ここで改めて，ソーシャルワークに関する理念や価値・倫理が，ソーシャルワークを支える考え方として大切になる理由について，その仕事のもつ意義や特性から考えてみよう。

第一に，ソーシャルワークとは，かけがえのない一人ひとりとその生活を支える仕事，すなわち利用者にとって何が大切かという「**利用者本位**」の仕事にほかならない。人間の尊厳や人権の尊重，個別性，利用者の利益の最優先，守秘義務等の考え方もそこにある。

第二に，ソーシャルワークは，その人らしい生の営み，生活の連続性を支える仕事である。これは，かけがえのないその人らしい生の営み（日々の生活および人生，生き方），すなわち自立生活，自己決定，自己実現等を支えることである。

第三に，ソーシャルワークは，個人や家族，グループ（小集団）だけではなく，私たちを構成している社会をよりよいものにしていくためのはたらきかけを行う。すなわち，誰もがその人らしいあたりまえの生活を営むことができる社会の実現（ノーマライゼーション）や，差別や排除や疎外を受けたりせずに，つながり合い，支え合うことができる社会（**ソーシャル・インクルージョン**）の実現を目指す。第3章で記されているように，私たちは，私たちを取り巻く環境とのかかわりの中で生活を営んでいる。ソーシャルワークは，

人と環境との交互作用にはたらきかける実践である。

　第四に，私たちが，ソーシャルワークを支える考え方に触れ，理解を深め，自分自身のもつ考え方（価値観）と照らし合わせて修正したり取り入れたりすることは，ソーシャルワークそのものを学び，吸収し，ソーシャルワーカーとしての自己を育て，成長していくことにつながる。同時に，ソーシャルワークに携わる職場や組織集団，利用者の生活を支えるための関連領域・分野を含む多様な協働や連携の層を厚くし，専門性を豊かにし，社会的期待や社会的な信頼にこたえていく土壌を育む。

　次節以降では，ソーシャルワークを支える理念について，特に，「利用者本位」，「自立支援」，「ノーマライゼーション」と「社会的包摂（ソーシャル・インクルージョン）」について，具体的にみていこう。

◆2　国際人権規約
世界人権宣言の内容を条約化したもので，経済的，社会的及び文化的権利に関する国際規約〔国際人権（A）規約〕と，市民的及び政治的権利に関する国際規約〔国際人権（B）規約〕がある。A規約は「社会権規約」，B規約は「自由権規約」ともいわれる。

第3節 ソーシャルワークにおける「利用者本位」とは何か

この節のテーマ
- ソーシャルワークにおける利用者とは誰かを知ろう。
- ソーシャルワークにおける「利用者本位」とは何かを知ろう。
- 「利用者本位」という考え方がなぜ大切なのかを学ぼう。

ソーシャルワークにおける利用者とは誰か

2010（平成22）年の夏、大阪で3歳と1歳の幼いきょうだいがマンションで遺体となって発見された事件をご存じだろうか。当時、23歳のシングルマザーだった母親による育児放棄・放置（ネグレクト）によるものであり、母親の身勝手さが引き起こした事件として、テレビ番組や新聞などのメディアで繰り返し大きく取り上げられた。裁判では、被告人は人的援助、経済的援助を受けないなかで仕事や生活が限界となり、地域を転々とするなど孤立していたこと等が明らかにされたが、「殺意が認められる」「刑事責任能力には問題ない」とされ、懲役30年という判決が出されている（2013年3月最高裁判決）。この事件だけでなく、**子どもへの虐待**が報道されることが後を絶たない。私たちは、ソーシャルワークを学ぶなかで、こうした問題について、どのように考えるだろうか。

この大阪の虐待死の事件を取材した杉山春は、『ルポ 虐待』という本のなかで、「少なくとも、母親だけが子育ての責任を負わなくてもいいということが当たり前になれば大勢の子どもたちが幸せになる」(1)と記している。杉山の丁寧な取材によるこの本は、母親の生い立ちにおいて母親自身が虐待を受ける環境におかれ、適切な養育や支援を受けることが困難ななかで育っていたこと、結婚して子どもができた当初から母親としてしっかり育てなければと強く思っていたこと、周囲の人々を信頼してかかわりをもつのが困難で、困った時に助けを求めることができなかったこと、お金や仕事、住居など子育てとかかわって様々な困難をかかえ、離婚後は住居を転々とし、社会的に孤立していたこと、そうしたなかでかけがえのない幼い子どもの生命と生活が奪われてしまったこと等が読みとれる。

こうした悲しい犠牲をともなう事件を繰り返さないために、私たちが学ぶことは何か。私たちの社会の何が問題だったのか、誰にどのような支援が求められていたのか、それはいつ、どの時点だったのか。ソーシャルワークを必要とする利用者の立場に立って考えなければならない。

「利用者本位」とはどのような考え方か

利用者の立場に立ち、利用者の意思や考えが最大限尊重されることを**「利用者本位」**という。利用者中心、利用者主体と表現されることもある。

「利用者本位」の理念は、他の様々なソーシャ

ルワーク理念とも深く結びついている。すべてのソーシャルワークを支える考え方の中軸が「利用者本位」にあるといっても過言ではない。それは，**ソーシャルワークの目的**が，人間とその生活を支援するからにほかならない。ソーシャルワーカーは，利用者の利益を最優先に考えることが求められる。援助する側の一方的な価値観や判断基準をもとに行う援助は，ソーシャルワークではない。ソーシャルワーカーには，利用者となる相手の方への敬意と自身への自制が求められる。

「利用者本位」とかかわる理念に，「**人権の尊重**」や「**尊厳の保持**」という考え方がある。人権とは，人間が生まれながらにもっている固有のもので，侵されたり制限されたりせず，すべての人があたりまえのものとして保持している権利である（人権の固有性，不可侵性，普遍性）。また，「尊厳の保持」について，**日本社会福祉士会の倫理綱領**では，その「価値と原則」のなかで，「1．（人間の尊厳）」として，「社会福祉士は，すべての人間を，出自，人種，性別，年齢，身体的精神的状況，宗教的文化的背景，社会的地位，経済状況等の違いにかかわらず，かけがえのない存在として尊重する」とある。

ソーシャルワークが，利用者の人権と一人ひとりの存在のかけがえのなさを尊重し，「利用者本位」の支援として展開されるためには，こうした理念や価値・倫理のもとで実践を行うたゆまぬ努力とともに，社会的に「利用者本位」を保障するしくみが成立していなければならない。これは後で述べる「**社会正義**」の考え方にもつながる。したがって，権利擁護（本書第7章参照）や苦情解決のしくみ，福祉サービスの基準や透明性の確保，自己評価や第三者評価のあり方，ソーシャルワーカーの教育・研修（本書第9章参照）などが重要となる。

利用者からみたソーシャルワーカー

ソーシャルワークを支える理念において「利用者本位」，利用者の立場に立つという考え方が重要であると述べてきた。では，利用者は，ソーシャルワーカーにどのようにして出会うのだろうか。

本節の冒頭で述べた虐待死事件の母親は，自ら他者に「助けて」というSOSを発信することが困難な状況におかれていた。離婚し，転居後に，児童扶養手当を申し込んだが，前年無収入だったことを証明する収入証明を揃えていなかったため，受理されなかったという。市では，手続きを済ませるよう文書を送っていたが，「宛名どころに尋ねあたりません」と母親のもとには届かなかった。その後の市の乳幼児健診の案内通知でも，同じことが起きていた。住民票のあるところに，母親とその子どもたちは生活しておらず，転々と漂流するように生活の拠点を移していたのである。

利用者とソーシャルワーカーとの出会いにおいて，利用者自らが相談したい，援助を利用したいと望んでソーシャルワーカーのもとを訪れるとは限らない。家族や知人等の他者あるいは病院や学校など他の施設や機関から紹介されて（行くようにいわれて），よくわからないけれども相談

第4章 ソーシャルワークを支える理念 | 77

第 4 章
ソーシャルワークを支える理念
第3節 ソーシャルワークにおける「利用者本位」とは何か

に来たという場合もある。また，利用者自らの意思とは無関係に社会福祉サービスを利用する上で，手続き上ソーシャルワーカーに会わなければならないといったこともあるだろう。

その一方で，上述した母親の例のように，ソーシャルワーカーあるいは社会福祉に関する施設・機関が，利用者に出会いたくても（アクセスしたくても）困難となっていたり，生活上の困難や課題があるにもかかわらず，社会に埋もれてしまって必要な支援を利用できない状況におかれたりしている人々もいる。生活を営む誰もが，「利用者本位」の立場でソーシャルワークを利用できるようなきっかけやしくみをつくっていくことが求められる。

「利用者本位」を重視した援助関係と原則

人と人とが出会い，その間に取り結ばれる関係を人間関係という。また援助関係とは，人と人とが出会い，支え合う関係，または支える人と支えられる人との間に結ばれる関係をいう。ソーシャルワークにおける援助関係とは，利用者とソーシャルワーカーとの間に結ばれる関係である。そこには，利用者自身の生の営み，生活に関する何らかの困難や課題，ニーズが存在し，それらを緩和したり回復したり解決する役割をソーシャルワークは担う。

利用者の立場や利用者のニーズを重視し，クライエント（利用者）とケースワーカー（援助者）との関係性に焦点をあてた原則として広く知られているものに，**バイステック**（Biestek, F. P.）が著した『**ケースワークの原則**』がある。原著は1957年に出版され（原題は *The Casework Relationship*），日本では，1965年（旧訳）と，1996年（新訳）に翻訳が出された。この原則は，「**バイステックの7原則**」として，戦後，日本の社会福祉に関する教育課程を設置する大学や専門学校等のソーシャルワーク，社会福祉援助に関する学びにおいて，必ずといってよいほど取り上げられている。以下，その原則のみ紹介するが（**表4-1**），内容については，翻訳された書籍をぜひ読んでみてほしい。

バイステックは，「援助関係はケースワークの魂（soul）である」とし，その援助関係は「人間がだれでも尊厳と価値をもつ存在であると認識する真の民主主義がもつ哲学を体現する臨床行為にケースワークを育ててゆくもの」であるという。また，援助関係は，ケースワーカー自身を「人間として成長させる」ものであり，「クライエントのもつニーズを総合的に捉えることができるよう導いてくれるもの」[2]であるという。

これらの原則は，ソーシャルワークを支える考え方として，今もなお私たちの指針となっている。

表4-1
バイステックの7原則

原　則	旧訳（1965年訳版）	新訳（1996年訳版）
Individualization	個別化	クライエントを個人として捉える
Purposeful Expression of Feelings	意図的な感情の表出	クライエントの感情表現を大切にする
Controlled Emotional Involvement	統御された情緒関与	援助者は自分の感情を自覚して吟味する
Acceptance	受容	受けとめる
Nonjudgmental Attitude	非審判的態度	クライエントを一方的に非難しない
Client Self-Determination	クライエントの自己決定	クライエントの自己決定を促して尊重する
Confidentiality	秘密保持	秘密を保持して信頼感を醸成する

出所：バイステック，F.P.（1965）田代不二男・村越芳男訳『ケースワークの原則——よりよき援助を与えるために』誠信書房，39頁；バイステック，F.P.（1996）尾形新・福田俊子・原田和幸訳『ケースワークの原則〔新訳版〕——援助関係を形成する技法』誠信書房，27頁，を参考に筆者作成。

必ず覚える用語

- ☐ 利用者本位
- ☐ 人権の尊重
- ☐ 尊厳の保持
- ☐ 日本社会福祉士会の倫理綱領
- ☐ 社会正義
- ☐ バイステックの7原則

◆1　子どもへの虐待

子どもへの虐待について，日本では「児童虐待の防止等に関する法律」が2000年に制定された。その第1条には，児童虐待が「児童の人権を著しく侵害し，その心身の成長及び人格の形成に重大な影響を与えるとともに，我が国における将来の世代の育成にも懸念を及ぼす」とあり，虐待の禁止，予防，早期発見，防止に関する国及び地方公共団体の責務と，支援の措置等を定め，「児童の権利利益の擁護」を目的とすることが規定されている。児童相談所における虐待相談対応件数は，年々増加し，2013（平成25）年度では7万3765件にのぼる。そして，その約6割は実母による虐待となっている。この数値は，あくまで児童相談所の対応件数であり，氷山の一角であるという指摘もある。また，実母による虐待が多いということは，子育てに困難をかかえていたり，不安感や負担感，孤立感を深めていたりする母親が多いということも考えられる。子育てに携わる親をどのように社会で支えていくかは，現代の社会福祉，ソーシャルワークの課題である。児童虐待は社会問題として捉えられるのである。

注
(1) 杉山春（2013）『ルポ 虐待——大阪二児置き去り死事件』ちくま新書，265頁。
(2) バイステック，F.P.／尾形新・福田俊子・原田和幸訳（1996）『ケースワークの原則〔新訳版〕——援助関係を形成する技法』誠信書房，212-213頁。

第4節 ソーシャルワークにおける「自立支援」とは何か

この節のテーマ
- 自立支援とはどのようなものかを理解しよう。
- ソーシャルワークにおける「自立支援」とは何かを知り、なぜその考え方が大切なのかを学ぼう。
- ソーシャルワークにおいて、利用者の「自己決定」を支えるとはどのようなことか、理解を深めよう。

法に定められている「自立した日常生活」の営みへの支援

　ソーシャルワークという仕事は、人々の生活を支える。その際、大切な考え方に、「利用者本位」、利用者の立場に立つというものがあった（本章第3節）。そのことに関して、社会福祉を目的とする事業における共通的基本事項を定めた法律である「社会福祉法」の第3条には、「福祉サービスは、個人の尊厳の保持を旨とし、その内容は、福祉サービスの利用者が心身ともに健やかに育成され、又はその有する能力に応じ自立した日常生活を営むことができるように支援するものとして、良質かつ適切なものでなければならない」と規定している。

　また、「社会福祉士及び介護福祉士法」の第2条「定義」の第1項では、社会福祉士の相談援助という業（仕事）について、「専門的知識及び技術をもつて、身体上若しくは精神上の障害があること又は環境上の理由により日常生活を営むのに支障がある者の福祉に関する相談に応じ、助言、指導、関係者との連絡、調整その他の援助を行うと明記されている。このように、社会福祉に関する法律には、ソーシャルワーカーの仕事について、人々が自立した日常生活を営むことができるようにするための支援を行うことであり、また、日常生活の営みに支障や困難がある人々へ支援を行うことであると定めている。

　ここでいう、「日常生活」とは、日常、すなわち日々の生活とも理解できるが、本章の第2節で述べたように、その人の生命活動・日々の暮らし・人生という生活の全体性、すなわち**ライフ**（Life）の視点でとらえたい。その Life には、"Life Style"、"Life Way" と表記されることもあるように、その人らしい生き方や生活様式という意味も含まれている。

　ソーシャルワークにおいて、その人らしさ、個人の尊厳の保持、つまり「利用者本位」の観点から、自立した生活の営みを支えるとはどのようなことだろうか。「自立支援」とは、何を大切にする考え方だろうか。

「自立」した「生活」を支援するということ

　ここで、「自立」について考えてみよう。たとえば、辞書には、**自立**とは、「他への従属から離れて独り立ちすること。他からの支配や助力を受けずに存在すること（例：精神的に自立する）」

(『デジタル大辞泉』小学館（2014年11月15日閲覧）より）とある。ここでいう「自立」とは，自らの力で立つ，独り立ち（independence）である。しかし，現実の生活において，私たちは他から何の力も借りずに一人で生きていくことができるだろうか。人は，家族や友人等様々な他者とつながり，支えたり支えられたりして生きているし，生活している。また，人は，社会生活を営む上で様々な制度やサービスを利用することによっても支えられている。

社会福祉において，「自立」という概念（考え方）は，時代や社会の中で変容してきた。伝統的な考え方としては，上述したように，他者の力を借りたり，社会資源や社会制度に依存したりしない，いわゆる自助自立的な考え方がある。たとえば，それは戦後の生活保護法制定にある「**自立助長**[1]」という概念としての，経済的自立，身辺的自立（ADLの自立）等である。

それに対し，社会的自立（社会のなかでつながりをもちながら，生活していく「自立」）や，精神的自立（その人らしい考え方や自己決定の仕方が尊重されること）等，権利としての「自立」という考え方が登場するようになる。経済的自立や身辺的自立といった狭い範囲にとらわれない，人間の尊厳や主体性を重視したこの考え方は，障害者の**自立生活運動（IL運動）**から発展してきた。

ソーシャルワークにおける自立支援とは，「人権の尊重」や人間の「尊厳の保持」の考え方を基盤とし，利用者主体，すなわち「利用者本位」の考え方に立つ。そして，人々が生活を営む中で，その人らしい自己決定の仕方や自己実現を目指

1

必ず覚える用語

- [ ] 自立
- [ ] 自立助長
- [ ] 自立生活運動（IL運動）
- [ ] ADA（アメリカ障害者法）
- [ ] 自立生活センター

◆1　自立助長
戦後の日本の社会福祉において，「自立」という概念が登場するのは，1950（昭和25）年に制定された生活保護法に遡る。その第1条には，生活保護の目的が，国民への「最低限度の生活を保障する」とともに，「その自立を助長する」ことにあると規定された。以降，わが国の社会福祉制度において，「自立」とは，それを「助長」すること，すなわち「自立助長」という考え方が先行していた。当時，生活保護法の制定過程にかかわった小山進次郎は，「自立助長」の意味について，「公私の扶助を受けず自分の力で社会生活に適応した生活を営むことのできるよう助け育てていくことである」と述べている。実際には，生活保護における「自立助長」とは，保護の廃止，すなわち経済的自立という側面が強調されていた。その後，新しい自立観が，特に障害者福祉の領域を中心に芽生え，広がっていく。特に1960年代からの障害者運動や，国際連合の「障害者の権利宣言」（1975年），欧米のノーマライゼーションの考え方や自立生活運動が，日本にも伝えられるなかで，生活の主体性や社会参加を重視した自立，生活の質（QOL）を豊かにする自立，社会制度や資源に依存しながらの自立という考え方が重視されてきている。

第4章　ソーシャルワークを支える理念　|　81

第4章
ソーシャルワークを支える理念
第4節 ソーシャルワークにおける「自立支援」とは何か

していく権利を擁護し，その過程に寄り添い，支えていく側面的な支援，伴走的な支援をいう。

自立生活運動にみる自立観

では，ソーシャルワーク実践において，利用者の自己決定や自己実現を支える支援とは，具体的にどのようなことを大切にした支援であろうか。ここでは，アメリカで発祥した障害者の**自立生活運動（IL運動）**を紹介しながら考えてみたい。

自立生活運動とは，誰もがどのような障害があったとしても，その人らしい自立生活を営む権利があるということを求めた運動である。1960年代に，アメリカのカリフォルニア州バークレーで，大学に入学した重度の障害のある学生が，自らの学生生活を保障しようとしたことがきっかけとなった。その学生，エド・ロバーツ（Roberts, E.）は，仲間とともに自立生活センター（Center for Independent Living：CIL）を創設し，地域で生活する重度障害者の自立生活支援のための自立生活プログラムを開始したのである（1972年）。それまでの障害者の自立とは，身辺の自立，すなわち日常生活動作（Activities of Daily Living：ADL）の自立を目指すことを中心的な考え方としていた。この運動は，そうした身辺的自立が困難な障害のある多くの人々が，病院や施設に収容され，医師やスタッフなどの専門家のもとで，治療やケアを受けなければ生活できないものとされている状況に，異を唱えるものであった。専門家主導でも，専門家の管理下におかれるのでもなく，そこから脱却して，当事者による自己決定こそが重要であるとする自立生活運動は，その後，アメリカ全土に広がっていく。この考え方は，後述するノーマライゼーションの理念とも結びつき，その後のアメリカでは，リハビリテーション法の改正，**ADA（アメリカ障害者法）**の制定にも大きな影響を与えた。

日本でも，1980年代前半に自立生活運動が生じ，各地で当事者による**自立生活センター**が設立・運営されている。

自己決定や自己実現を支えるということ

では，ソーシャルワークにおいて，自己決定や自己実現を支えるとはどのようなことか。たとえば，生まれて間もない赤ちゃんが，親から深刻な虐待を受けていて，そのまま家庭にいると生命の危機をともなうような場合，乳児の生の営みや生活に関する自己決定をどのように考えたらよいだろうか。また，認知症で一人暮らしが立ち行かなくなって施設に入所した高齢者が，「ここは嫌，早く家に帰りたい」とソーシャルワーカーに訴えた時，その人の自己決定はどのように保障されるのだろうか。たとえば，児童養護施設で生活している中学生の男子が，「早くここを出て独り立ちしたい。高校にも行きたくない。アルバイトで稼いで自分で生活していきたい」と願っている時，彼の自己決定や自己実現はどのように支えられるだろうか。

このように，ひとくちに利用者の自己決定や自己実現を支えることが大切であるといっても，簡単ではない。ソーシャルワーク実践では，利用者

の自己決定に関して,利用者自身のもつ意思を確認できないような場合もあるし,「その人が望んでいるのだから,それでよい」と自己責任とセットで容易に結論が導かれるというものでもない。それは,ソーシャルワークが,利用者のおかれている状況や背景とのかかわりのなかで,その人のかけがえのない生活（Life）を支援する実践であり,その生活とは,生命活動・日々の暮らし・人生という3つのレベルとその人らしい生き方という全体のなかでとらえる視点に立つからである。

　一方,現実には,利用者の自己決定や自己実現を支えたくても,社会資源や社会制度等の条件が十分整っていないために実現できないといった,私たちの社会や環境の側にむしろ課題が生じている場合もあるだろう。

　さらに,ソーシャルワークは,利用者本位,利用者の利益を最優先に考えるが,その結果,社会全体の利益,社会連帯や社会正義の考え方がないがしろにされてよいということでは決してない。次節では,私たちの社会にある自殺の問題を通して,人権と社会正義を大切にするソーシャルワークの考え方を学んでいきたい。

◆2　自立生活センター
自立生活運動は,アメリカのカリフォルニア大学バークレイ校での運動が発端にあるといわれているが,イギリスや日本でも1970年代に障害のある当事者や親たちによる運動（たとえば,青い芝の会の運動等）が展開されている。日本では1980年代に各地で自立生活センターが活動を開始し,1991年に全国自立生活センター協議会（Japan Council on Independent Living Centers：JIL）が発足した。自立生活センターは,「運営委員の過半数と事業実施責任者が障害者である」という,利用者（当事者）のニーズが運営の基本となるシステムをもち,活動を展開している（全国自立生活センター協議会　http://www.j-il.jp/index.html　2014年11月14日閲覧）。

注
(1) 小山進次郎（1975）『改訂増補・復刻版生活保護法の解釈と運用』全国社会福祉協議会, 94-95頁.
(2) 結城俊哉（2001）「第8章障害者福祉の援助実践と展開方法」植田章・岡村正幸・結城俊哉編著『障害者福祉原論』高菅出版, 320頁.

第5節 ソーシャルワークを支えるノーマライゼーションと社会的包摂

この節のテーマ
- ノーマライゼーションとは何かを知ろう。
- 「社会的包摂」とは何かを知ろう。
- それらの考え方がなぜ大切なのかを理解しよう。

私たちの社会における自殺の問題を考える

　これまでに、ソーシャルワークは、かけがえのない個人の生と生活の営みを支援する仕事であると述べてきた。その生、生命をその人自ら絶ってしまう、無くしてしまうという**自殺（自死）**の問題が、私たちの社会にはある。日本では、年間約3万人が自殺により命を失っている。自殺未遂者数は自殺者数の約10倍ともいわれている。警察庁の発表によれば、2013（平成25）年の自殺者数は2万7283人(1)であり、その前年と2年続きで3万人を下回ったものの、平均すると1日に約75人が亡くなっている（**自殺者の内訳**）。

　NPO法人自殺対策支援センターライフリンク代表の清水康之は、現場での調査を通してみえてきたこととして、亡くなった人の7割が自殺する前に何らかの専門機関に相談していたというデータ等から「自殺で亡くなる人の多くが、本当は生きることを望み、最後まで何とか生きる道を探そうともがいていた」と指摘する。そして、「毎年コンスタントに3万人ずつ」が亡くなるという現実を、「個人の問題とするにはあまりにも不自然である」とし、自殺は、「社会的な問題であり、社会構造的な問題でもある」(2)と述べている。

自殺の原因・背景とソーシャルワーク

　自殺の原因や動機について、警察庁の発表資料では、「健康問題」が一番多く、次いで「経済・生活問題」、「家庭問題」、「勤務問題」、「男女問題」、「学校問題」、「その他」の順となっている。前述の清水は、こうした分析のみでは不十分であり、ライフリンクの調査結果から自殺の要因はそれぞれ独立しているのではなく「1人の自殺の背景には、平均して4つの要因がある」、「いくつかの要因が互いに連鎖しあいながら『危機経路』を形成する」と報告する。「事業不振」や「職場環境の変化」といった社会的な問題をきっかけに、「過労」、「身体疾患」、「職場の人間関係」、「失業」、「負債」、「家族の不和」、「生活苦」、「うつ病」といった複数の要因が引き起こされ悪化し連鎖していく中で自殺が起きているのである。

　2006（平成18）年に「自殺対策基本法」が成立し、翌年出された**自殺総合対策大綱**には、自殺対策の基本認識として、「自殺は追い込まれた末の死」と記されている。法制度の創設にともない、自殺対策が社会的な取り組みとして位置づき、近年、ようやく自殺という問題は、単に個人の問題に帰するのではなく、私たちの社会の中で生み出された問題であり、社会的に対応しなければならない

という観点に立つことができるようになった。

　このことから，私たちは，どのようなことを学ぶべきであろうか。現代社会において，人々がかかえる生活上の困難や課題とは，個人や家族の努力でどうにかなるというものではなく，その人のおかれている状況や社会的背景，環境のなかで理解していかなければならない。すなわち，個人をとりまく環境との不調和の問題，あるいは個人の困難を社会的な問題や課題としてとらえなおし，その生活を社会的に支援していくという視点に立つことが重要なのである。

社会的存在としての人間の尊厳と社会正義

　人は，社会的存在である。人々の生の営みと生活を支えるソーシャルワークは，何らかの困難や課題を抱えている人の**エンパワメント**とともに，その人を社会制度やサービスに結びつけたり，社会の側にある不十分な条件や課題を緩和したり解決に向けてはたらきかけたりする（ソーシャルアクション）。このような，人と環境との交互作用に介入するソーシャルワークにおいて大切になるのは，人権と社会正義，社会的公正という考え方である。「**社会正義**」は，「社会福祉士の倫理綱領」の「価値と原則」のなかで，「差別，貧困，抑圧，排除，暴力，環境破壊などの無い，自由，平等，共生に基づく社会正義の実現を目指す」とある。ソーシャルワークは，人間の尊厳を尊重し，その人の生活を支えるとともに，社会正義の実現に貢献し，共に生きる社会を目指す，公的で社会的な責任をともなう仕事である。本章の最後に，

◆1　自殺者の内訳
総数2万7283人（100.0%）のうち，年齢階級別自殺者数をみると，19歳以下の「少年」が547人（2.0%），20〜29歳が2801人（10.3%），30〜39歳が3705人（13.6%），40〜49歳が4589人（16.8%），50〜59歳が4484人（16.4%），60〜69歳が4716人（17.3%），70〜79歳が3785人（13.9%），80歳以上が2533人（9.3%），不詳が123人（0.5%）である。40歳未満の若年齢層が25.9%と，自殺者総数の4人に1人を占めており，自殺は中高年齢層の人々に多いわけではないことが明らかである。

◆2　自殺総合対策大綱
2007（平成19）年6月8日に，自殺対策基本法に基づき，政府が推進すべき自殺対策の指針として策定された。自殺対策の基本的考え方として，「社会的要因に対する働きかけとともに，心の健康問題について，個人に対する働きかけと社会に対する働きかけの両面から総合的に取り組むことが必要である」と述べている。国や地方公共団体，医療機関，自殺の防止等に関する活動を行う民間団体等との連携と，予防・対策に関する施策，推進体制等が取り上げられている。2012（平成24）年8月28日には，「新・自殺総合対策大綱」が閣議決定された。

Check

次の文の正誤を答えなさい。

　ニィリエ（Nirje, B.）が唱えたノーマライゼーションの原理には，ライフサイクルにおけるノーマルな発達経験が含まれる。

（答）○：ニィリエは，ノーマライゼーションを，「ライフサイクルを通じて，ノーマルな発達上の経験をする機会をもつこと」など8つの側面から整理した。
（第26回社会福祉士国家試験問題93より）

第4章
ソーシャルワークを支える理念
第5節　ソーシャルワークを支えるノーマライゼーションと社会的包摂

　これらの考え方に深く根ざしたノーマライゼーションの理念と社会的包摂（social inclusion）の考え方を紹介したい。

ノーマライゼーションの理念

　私たちの誰もが，あたりまえの生活，普通の暮らしをしたいと願う。しかし，現実には，これまで述べてきたように，様々な生活上の困難や課題をかかえていたり，天災や人災等によって生活が立ち行かなくなってしまったり，生きていく上での見通しや希望をもちにくくなってしまったり，生きづらさをかかえていたり，自殺に追い込まれてしまうこともある。こうしたなかで，その人らしいかけがえのなさや，人間の尊厳，人権が社会的に侵害されたり，排除されたり疎外されたりということが生じている。

　人間の尊厳の尊重と社会正義の観点に立つソーシャルワークの理念に，ノーマライゼーション（normalization）がある。これは，一人ひとりの「ノーマルな生活」と，「ノーマルな社会」を目指す考え方である。その由来は，1950年代にデンマークの知的障害者の入所施設のケアのあり方が問われたことに発する。「ノーマライゼーションの父」と呼ばれている**バンク−ミケルセン**（Bank-Mikkelsen, N. E.）は，当時，社会省（厚生省）の施設行政を担当していた。知的障害者の親たちの願いや親の会の運動に共感し，その訴えが政策に活かされるよう社会省に要請するための文章を考えた結果，「ノーマライゼーション」という言葉を用いたという。この思想に影響を受けたスウェーデンの**ニィリエ**[3]（Nirje, B.）は，知的障害者がノーマルな生活をするための8つの原理を掲げた。

　このように，ノーマライゼーションの思想や理念は，知的障害者を社会的に差別したり排除・疎外したりしてきたこれまでの社会のあり方に異を唱え，誰もが平等でその人らしい「ノーマルな生活」を営む権利があること，それが「ノーマルな社会」を実現していくことであるという，社会変革の立場に立つものであった。ノーマライゼーションの考え方は，障害者の自立生活運動や，施設福祉から在宅福祉への転換，コミュニティケア，地域福祉の推進等，社会を構成するすべての人々とその生活のあり方，社会のあり方を考える上で，ソーシャルワークを支える大切な基本理念として位置づけられている。

社会的包摂

　人と社会のあり方にかかわるソーシャルワークの理念として，もう一つ挙げておきたいのが，社会的包摂（ソーシャル・インクルージョン）である。社会的包摂の対極にあるのは，**社会的排除（ソーシャル・エクスクルージョン）**であり，1990年代頃からフランスやイギリス等のヨーロッパで社会問題として，その対策が政策課題となった。日本で社会的排除への関心が高まり，社会的包摂の考え方が取り上げられる契機となったのは，2000（平成12）年12月に出された「**社会的な援護を要する人々に対する社会福祉のあり方に関する検討会報告書**」[4]（厚生省（現在の厚生労働省）・

同検討会）である。

　この報告書は「5．新たな福祉課題への対応の理念」の中で、「今日的な『つながり』の再構築を図り、全ての人々を孤独や孤立、排除や摩擦から援護し、健康で文化的な生活の実現につなげるよう、社会の構成員として包み支え合う（**ソーシャル・インクルージョン**）ための社会福祉を模索する必要がある」と記され、そして、地域社会における新たな「公」の創造、「つながり」の再構築が課題であると指摘する。

　ソーシャルワークは、地域社会のなかで、この役割を果たしていくことが期待されているのである。そのためには、かけがえのない人間の尊厳を保持し、人権を擁護し、人間の生の営み、生活を支える地域社会での重層的な支援や、多職種・領域との連携・協働、制度・政策の改善に向けての働きかけが重要となろう。

◆3　ニィリエ（Nirje, B.）
スウェーデンのニィリエ（Nirje, B.）は、知的障害者がノーマルな生活をするために、①1日のノーマルなリズムの提供、②ノーマルな生活上の日課の提供、③1年間のノーマルなリズムの提供、④ライフサイクルを通じてのノーマルな発達的経験をする機会をもつこと、⑤本人の選択や願い、要求が可能な限り配慮され、尊重されること、⑥男女が共に住む世界に暮らすこと、⑦ノーマルな経済的基準が与えられること、⑧病院や学校、施設などの物理的設備の規模や基準が、地域社会のなかでノーマルで人間的なものであること、という8つの原理を挙げている。

◆4　「社会的な援護を要する人々に対する社会福祉のあり方に関する検討会報告書」
この報告書は、戦後の日本社会の変容のなかで、社会福祉に関する諸制度も選別的なものから普遍化が図られてきたが、その一方で制度の充実にもかかわらず、「社会や社会福祉の手が社会的援護を要する人々に届いていない事例が散見される」と述べ、近年の社会経済環境の変化のなかで、その対象となる問題が、「貧困」のほか、「心身の障害・不安」（社会的ストレス問題、アルコール依存、等）、「社会的排除や摩擦」（路上死、中国残留孤児、外国人の排除や摩擦、等）、「社会的孤立や孤独」（孤独死、自殺、家庭内の虐待・暴力、等）といった問題が重複・複合化しており、複眼的取り組みの必要性、社会的なつながりの構築に関する提言を行っている。その後、2008年にはリーマン・ショックが起きるなど、国際的な経済不況のなかで、日本でも人々の生活上の様々な格差が進行し、貧困問題や社会的孤立等の問題が浮き彫りになった。こうしたなかで、2008年には「地域における『新たな支え合い』を求めて──住民と行政の協働による新しい福祉」報告書（厚生労働省・援護局、これからの地域福祉のあり方に関する研究会）が出され、福祉政策における地域福祉の推進や、地域包括ケアが重視されていく。また、ソーシャルワークにおいても、ジェネラリスト・ソーシャルワークの考え方を基調とした支援が展開されてきている。2011年3月には東日本大震災が生じるなど、社会的なつながりや、ソーシャル・インクルージョンの視点は、私たちの社会において、今まさに求められている。

注
(1) 内閣府自殺対策推進室・警察庁生活安全局生活安全企画課（2014）『平成25年中における自殺の状況』（統計資料）。
(2) 清水康之（2009）「『自殺させない地域社会』をつくるために」『月刊福祉』4月号、12-17頁。

参考文献
特定非営利活動法人　自殺対策支援センター　ライフリンク　ホームページ（http://www.lifelink.or.jp/hp/top.html）（2014年11月15日）
空閑浩人編著（2008）『ソーシャルワーク入門──相談援助の基盤と専門職』ミネルヴァ書房

さらに学びたい人への基本図書

窪田暁子『福祉援助の臨床――共感する他者として』誠信書房，2013年
ソーシャルワークとはどのようなものか，どのような考え方を大切にしているのかという問いについて，この仕事の開拓者として実践・教育・研究を積み重ねてきた著者からの魂を込めたメッセージの著。ソーシャルワークに携わる人々をあたたかく支える本。

バイステック，F.P./田代不二男・村越芳男訳『ケースワークの原則――よりよき援助を与えるために』誠信書房，1965年

バイステック，F.P./尾形新・福田俊子・原田和幸訳『ケースワークの原則〔新訳本〕――援助関係を形成する技法』誠信書房，1996年
バイステックの7つの原則は，社会福祉援助，ソーシャルワークを学ぶ人々にとって，長年にわたり親しまれ，援助関係の基本原則として継承されている。1965年の訳本から30年後に出版された新訳では，尾形らが，ソーシャルワーカーがより親しみやすく日常的な用語に近い形で理解できるように訳を工夫している。本書は，援助関係における原則をさらに深く学ぶことを通して，自身の援助観や倫理観をふりかえる機会を与えてくれる。

鷲田清一『語りきれないこと――危機と傷みの哲学』角川学芸出版，2012年
震災や原発の問題は，科学の進歩の中で生じた私たちの生活問題であり，社会問題である。著者は，科学の専門家に科学的判断だけではなく，価値判断まで預けてしまってはいけないと説く。ソーシャルワークを支える考え方を身につけていきたいと思う人にとって参考になる書。

 第4章

問：利用者を支援する上で，あなたを支え，あなたの骨格となるソーシャルワークの考え方（理念）とは何か，なぜそれが大切なのかを考え，書き出しなさい。また，他の人はどのように考えているか，グループで意見交換をしなさい。

ヒント：あなたが実際にボランティアや実習，あるいは現場の担い手として利用者とかかわったり，新聞やテレビ番組等を通して感じたこと等をイメージして考えてみよう。

第5章

ソーシャルワークの倫理

本章で学ぶこと
- ソーシャルワークの倫理がなぜ必要なのかを学ぶ。(第1節)
- 倫理綱領の特徴,役割について学ぶ。(第2節)
- ソーシャルワークにおける倫理的ジレンマや葛藤と,それらに向き合う意味について学ぶ。(第3節)

第1節 ソーシャルワークにおける倫理

○ この節のテーマ
- 倫理の定義について確かめよう。
- 専門職に倫理が必要な理由について知ろう。
- 倫理と専門性の関係について知ろう。

倫理とは何か

「倫理」と聞いて、読者は何を思い浮かべるだろうか。『広辞苑（第五版）』（岩波書店）によると、倫理とは「人倫のみち。実際道徳の規範となる原理」とあり、「デジタル大辞泉」（小学館）では、「人として守り行うべき道。善悪・正邪の判断において普遍的な規準となるもの。道徳。モラル」とされている。これらの定義の共通項は何だろうか。たとえば私たちは、「人の道に外れる」「人としてこうあるべき」などの表現をよく使う。その時に用いられる「道」や「べき」について、より普遍的な規範として説明したものが倫理であるといえよう。

さて、この章で学ぶ倫理とは、ソーシャルワークを担う専門職の職業倫理である。それは、実際の支援で問われる「ソーシャルワーカーとしてこうあるべきだ」という倫理を、専門職団体の共通見解としてまとめたものであり、これを明文化したのが「倫理綱領」と呼ばれるものである。専門職団体が定めるといっても、それは支援する側の独りよがりであってはならないし、倫理綱領は、クライエント（サービス利用者）や社会に向けた宣誓ともいえる。そのため、利用者の側から「支援の際にはこのようなことを大切にしてほしい」「この倫理に反したソーシャルワーカーは嫌だ」という視点で検証することもできる。

ところで、「倫理」などと聞くと、何だか堅苦しく感じたり、押しつけがましく思えて反発したくなる人もいるかもしれない。あるいは、完全無欠な「人格者」しかソーシャルワーカーになれないように思えて、遠い理想の前に萎縮してしまうかもしれない。実際、授業の際に学生から「自分はそんな"いい人"じゃないので、ソーシャルワーカーには向いていない」という声を聞くこともある。

社会福祉の専門職に高い倫理が求められることは、確かにそのとおりである。しかし、だからといって、それは今挙げたような堅苦しい理想の押しつけなのだろうか。本章では、ソーシャルワークが大切にしている倫理や、倫理綱領の実際について学びながら、この疑問に対する答えも示していきたい。

なぜソーシャルワークに「倫理」が必要なのか

ソーシャルワーカーが専門職であるならば、その成立要件としての専門性とは何だろうか。この基本的な問いに対し、多くの研究者がまとめているが、その中の一つとして、**仲村優一**によるまとめ「専門職の特徴」[1]を以下に紹介する。

① 専門職とは，科学的理論に基づく専門の技術の体系をもつものであること
② その技術を身につけるのには，一定の教育と訓練が必要であること
③ 専門職になるには一定の試験に合格して能力が証明されなければならないこと
④ 専門職は，その行動の指針である倫理綱領を守ることによって，その統一性が保たれること
⑤ 専門職の提供するサービスは，私益ではなく公衆の福祉に資するものでなければならないこと
⑥ 社会的に認知された専門職団体として組織化されていること

専門性のいくつかの側面のうち，本章で取り上げる「倫理」が専門職の必要条件の中に入っていることに，まずは注目したい。つまり，倫理（通常「倫理綱領」として明文化される）をもたずして，社会から専門職とは認められないということである。このような専門職の条件に関する議論は，実は100年ほど前から，まず海外において交わされてきた。その端緒とされているのが，**フレックスナー**（Flexner, A.）が，1915年の全米慈善矯正事業会議で行った講演であり，その後**グリーンウッド**（Greenwood, E.）らによって模索されてきた歴史がある。その詳細については別の機会に譲るとして，ここでは，さらにさかのぼって倫理綱領の原点について考えてみよう。

倫理綱領の原点

ソーシャルワーク以外にまで視野を広げると，

必ず覚える用語

☐ 倫理綱領
☐ 仲村優一
☐ フレックスナー，A.
☐ グリーンウッド，E.
☐ バイステック，F.P.

第5章
ソーシャルワークの倫理
第1節　ソーシャルワークにおける倫理

たとえば古代ギリシャ時代（紀元前4世紀とされている）における医師の倫理綱領というべき「ヒポクラテスの誓い」が有名である。ここには、医師が患者に対してとるべき態度について具体的に記されており、患者の利益の優先や、今日でいう守秘義務（患者の秘密を守る）に関する記述もある（ただし、その内容についてはインフォームドコンセントの欠如など、現代的視点から批判もされている）。

そのような昔から専門職倫理があったことに驚かされるが、医療という行為の特徴を考えれば、それも納得できよう。たとえば外科手術を受けるとき、患者は自らの生命を完全に執刀医に委ねている。患者に注射針を刺すことさえ、それが治療に必要な行為でなければ「傷害罪」となりうる。つまりそれが医療として成立するためには、「患者にとっての必要・利益」や、患者と医師の「信頼関係」という倫理が絶対に必要なのだ。

では、ソーシャルワーカーはどうだろうか。この仕事も、他者の生命や人生に対し、直接・間接的に、有形無形の影響を及ぼす。たしかにサービス利用者の身体にメスを入れたり注射針を刺したりはしないが、ソーシャルワークも、その人の生活や人生に、目に見えない「メス」を入れているのではないだろうか。むしろ、目に見えないからこそ相手の心や尊厳を傷つけていないか、常に点検を怠らない真摯な姿勢が求められる。薬の副作用は目に見えるが、ソーシャルワークにおける不適切な支援は、倫理観が欠如していれば見落としてしまうことさえある。ゆえに、常に人の人生に影響を与えるという責任の自覚が倫理綱領の原点だといえる。

信頼関係の重視

上記などからソーシャルワークでは利用者との信頼関係というものを特に重視する。倫理原則は基本的に利用者との「関係」の原則であるといっても過言ではないだろう。名著『ケースワークの原則』（1957年）を著し、わが国のソーシャルワーク教育にも大きな影響を与えた**バイステック**（Biestek, F. P.）は、支援において、援助計画は支援における「身体（body）」つまり実体部分だが、専門職とクライエントとの信頼関係は、支援の「魂（soul）」だと述べている。

あとで触れる倫理綱領のなかの「倫理基準」の箇所には、最初に「利用者との関係」という項目が出てくる。自己決定や守秘義務という倫理も、基本は関係の問題だといえる。つまり、どの専門的知識や技術を用いるかだけではなく、それらがどのような「（信頼）関係」の下で用いられるかが、重要なのである。

先に仲村優一が掲げた他の項目にあるように、専門性を構成する要素は倫理だけではもちろんなく、理論に基づいた知識と技術体系を習得することが必要である。ただし、知識や技術のほかに、もう一つ大事なことがある。それが、知識と技術を正しく使うための「価値（倫理）」である。価値と倫理の関係については次節で述べるが、ソーシャルワーク教育においては、専門性には「知識・技術・価値」の3つの要素があると説明される。これは、看護の分野でナイチンゲール

(Nightingale, F.)が「心と頭と手」の統合を挙げていることとも呼応するし，スポーツの世界でよくいわれる「心・技・体の一致」などにも通じるものがあろう。いくら「頭（知識）」と「手（技術）」があっても，「心（価値）」がともなわなければ，専門性は十分とはいえない。たとえば，優れた化学の知識を用いて病気の治療薬を開発することができるが，その知識を用いて毒薬を作ることもできるのである。いかに優れた知識や技術を持っていても，それを何のために用いるべきかが根本的に問われる。それが仲村の挙げた⑤の項目の意味である。

間違いやすい用語

「ケースワーク」と「ソーシャルワーク」

ケースワークはソーシャルワークに含まれる体系の一つであり，個別援助技術と呼ばれる個人や家族に対する援助を指す。他の援助技術であるグループワーク，コミュニティワークなどと共に発展してきたが，1970年代にはこれらを統合化したモデルが登場した。バイステックの著作は1957年刊行であり，原題を含め「ケースワーク」の用語が用いられている。

Check

次の「社会福祉士の行動規範」（日本社会福祉士会）に関する記述の正誤を答えなさい。

業務を遂行する上での利用者や家族に関する情報収集は，問題解決の支援に必要な範囲にとどめるようにする。

(答)：○
(第22回社会福祉士国家試験問題89より)

注

(1) 日本社会福祉士会編(2009)『新社会福祉援助の共通基盤　第2版』中央法規出版，3頁。

第2節 専門職と倫理綱領

この節のテーマ
- 倫理綱領の定義について確かめよう。
- 倫理と価値の概念を整理しよう。
- 倫理綱領の特徴について知ろう。
- わが国における倫理綱領の歴史に関する概要を知ろう。
- 倫理綱領の具体的内容について知ろう。

倫理と価値

この節では、倫理綱領について具体的に学んでいく。まずその定義をみると、「専門職として遵守すべき基準を価値や目指すべき自我像として示したもの。具体的にはワーカーの望ましい価値態度や従うべき行動規範・義務を明文化したもの」(1)、「専門職者がその業務を遂行するに当たり、その価値観を明確にして職業方針を示したもの」(2)とされている。

この定義にあるように、倫理綱領の特徴は、「価値」を扱うことである。価値とは「良いとされる性質」(『広辞苑（第五版）』）であり、たとえば個人の「好み」や、万人に共通とされているような「真（しん）・善（ぜん）・美（び）」も価値である。私たちは、「好き・嫌い、真と偽、善と悪、美と醜」などの価値基準をもって、ものごとを評価している。

また、価値の特徴は、客観的に証明できないことである。価値は多様であり、たとえばAさんとBさんそれぞれの「真・善・美」について「客観的な点数」をつけて比較することはできない。倫理綱領が示しているのは、まさにこの「価値」で

あり、ソーシャルワーク専門職にとって大切だと合意された価値の集まりを、一つの体系として表明したものである。したがって、倫理綱領は、いわゆる「業務マニュアル」や「罰則規定」とは性質を異にするものであり、その基本的な特徴について以下に整理してみよう。

倫理綱領の特徴

まず第一に、価値を扱う「**倫理綱領**」と、法を扱う「**法律**」の区分を整理しておく必要があるだろう。倫理綱領に背くことは、「倫理違反」ではあっても、ただちに法によって罰せられるとは限らない。もちろん、倫理と法律はまったく別物ではなく、たとえば守秘義務違反は重大な倫理違反であると同時に、「**社会福祉士及び介護福祉士法**」◆1や「**精神保健福祉士法**」◆2によっても罰則規定が設けられている（**資料5-1**）。ただしその場合でも、罰則規定を定めた法律と、専門職団体がつくる倫理綱領は、別々に制定されたものである。

たとえばある施設で職員が利用者へ暴力をふるったとする。この行為が倫理に反するのはいうまでもないが、さらに被害者側が損害賠償で訴えたり、刑法の暴行罪や傷害罪に問われることもあ

資料5-1
守秘義務違反に関する罰則規定

【社会福祉士及び介護福祉士法】
　第四十六条　社会福祉士又は介護福祉士は，正当な理由がなく，その業務に関して知り得た人の秘密を漏らしてはならない。社会福祉士又は介護福祉士でなくなつた後においても，同様とする。
　第五十条　第四十六条の規定に違反した者は，一年以下の懲役又は三十万円以下の罰金に処する。　2　前項の罪は，告訴がなければ公訴を提起することができない。

【精神保健福祉士法】
　第四十条　精神保健福祉士は，正当な理由がなく，その業務に関して知り得た人の秘密を漏らしてはならない。精神保健福祉士でなくなった後においても，同様とする。
　第四十四条　第四十条の規定に違反した者は，一年以下の懲役又は三十万円以下の罰金に処する。　2　前項の罪は，告訴がなければ公訴を提起することができない。

ろう。あるいはその施設が社会福祉法等に基づく行政指導を受ける事態になるかもしれない。「何が，どこまで，どのように問題になるのか」「誰が，どこまで，どのように対処するのか」について整理しておくことは，倫理綱領の役割や意義を理解する上で必要なことである。

　また，倫理綱領に示された価値は，人間の尊厳といった高度に抽象的な概念から，支援記録の開示など具体的なものまで，多様である。どの項目の倫理違反に該当するかによって，対応の具体性も異なってくるだろう。

　次に，倫理綱領は，行政や議会などの外的な権威によって与えられるものではなく，それを定める主導権は，専門職団体自身が保持している。とはいえ，それは閉鎖的な「内規」ではなく，クライエントや一般社会に対して発信されたメッセ

◆1　社会福祉士及び介護福祉士法
1987年成立。社会福祉士及び介護福祉士の資格を定めて，その業務の適正を図り，もって社会福祉の増進に寄与することを目的として定められ（第1条），資格の定義や義務（誠実義務，信用失墜行為の禁止，秘密保持義務など）が示されている。第1回の国家試験は1989年に実施された。

◆2　精神保健福祉士法
1997年成立。精神保健福祉士の資格を定めて，その業務の適正を図り，もって精神保健の向上及び精神障害者の福祉の増進に寄与することを目的として定められ（第1条），資格の定義や義務（誠実義務，信用失墜行為の禁止，秘密保持義務など）が示されている。第1回の国家試験は1999年に実施された。

◆3　日本ソーシャルワーカー協会
1959年に誕生した，社会福祉従事者による専門職団体。その後活動の衰退により一旦は解散したが，1983年に再建され，1986年には倫理綱領を制定するなど，ソーシャルワーカーの専門性向上に大きな役割を果たしている。

注
(1) 山縣文治・柏女霊峰編（2010）『社会福祉用語辞典［第8版］』ミネルヴァ書房，376頁。
(2) 中央法規出版編集部編（2012）『六訂　社会福祉用語辞典』中央法規出版，589頁。
(3) 国際ソーシャルワーカー連盟に加盟している国内団体は，次の4つである（カッコ内は設立年）。公益社団法人日本医療社会福祉協会（1953年），特定非営利法人日本ソーシャルワーカー協会（1959年），公益社団法人日本精神保健福祉士協会（1964年），公益社団法人日本社会福祉士会（1993年）。

第5章
ソーシャルワークの倫理
第2節 専門職と倫理綱領

ージでもある。いうまでもなく，社会が重要視する価値は，時代とともに変化していくのであり，倫理綱領も絶対不変のものではない。その時代の社会からの要請や，批判を受け止めつつ，専門職としての信念を表明するという相互関係のもとで成熟させていくべきものである。

また，倫理綱領は，専門職団体の構成員に対し，専門職が育んできた文化を伝え，アイデンティティの形成を促すはたらきをもっている。「**ソーシャルワーカーの倫理綱領**」の前文には，「われわれは，（中略）本綱領を制定してこれを遵守することを誓約する者により，専門職団体を組織する」と記されている。このことは，同じ価値を共有する者の連帯を促し，さらに新しく加わる構成員を，一定の方向に導いてゆく力をもつ。これはソーシャルワーカーのあるべき姿について，教育的に伝承していく一方で，そこから逸脱した構成員に対し何らかの懲戒を与える際の根拠ともなる。あるいは，外部からソーシャルワーカーの価値に対して批判や攻撃があった場合に，組織として反論していくためのよりどころとなるのがこの倫理綱領である。

倫理綱領策定の経緯

専門職団体が組織されていることは，専門職の成立要件の一つとされている。専門職団体のうち，国際的な組織として，**国際ソーシャルワーカー連盟（IFSW）**があるが，わが国では4つの団体が(3)これに加盟している。

社会福祉基礎構造改革が行われた2000（平成12）年以降，この4団体で共通の倫理綱領を定める動きが本格化した。**日本ソーシャルワーカー協会**◆3の呼びかけによって団体の垣根を越えた合同の委員会が設置され，それぞれの団体が採択している倫理綱領を吟味した上で，合同の「ソーシャルワーカーの倫理綱領」の制定に向けた取り組みが始まった。

4団体が協議を重ねた結果，共通の倫理綱領が2005（平成17）年に提示され，各団体はそれを採択することを決定した。また，この改革案では，国際ソーシャルワーカー連盟による**ソーシャルワークの定義**（2014（平成26）年7月に新しい定義が採択された）が採択され，前文に盛りこまれた。

この新しい成果については，4団体の共通認識であることを合意した上で，その取り扱いや行動規範については，各団体の判断に任せるという形をとっており，各団体の自主性が尊重されているのが特徴である。一例を挙げると，日本社会福祉士会の場合は，倫理綱領の内容は同一であるが，主語を「ソーシャルワーカー」から「社会福祉士」に置き換えて採択し，さらに倫理基準の各項目に対し，具体的な「社会福祉士の行動規範」を追加している。

資料5-2は日本ソーシャルワーカー協会による，「ソーシャルワーカーの倫理綱領」の抜粋である。これを含め各専門職団体の倫理綱領は，その公式ホームページで全文を確認することができるので，機会があればぜひ目を通してみてほしい。

資料5-2
ソーシャルワーカーの倫理綱領（抜粋）

社会福祉専門職団体協議会代表者会議（2005年1月27日制定）
社団法人日本精神保健福祉士協会（2005年6月10日承認）

前　文
　われわれソーシャルワーカーは，すべての人が人間としての尊厳を有し，価値ある存在であり，平等であることを深く認識する。われわれは平和を擁護し，人権と社会正義の原理に則り，サービス利用者本位の質の高い福祉サービスの開発と提供に努めることによって，社会福祉の推進とサービス利用者の自己実現をめざす専門職であることを言明する。われわれは，社会の進展に伴う社会変動が，ともすれば環境破壊及び人間疎外をもたらすことに着目する時，この専門職がこれからの福祉社会にとって不可欠の制度であることを自覚するとともに，専門職ソーシャルワーカーの職責についての一般社会及び市民の理解を深め，その啓発に努める。
（中略）われわれは，ソーシャルワークの知識，技術の専門性と倫理性の維持，向上が専門職の職責であるだけでなく，サービス利用者は勿論，社会全体の利益に密接に関連していることを認識し，本綱領を制定してこれを遵守することを誓約する者により，専門職団体を組織する。

価値と原則
　Ⅰ（人間の尊厳）社会福祉士は，すべての人間を，出自，人種，性別，年齢，身体的精神的状況，宗教的文化的背景，社会的地位，経済状況等の違いにかかわらず，かけがえのない存在として尊重する。
　Ⅱ（社会正義）差別，貧困，抑圧，排除，暴力，環境破壊などの無い，自由，平等，共生に基づく社会正義の実現を目指す。
　Ⅲ（貢献）社会福祉士は，人間の尊厳の尊重と社会正義の実現に貢献する。
　Ⅳ（誠実）社会福祉士は，本倫理綱領に対して常に誠実である。
　Ⅴ（専門的力量）社会福祉士は，専門的力量を発揮し，その専門性を高める。

倫理基準
　Ⅰ利用者に対する倫理責任
　　1．利用者との関係　　2．利用者の利益の最優先　　3．受容　　4．説明責任
　　5．利用者の自己決定の尊重　　6．利用者の意思決定能力への対応　　7．プライバシーの尊重
　　8．秘密の保持　　9．記録の開示　　10．情報の共有　　11．性的差別，虐待の禁止　　12．権利侵害の防止
　Ⅱ実践現場における倫理責任
　　1．最良の実践を行う義務　　2．他の専門職との連携・協働　　3．実践現場と綱領の遵守
　　4．業務改善の推進
　Ⅲ社会に対する倫理責任
　　1．ソーシャル・インクルージョン　　2．社会への働きかけ　　3．国際社会への働きかけ
　Ⅳ専門職としての倫理責任
　　1．専門職の啓発　　2．信用失墜行為の禁止　　3．社会的信用の保持　　4．専門職の擁護
　　5．専門性の向上　　6．教育・訓練・管理における責務　　7．調査・研究

出所：日本ソーシャルワーカー協会ホームページより。

第3節 倫理的ジレンマとは

この節のテーマ
- ジレンマや葛藤の定義について確かめよう。
- 倫理的ジレンマが生じる理由について知ろう。
- 倫理的ジレンマの具体例について知ろう。
- 倫理的ジレンマとどう向き合うかについて考えよう。

ジレンマの定義

ソーシャルワーク実践では、しばしば「倫理的ジレンマ」による葛藤が生じるといわれている。しかし倫理綱領を熟読しても、一つひとつの項目には矛盾などないように見える。では、いったいどんなジレンマが生じるというのだろうか。

「ジレンマ」（英語の dilemma、「ディレンマ」と表記されることもある）という言葉自体は、私たちの日常生活の中でよく耳にする。「ジレンマ」の定義を調べると、「相反する二つの事の板ばさみになって、どちらとも決めかねる状態。抜きさしならない羽目。進退両難」（『広辞苑（第五版）』岩波書店）、「自分の思い通りにしたい二つの事柄のうち、一方を思い通りにすると他の一方が必然的に不都合な結果になるという苦しい立場。板ばさみ」（『大辞泉（第三版）』小学館）とされている。要するに、2つ以上のことがらの板ばさみにあうことから生じるのがジレンマであるが、ここで取り上げるのは「倫理的ジレンマ」なので、相反しているのは複数の価値である。

価値のジレンマが生じる理由

倫理の特徴は、「価値」の問題を扱うことだと本章の第2節で述べた。価値についての問い（たとえば「何が善なのか」）を立てるとき、数学のように方程式に値を代入すれば、唯一の「正解」が得られるというわけにはいかない。方程式なら、それがいかに難問であろうと正解は必ず用意されている。しかし、倫理問題における問いの立て方は、「どうすれば唯一の正解にたどりつけるか」ではなく、複数の「正しさ」どうしを比べなければならないことや、正しさと間違いが同居する、ものごとの二面性に向き合わなければならないということである。ここに価値の問題を扱うときの困難があるといえるだろう。

ここで例を挙げて説明しよう。価値は、それが抽象的に語られているほど、誰もが賛同しやすいといえる。「平等」「公平」などは、その代表的な例だろう。しかし、そうした雲の上にある価値を、具体的に実現しようとすると、その方法をめぐってジレンマが生じることになる。

例として、「ソーシャルワーカーの倫理綱領」（本章第2節参照）の価値と原則Ⅱにある、「自由、平等、共生に基づく社会正義の実現」を取り上げ

てみよう。ここに示されているような，その重要性が明白な価値どうしであっても，ジレンマの関係になることがある。たとえば，経済において企業の「自由」な競争を妨げないことは，経済発展を促す要因の一つとされている。しかし一方で，その自由競争に任せた結果，社会の少数派の人々が不当に排除され，「強いもの勝ち」の「格差社会」が生じるおそれもある。そこで，そのような不平等を是正するために，政府による何らかの規制が有効だといえるが，これも行き過ぎると自由な経済活動への過干渉だという不満が出るかもしれない。このような問題は，どの程度までの「自由」を許容範囲とし，どこからは「平等」のための介入が必要かという，価値の線引きのジレンマだといえよう。つまり，それぞれの価値の「正しさ」どうしの葛藤，あるいは一長一短である価値のどちらの側面を強調するか，という問題である。

　ところで，この例で示した一文の中には，もう一つ「**共生**」という価値が示されている。「自由」対「平等」のせめぎ合いから「自由かつ平等」という融合を模索する際に，「共生」という第三の価値に目を向けることで議論に奥行きが生まれ，「共生に基づいた自由かつ平等」という新たな価値の次元が開かれることもあるかもしれない。もちろん，ここで述べたのは価値の解釈の一例にすぎないが，ソーシャルワークにおいて一人ひとりを支援する過程とは，様々な価値の葛藤に直面しながら，その人自身がオリジナルな価値を創出することを支える過程だと言い換えられるだろう。このことについては後でもう一度述べたい。

必ず覚える用語

☐ 価値のジレンマ
☐ 共生

◆1　共生
幅広い解釈ができる用語だが，社会のすべての成員が互いの差異を認めつつ，尊重し合っている状態ととらえることができる。社会福祉の分野では，たとえば障害の有無にかかわらず誰もが相互に人格と個性を尊重し支えあう社会を指す「共生社会」の用語が用いられている。

◆2　自己実現
ソーシャルワークにおいてクライエントを支援する際の目的とされる概念の一つである。一人ひとりが本来もっている力を十分に発揮し，その人らしい生き方を実現すること。

Check

相談援助における利用者本位の基本原則に関する次の文の記述の正誤を答えなさい。

　利用者の自己決定に基づく行為が重大な危険を伴うと予測される場合は，その行動を制限することがある。

（答）○
（第24回社会福祉士国家試験問題85より）

第5章
ソーシャルワークの倫理
第3節　倫理的ジレンマとは

次に，価値のジレンマの別の形として，一つの価値に複数の解釈がある場合についてみてみよう。たとえば，ソーシャルワークが目指す「**自己実現**した生き方」なども，内容や方法は千差万別であり，どれが「真」であるか，簡単に決めることはできない。あるいは，先ほどの「平等」の例でいえば，機会の平等（競争のスタートラインの平等）と結果の平等（競争のゴールの平等）のどちらを重んじるかで意見は分かれるだろう。このように，抽象的な次元では自明のことのように思えた価値が，具体化の過程で他の価値と干渉したり，価値の解釈が分かれたりするというジレンマが生じるのである。そしてそれは，ソーシャルワークが価値の問題を扱う限り，不可避だといえるだろう。

ジレンマと葛藤

「ジレンマ」と「葛藤」の概念について少し整理してみたい（ここでは個人の内面で生じる葛藤に絞って話を進める）。葛藤とは「こころの中に，それぞれ違った方向あるいは相反する方向の欲求があって，その選択に迷う状態」（広辞苑（第五版），岩波書店）とされている。社会心理学者レヴィン（Lewin, K.）は，葛藤について以下のような類型を示した。

① 接近-接近型：望んでいる両方を手に入れたいが，一方を選ばなければならない（例：2社から同時に内定をもらったがどちらの会社も魅力がある）。

② 接近-回避型：望むことと望まないことが背中合わせである（例：甘いお菓子が大好きだが，医師から糖分を控えるよう言われている）。

③ 回避-回避型：どちらも望まないが，一方を選ばなければならない（例：勉強はしたくないが，試験に落第したくない）。

この3つの類型に共通しているのは，どのような選択をしても，「得るもの」と「失うもの」の両面があるという点である。そして，葛藤状態においては，相反する価値どうしが「等価」である（どちらかに決断する決め手がない）ほど，容易に答えを出せないといえる。

ジレンマと葛藤について，やや詳しく解説したのは，以下のことが大事だからである。倫理的ジレンマ状況にあっても，そこで「葛藤」を感じる程度には，個人差がある。あまり迷わずに（あるいはジレンマを意識することさえなく）一方を選択できる人もいれば，いつまでも板ばさみの葛藤を続ける人もいるだろう。

それをふまえた上で重要なのは，葛藤の有無や程度よりもその質（中身）であり，個人がどのような価値の間で葛藤しているのか，ということである。「**ソーシャルワークにおける倫理的ジレンマ**」という場合，価値の葛藤なら何でもよいというわけにはいかないのである。葛藤する価値の根底に「クライエントの利益の最優先」（「ソーシャルワーカーの倫理基準」Ⅰ-2）が存在する必要があり，ここを離れると，ソーシャルワークの倫理問題とはならない。たとえば，板ばさみ構造における一方の価値が「クライエントの利益を無視してでも事業所の収益を上げたい」というものならば，それを倫理的ジレンマと呼ぶことはできない

（もちろん事業所の経営も大切なことではあるが）。

　もう一つ付け加えると，倫理問題において，ジレンマのきれいな解消だけが最終ゴールとは限らない。たしかに，価値の優先順位をマニュアル化しておけば，不要な混乱を回避でき，意思決定は容易になるだろう。これも実践上有効な方法の一つである。ただし，深いジレンマの場合は，どの選択肢を選ぼうとも，得るものと失うものが甲乙つけがたいから葛藤するのである。それでも勇気を出して前に進んでいくクライエントを支援するためには，その人がジレンマをどう生きるかに目を向けることが大事だといえるだろう。そう考えると，ある決断が他者から受け身的に与えられた結果なのか，それとも葛藤の末，主体的に選び取った結果なのかが，その後のクライエントの道のりを左右するといえる。このような考え方も，ソーシャルワークが大事にしている価値の一つであり，「自己決定の尊重」（「ソーシャルワーカーの倫理基準」Ⅰ-5）と呼ばれている。

倫理的ジレンマの例

　具体例を挙げて考えてみよう。上述した「自己決定の尊重」という倫理にかかわって生じるジレンマは，ソーシャルワーカーが直面する代表的なものとされている。たしかに，クライエントの自由意思を尊重するといっても，一歩間違えば単なる放任（支援の放棄）につながるおそれがあり，そうなればクライエントの利益は大きく損なわれるだろう。

　自己決定の尊重という価値について，先に述べた**バイステック**（Biestek, F. P.）は，ソーシャルワーク専門職の「もっとも確固たる信念」として，「人は自己決定を行う生まれながらの能力を備えているという考え」を挙げている。そして，「クライエントは独自に自分の人生の目標を設定して，彼の人生を生きる責任をもって」おり，そのことは「自ら人格を成長させ成熟させる一つの重要な機会」だとして重視している。このような人間観，人生観を共有しているのがソーシャルワーカーであり，誰かに決められたレールではなく，自らの意志と力で歩む人生こそ尊いというわけである。

　たとえば，親元を離れて一人暮らしをしたいという障害者本人に対し，家族や周囲は生活上の不便やリスクが高いとして反対している事例があるとする。しかし，ソーシャルワークにおいては，たとえ困難があっても「自分の人生を自分で決める」ということは人として重要な権利であり，その人がどのような状態（たとえば重い障害）にあっても，自己決定をする力があるという信念が背景にある。だから，たとえ困難が大きくても，本人の意志を最大限尊重し，どのような支援があればそれを実現できるか，という肯定的姿勢で支援していくのである。

　しかし，このような例ばかりではない。**アルコール依存症**[3]患者の**退院支援**[4]をしている病院のソーシャルワーカーは，「体はどうなってもいいからお酒を好きなだけ飲みたい」という本人の「自己決定」をそのまま認めることはしないだろう。病状の悪化という本人の不利益につながるのが明白だからである。あるいは，夫の暴力を避けて

第5章
ソーシャルワークの倫理
第3節 倫理的ジレンマとは

母子生活支援施設◆5 に入所しているDV（ドメスティック・バイオレンス）被害者の女性が，それでも夫のところに帰りたいと希望した場合も，ソーシャルワーカーは本人の安全を考えそれを制限するであろう。このように，実際の支援では，本人の自己決定といえどもそれを制限する場面が少なくない。ソーシャルワーカーは，自己決定の尊重という倫理に依拠しつつ，それを制限する役割（上記の例のように制限に十分な正当性がある）も担わなければならず，そのことが多くの葛藤を経験させることになる。

その点について，バイステックは，次のような場合，自己決定は制限されるべきだとしている。まず，クライエントの能力から生じる制限であり，例に挙げたように何らかの理由で正常な判断力が低下している場合等があてはまる。次に，法律的・道徳的制限である。禁止薬物の使用や，他者への危害や迷惑行為などは，本人が望んでもそれを容認することはできない。また，制度の下でサービス提供機関が対応できる範囲や限界も考慮に入れるよう指摘している。このように，バイステックは一方で原則を示しながら，もう一方で例外を示しているが，これによってソーシャルワーカーは，自由と制限の板ばさみを余儀なくされるといえる。

このようなジレンマに置かれた時，「自己決定を容認できる（できない）範囲や基準を決めておく」という方法がある。実際，本人や家族，関係者と支援者チームの間で，そのことについてていねいに話し合っておくことは，必要かつ有効な基本姿勢である。しかし，例示したような一見受け入れ難い，不可解なクライエントの要求に向き合う時，それだけでは割り切れない葛藤が残ることもある。これは難しい問題だが，最後に触れておきたい。

本節の前半で，「自由」対「平等」のジレンマを「共生」という角度から広くとらえ直す例を挙げた。これにならえば，ソーシャルワーカーは，板ばさみの苦しさをクライエントとともにしながら，それを統合するその人自身の答え＝価値を創造する道のりと信じて寄り添っていく，こんな支援のあり方にも言及しておきたい。この際，対立する価値の綱引きのような決着を焦らずに，創造的な答えの出現をじっくり模索することも，一つの高度な専門性ではないだろうか。ソーシャルワークは客観性を重視した科学の側面も重要だが，「アート」という創造的な側面も大切だといわれる意味が，そこにあるといえる。

倫理を学ぶ意味について

答えが決まっていないのであれば，倫理綱領など役に立つのか，という疑問が生じるかもしれない。たしかに倫理綱領を熟読しても，目の前の難題を一挙に解決する妙案などは書かれていないだろう。では，倫理綱領が細かいマニュアルのように書かれていたら，本当に役に立つだろうか。もしも私たちが「工業製品」を作るのならば，マニュアルは品質管理上必要であり，ミスのない規格通りの手順が求められる場合に有効である。しかし，ソーシャルワークは人が生きることにかかわる仕事であり，与えられた答えではなく，自分

で答えを創りだすという「手作り」の過程を大切にしている。答えを直接教えてくれないのは，突き放されたように思える時もあるが，それは倫理綱領が示しているのが制度や法律のもっと根底に存在する価値だからである。

　その意味で，倫理綱領は多様な価値の海を航海する際の，灯台のようなものだといえる。価値というものが客観的に証明できないからこそ，自分の位置を確かめるための大きな目印が必要なのである。倫理綱領が示す価値が，たとえ「尊厳」や「社会正義」といった抽象的なものであっても，そこにどっしりと定位している安心感が大事なのである。そのようなよりどころがあるからこそ，葛藤から答えを創造するという困難な過程を支えることができるといえるだろう。

　さて，本章の冒頭で設定しておいた，「倫理とは堅苦しい理想の押しつけなのか」という問いに答えて本章の結びとしたい。福祉哲学の研究者である**阿部志郎**は，「哲学は，答えそのものによってよりも，むしろ問いによって性格づけられる。」(2)と述べた。この言葉の「哲学」を，そのまま「倫理」に置き換えれば，それが本章で言いたい核心である。

◆3　アルコール依存症
長期間にわたる飲酒によって，アルコールに対する身体的および精神的な依存が形成され，飲酒への欲求を自制できない状態。飲酒によって家庭の崩壊や社会生活の破綻が生じ，さらにその苦痛から逃れるために飲酒を重ねるなどの自己破壊的な行動につながっていく。なお，日本精神神経学会は2014年に「アルコール使用障害」への名称変更を提案した。

◆4　退院支援
おもに精神科病院において，症状が落ち着いており入院治療の必要がない状態にもかかわらず，地域生活を支える環境の不十分さ等から長期入院せざるを得ない患者の退院を促進する支援であり，様々な社会福祉関連の事業が展開されている。社会資源等の環境の調整と，心理的側面への支援が重要となる。

◆5　母子生活支援施設
配偶者のない女子又はこれに準ずる事情にある女子及びその者の監護すべき児童を入所させて，それらの者を監護するとともに，自立の促進のためにその生活を支援し，あわせて退所した者について相談その他の援助を行うことを目的とする施設（児童福祉法第38条）。

注
(1) 恩田彰・伊藤隆二編（1999）『臨床心理学辞典』八千代出版，86-87頁を参照。
(2) 阿部志郎（2008）『福祉の哲学　改訂版』誠信書房，9頁。

参考文献
Biestek, F. P.（1957）*The Casework Relationship*, Loyola University Press（＝2003，尾崎新・福田俊子・原田和幸訳『ケースワークの原則——援助関係を形成する技法』誠信書房）
日本社会福祉士会編（2009）『新社会福祉援助の共通基盤　第2版』中央法規出版

社団法人日本社会福祉士会編『改訂　社会福祉士の倫理　倫理綱領実践ガイドブック』中央法規出版，2009年
本章で紹介した専門職団体である日本社会福祉士会による，倫理綱領の解説本である。同会が定める社会福祉士の倫理綱領には，独自の内容として「社会福祉士の行動規範」が追加されているが，その行動規範について一つひとつの項目にわかりやすい解説があり，倫理綱領の内容を具体的に理解するために役立つ内容となっている。コラムや用語解説のコーナーなども充実しており，初学者にも学びやすい構成だといえる。

星野晴彦・澁谷昌史編『Ｑ＆Ａでわかるソーシャルワーク実践　ジレンマを克服し，困難を乗り越える考え方，関わり方』明石書店，2012年
倫理的ジレンマについて，本書はＱ＆Ａ形式で構成されているため，具体的にイメージしやすい。文章は平易ながらも，問いの内容自体は本章でも取り上げた自己決定の尊重に関するジレンマなど，根源的で深いテーマである。初学者がいきなり実践上のジレンマにばかり目を向けると，学習における基本と応用が混乱するおそれもあるが，専門職として不可避のテーマについて，まず知ることから始めるには適した文献だといえる。

問：あなた自身が普段の生活で経験した，価値のジレンマの具体例をあげなさい。

ヒント：どんな価値の「板ばさみ」だったのか，整理してみよう。

第 II 部

ソーシャルワークを行う

第6章

ソーシャルワークの方法と技術

本章で学ぶこと
- 色々な分野で行われるソーシャルワークの共通要素について学ぶ。（第1節）
- ケースワークやグループワークについて学ぶ。（第2節）
- コミュニティワークについて学ぶ。（第3節）
- 社会環境への働きかけやスーパービジョンについて学ぶ。（第4節）
- ソーシャルワークが展開される過程について学ぶ。（第5節）

第1節 ソーシャルワークの共通基盤

この節のテーマ
- 「状況の中にいる人」という人間観を学ぼう。
- 人と社会環境との関係の調整について学ぼう
- ソーシャルワークを構成する要素について学ぼう。

状況の中にいる人

　ソーシャルワーカーは，医師や看護師，保健師，また教師やカウンセラーなどと並んで，対人援助専門職の一つである。それでは，他の専門職とは異なるソーシャルワークの特徴とは何であろうか。たとえば，医療分野で行われるソーシャルワークで考えてみよう。もしも，あなたや家族が何らかの病気をかかえて，入院による治療が必要になったときを考えてほしい。その病気が治るかどうかということはもちろんのことであるが，病気の状態や必要な治療，入院期間の長さなどにともない，あなたの日常生活に様々な影響を及ぼすことになる。治療や入院にかかる費用のこと，入院期間中の仕事や学校のこと，家族のことやその他，これからの生活について色々なことを考える必要が生じる。このような，自分あるいは家族の病気にともなって生じる社会生活上の問題や困難に対応するのが，医療ソーシャルワーカーの役割である。

　人は誰もが，家族の一員として，学校の生徒として，会社の社員として，友人や仲間の一人としてなど，様々な顔をもって日々を過ごしている。これが生活するということである。ソーシャルワークはこのような「生活者」としての人々が直面する，社会生活上に生じる様々な問題に対処していく。そこでは，生活問題や困難状況を抱える人を「**状況の中にいる人**[1]（person in the situation）」という視点をもって，その人がおかれている状況やその人を取り巻く社会環境にも目を向け，安定した生活のために，状況の改善や環境づくりに向けた働きかけを行う。このように，人と環境さらに両者の関係（相互作用）への視点から，生活支援の活動を展開するところにソーシャルワークの特徴がある。

人と社会環境との関係を調整する

　上で述べたように，私たちの日々の生活は，家族や同じ地域に住む人，学校の友人や先生，職場の同僚，仕事上の関係者などの様々な場所や他者，すなわち社会環境とのつながりのなかで営まれる。それゆえソーシャルワークでは，社会生活上に生じる問題や困難に対して，それらが人と社会環境との関係や相互作用のあり方によって生じるものととらえる。

　たとえば，不登校については学校や先生または友人との関係により生じるものとして，**失業**[2]や貧困についてはその職場との関係や景気などの社会状況との関係により生じるものとして，障害があることによる様々な生活困難については周囲

の人々の障害への理解や意識との関係により生じるものとして，介護や子育てをめぐる問題については家族関係や夫婦関係，親戚との関係のあり方により，また相談できる人や場所あるいは利用できるサービスなどとの関係がもてずに生じるものとしてとらえるのである。

そして，たとえば介護が必要な高齢者の生活を支えるためには，家族や親戚，関係者との相互の関係の調整，地域の人々との交流の場や機会の提供，様々な在宅福祉サービスやボランティアなどとの仲介等，様々な社会資源の活用や社会環境への働きかけを行うのである。ソーシャルワークは，病気や障害など様々な事情で，他者とのつながりを失いつつある人々にかかわることで，その人が社会的存在であり生活者であることを支える。それは，「生命」「生活」「人生」の全体としての人間の「ライフ（Life）」を現実的・社会的に支える活動である。

ソーシャルワークを構成する要素

ソーシャルワークの実践は，何らかの社会生活上の困難をかかえる人々にかかわり，必要な制度やサービスの利用に結びつけたり，さらには家族や集団，地域などその人を取り巻く環境にも働きかけながら，その安定した生活の維持や回復を支援する**社会福祉援助活動**である。

ソーシャルワーク実践の形態は，個人や家族にかかわることもあれば，集団あるいは地域に働きかけることもあるなど多様である。また今日では，児童福祉や高齢者福祉，障害者福祉や低所得者福

必ず覚える用語

- [ ] 状況の中にいる人
- [ ] 地域を基盤としたソーシャルワーク
- [ ] ソーシャルワークの構成要素
- [ ] バートレット，H. M.

◆1 状況の中にいる人（person in the situation）
ソーシャルワークにおける人間観を表すものとして重要な概念。「環境の中にいる人」といわれることもある。生活上の困難をかかえる人々にかかわり，その生活を支援するソーシャルワークは，人と環境とを切り離すことなく，両者の相互作用のあり方に焦点をあてる。あくまでも，利用者を取り巻く状況や環境との関連で，その利用者をとらえるというものであり，すなわちそれは，利用者を「生活者」としてとらえる視点である。

◆2 失業
一般には，働く能力と意欲とをもちながら職に就けない状態をいう。失業の原因については大きく自発的失業と非自発的失業の2つに分けられる。自発的失業は，雇用者側との条件が合わないなどにより，労働者自らの意思で失業しているあるいは次の職を求めて失業している状態をいう。非自発的失業は，事業不振や解雇など，労働者自らの意思とは関係なく雇用者側の都合等で職を失い，職探しを余儀なくされている状態をいう。

◆3 労働分野でのソーシャルワーク
失業者のなかには，障害やその他何らかの生活上の困難をかかえている人々もいる。そのような人々へは，単なる就職先とのマッチングだけではなく，個別の状況に応じた就労支援が必要になる。このような労働分野で実践されるソーシャルワークは，単に本人の就労意欲の有無だけを問題にはしない。その人の就労を難しくしている環境や状況を見極め，それらの改善のための働きかけなどを通して，就労や生活の安定につなげる実践を行う。

第6章
ソーシャルワークの方法と技術
第1節 ソーシャルワークの共通基盤

祉などの社会福祉の諸分野にとどまらず，医療や司法，教育，労働などの様々な分野でソーシャルワーク（**労働分野でのソーシャルワーク**◆3）が行われている。さらに，実践される現場も，入所施設や通所施設，公的なあるいは民間の相談機関や団体，そして学校や病院などと様々であり，**地域を基盤としたソーシャルワーク**◆4の実践も行われている。

しかし，その対象や実践の形態あるいは実践の場所が多様であっても，ソーシャルワークの実践として共通する基盤があるとし，それを**ソーシャルワークの構成要素**として示したのが**バートレット**◆5（Bartlett, H. M.）である。

価値・知識・方法と技術

バートレットはソーシャルワークを構成する要素として，以下の3つを挙げた。

① 個人の尊厳や人権の尊重など，人々にかかわるときの援助者の態度の基本となる価値の体系

② 問題を抱える人々やその問題に対する理解から実際に援助を展開するにあたって必要となる幅広い知識の体系

③ そして価値と知識に基づいて駆使される個人や集団，あるいは地域に直接的・間接的にかかわる多様な調整活動（援助活動）とその方法や技術

ソーシャルワークが成り立つためには，この3つの要素のどれもが欠かせない。たとえ多くの知識をもっていたとしても，それを必要に応じて活用できなければ実際に人を援助することはできない。また，たとえ優れた援助方法や技術を身につけていたとしても，相手の人権を尊重して尊厳を守る姿勢がなければ，誤った方法や技術の使い方をしてしまい，対人援助という名の暴力や支配になりかねない。

そして，個人と社会環境との関係に介入し，その関係を調整あるいは改善することにより，人間の社会生活を支援するというソーシャルワークの目的のためには，個人だけでなく地域社会や組織などの個人を取り巻く環境へと働きかける技術も必要になる。ソーシャルワークを構成するこれら3つの要素は，ソーシャルワーカーが専門職である限り，常にその習得や向上，研鑽に努めていかねばならないものである。

Close up

ソーシャルワーク実践の共通基盤

バートレットは、ソーシャルワーク実践に共通する基盤を、以下の図によって表した。ソーシャルワークが、人間の社会生活への視点と状況のなかにいる人という人間観を軸にして、価値と知識とそれに基づく様々な介入方法の3つの要素から成り立つものであることが示されている。

```
       ソーシャルワークの中心となる
         「社会生活」への焦点
       生活状況に対処している人々
          社会環境からの求めと
          それに対する人々の対処の
            努力との間のバランス
                  ↓
          ソーシャルワークの志向
       主要な関心の対象は状況のなかにいる人々
                  ↓
       ┌──────────────┴──────────────┐
     価値の総体                    知識の総体
   人々への態度を導く ──────── 対象への理解の仕方を導く
                  ↓
         様々な働きかけや介入の方法
       個人、集団、社会的な組織に
       対して、ソーシャルワーカー
       が直接的に働きかけること も
       あれば、また他の専門職との
       チームなどで協働して働きか
       けることもある
```

出所：Bartrett, H. M. (1970) *The Common Base of Social Work Practice*, NASW, 131.
（日本語としてわかりやすくするために訳語を一部加筆した）

◆4　地域を基盤としたソーシャルワーク

人々の生活の場としての地域を重視しながら、その地域で暮らす住民への生活支援を行うソーシャルワークのあり方。何らかの生活困難をかかえる人々を地域で支えるために、地域の関係機関や地域住民のつながりやネットワークをつくる。またそのようなつながりやネットワークによって地域で暮らす人々が支えられる。そのような人々への生活支援と、地域の福祉力の向上との双方を視野に入れたソーシャルワークの方法と実践である。

◆5　バートレット（Bartlett, H. M.：1897-1987）

アメリカにおけるソーシャルワークの実践者・研究者として活躍した女性であり、医療ソーシャルワーカーとしての実践経験をもつ。様々な分野でのソーシャルワーク実践に共通する要素としての、価値と知識に基づく多様な援助形態や技術からなる共通基盤を明らかにした。1970年に出版した『ソーシャルワーク実践の共通基盤』（*Common Base of Social Work Practice*）が有名。

Check

次の文の正誤を答えなさい。

バートレット（Bartlett, H. M.）は、調整活動のレパートリーに応じて価値や知識が異なることから、方法が価値や知識より優位にあると述べている。

（答）×：知識や価値に基づく方法や実践であることを述べている。
（第23回社会福祉士国家試験問題88より）

第2節 個人や集団にかかわるソーシャルワーク

この節のテーマ
- ソーシャルワークの多様な形態や技術について学ぼう。
- ソーシャル・ケースワークについて学ぼう。
- ソーシャル・グループワークについて学ぼう。

ソーシャルワークの多様な形態と技術

人々がかかえている個別的な生活問題を理解し、個々の状況や場面に最もふさわしい援助のあり方によってソーシャルワークの実践が展開される。その実践には、ソーシャルワーカーが個人や家族に直接的にかかわるものもあれば、一定の集団や地域全体を対象とするものもある。ケースワークや**家族ソーシャルワーク**◆1、グループワークやコミュニティワークと呼ばれるものである。

それ以外にも、利用者のニーズを理解するための調査の実施や地域福祉の増進のための福祉計画の策定、サービスの充実や質の向上あるいは制度の改善に向けて働きかけを行う**ソーシャルアクション**、援助者を対象としてその技能の向上を目的にする**スーパービジョン**といわれる技術もある。これらはソーシャルワーカーが利用者に直接的にかかわるものではないが、結果的に人々の生活環境の改善やよりよい生活支援の実践につながるものとして重要である。

個人に対するソーシャルワーク

個人に対するソーシャルワークは、伝統的に**ソーシャル・ケースワーク**（Social Casework）と呼ばれているものである。何らかの生活上の困難をかかえる個人に対して、ソーシャルワーカーが直接的にかかわりながら行われる生活支援である。それは生活上の困難に直面している個人が、ソーシャルワーカーによる支援と様々な社会福祉サービスなどの社会資源を活用して、生活問題の解決や困難状況の改善に向けて取り組み、主体的な生活の実現と安定を図っていけるように支援する実践とその技術である。

ケースワークの母と呼ばれる**リッチモンド**◆2（Richmond, M.）は、「ソーシャル・ケースワークとは人間とその社会環境とのあいだを、個々に応じて意識的に調整することにより、パーソナリティの発達をはかるさまざまな過程からなるものである」(1)と定義した。人は様々な他者や場所、すなわち社会環境とのつながりのなかで様々な行動を行い、日々の生活を営んでいる。たとえば、私たちが学校に通う、仕事に行くという毎日の行動も、学校や職場という場所、そして先生や友人、同僚などの人とのつながりの上に成り立っている。また友人と遊ぶ、買い物に行く、地域の行事に参加するなどの行動も同様である。

このことは、私たちが自分を取り巻く他者や場所との関係のなかで、その時その時の行動への意欲、また生活への意欲や生きがいを見いだしながら、また見いだそうとしながら日常を過ごしてい

ることを意味している。人々の生活意欲や生きがいを支えることもソーシャルワークが担う重要な役割である。

生活の「主体」であることを支える

　個人に対するソーシャルワークに求められるのは、何らかの生活の困難をかかえる個人が、生活への意欲を回復し、自らの生活の「主体」としての存在が可能になるような他者や場所、すなわち社会環境との関係をソーシャルワーカーがつないでいくことである。

　そのような他者や場所となるものには、家族や友人、学校や職場や病院といった身近な人や施設・機関はもちろんのこと、それ以外にも、様々な社会保障制度や社会福祉関係のサービス、社会福祉や医療・保健、司法や教育などあらゆる分野の専門職、また地域の組織や団体、地域住民などが挙げられる。これらを総称して社会資源と呼ぶが、ソーシャルワークはこのような社会資源を活用することで、困難状況を生み出す個人の生活環境を改善し、その主体的な生活の維持や回復を支えるかかわりや働きかけを行う。

　リッチモンドがケースワークを体系化したのは、今から約100年前であるが、その「人間とその社会環境との間の個別的で意識的な調整」という考え方は、現在のソーシャルワークにも受け継がれている。

必ず覚える用語

- ☐ 家族ソーシャルワーク
- ☐ ソーシャルアクション
- ☐ スーパービジョン
- ☐ ソーシャル・ケースワーク
- ☐ リッチモンド, M.
- ☐ ソーシャル・グループワーク
- ☐ グループダイナミクス
- ☐ 発達障害
- ☐ ひきこもり
- ☐ 相互援助関係

◆1　**家族ソーシャルワーク（family social work）**
個人がかかえる生活困難について、それを家族全体のなかでとらえ、家族関係のあり方、すなわち家族メンバー間の相互作用に介入することで、困難状況の改善を図ろうとするソーシャルワークのあり方。家族内に複数の生活問題をかかえる多問題家族や支援を求めようとしない家族へのかかわりから発展してきた。たとえば、家庭内暴力や家庭における児童虐待、高齢者虐待への対応に家族ソーシャルワークの視点からの援助が求められる。

◆2　**リッチモンド（Richmond, M.：1861-1928）**
アメリカにおける貧困家庭支援の訪問活動（友愛訪問）を行う慈善組織協会に所属し、自らの友愛訪問員としての活動からケースワークを体系化した。それまでのボランティアによる実践を、一定の理論や技術などの専門性に基づくものとした功績は大きい。著書としては、1917年の『社会診断』や1922年の『ソーシャル・ケースワークとは何か』が有名である。

第 6 章
ソーシャルワークの方法と技術
第2節　個人や集団にかかわるソーシャルワーク

グループを対象とする
ソーシャルワーク

　グループ（小集団）を対象とするソーシャルワークは，伝統的に**ソーシャル・グループワーク**（Social Groupwork）と呼ばれる。グループでの取り組みを通して，そのグループに所属するメンバーそれぞれの生活を支援するソーシャルワークである。グループワークは，グループ内に生じるメンバー間の相互関係とそれにともなう様々な事象（**グループダイナミクス**◆3）を援助者が意図的に活用することによって，個々のメンバーの成長やそれぞれがかかえる問題状況の改善を促しつつ，安定した生活の維持や回復を支える。

　今日では，地域における一人暮らしの高齢者の集いや認知症の家族を介護する家族の集い，**発達障害**◆4をかかえる人々や**ひきこもり**◆5経験者の若者の集いなど，当事者同士が交流を深め，情報交換や相互に支え合う機会や場づくりとして，グループワークの取り組みが行われている。同じような状況にあったり，共通の趣味や関心など，何らかの共通点をもったメンバーが集い，相互の関係づくりを通じて，そのグループはメンバーにとって社会的な「居場所」となる。そのなかで，メンバーそれぞれがお互いに支え合い，それぞれに主体的な生活を獲得していく過程を支援するのがグループを対象とするソーシャルワークの目的である。

メンバーを支える相互援助関係

　このようなグループを活用したソーシャルワークの特徴は，生活上の困難をかかえている人とソーシャルワーカーとの1対1の関係による支援では決して体験できないメンバー同士の相互支援があることと，それをメンバー個々人の成長や問題解決につなげていくことである。

　その意味で，グループのなかでメンバーが互いに自分自身を他のメンバーに表現でき，互いに刺激や影響を与え合う場や機会としてのグループ形成や，グループとしての成長を促すことが重要である。グループへの援助の際にソーシャルワーカーに求められることは，個々のメンバー間の関係やその時々のグループ全体の状況を把握しながら，その状況に応じて，働きかけや介入の仕方を工夫していく技術や能力である。グループの主体はあくまでもグループメンバーである。援助者には，メンバー間の**相互援助関係**を促し，一人ひとりがそのグループのなかでの自分の存在意義を見いだし，自己を表現し，主体的な参加を可能にしていくことが求められる。

◆3　グループダイナミクス（group dynamics）
個人と集団（グループ）との関係や集団内に生じる様々な事象について研究する学問。「集団力学」と訳されることが多い。集団内の個々人の関係や，それにともなう集団の発展，また集団が個人に与える影響などについて明らかにしている。グループワークの発展に大きな影響を与えた。

◆4　発達障害
2004（平成16）年に成立した発達障害者支援法によれば，発達障害とは「自閉症，アスペルガー症候群その他の広汎性発達障害，学習障害，注意欠陥多動性障害その他これに類する脳機能の障害であってその症状が通常低年齢において発現するものとして政令で定めるもの」（第2条第1項）とされている。都道府県や指定都市などが運営する発達障害者支援センターでは，発達障害に関する医学的な診断や相談支援，就労支援などが行われている。

◆5　ひきこもり
厚生労働省によれば，「仕事や学校に行かず，かつ家族以外の人との交流をほとんどせずに，6か月以上続けて自宅にひきこもっている状態」と定義されている。その理由としては何らかの病気や障害が認められる場合，学校や職場の人間関係のトラブルがきっかけとなる場合など様々である。社会とのつながりの回復のために，当事者や経験者が集う居場所づくりの取り組みや就労支援などが行われている。

◆6　相互援助関係
グループワークにおいて，同じような状況にあるメンバー同士が，互いに援助し，支え合う関係。メンバー間の相互援助関係の構築は，集団形成過程において重要な意味をもち，グループワークの実践に大きな効果をもたらすことになる。

注　(1)　リッチモンド，M. E.／杉本一義訳（2007）『人間の発見と形成――人生福祉学の萌芽』出版館ブック・クラブ，103頁．

Check

次の文の正誤を答えなさい。

　リッチモンド（Richmond, M. E.）の提案に基づいて，ニューヨークで6週間に及ぶ博愛事業に関する講習会が初めて開催され，専門教育へと発展していった。

（答）○
（第22回社会福祉士国家試験問題86より）

第6章　ソーシャルワークの方法と技術　115

第3節 地域を対象とするソーシャルワーク

この節のテーマ
- コミュニティワークについて学ぼう。
- 地域の社会資源の開発や活用について学ぼう。
- 社会的孤立を予防するための取り組みについて学ぼう。

地域を支えるソーシャルワーク

　私たちは，地域の保育所や学校に通い，地域の駅から仕事に通い，地域の商店街やショッピングセンターで買い物をし，地域の病院に通院し，時には地域の行事やイベントに参加するなど，地域のなかで地域の一員として日々の生活を営んでいる。地域を支えるソーシャルワークは，伝統的に**コミュニティワーク**◆1と呼ばれるものであり，私たちの生活基盤としての地域全体を支える社会福祉の実践である。それは，地域における社会福祉の増進，すなわち住民にとって住みよい地域づくりを目指すものである。

　たとえば，介護や子育てをめぐる地域住民の生活上の困りごとへの対応，防犯や交通安全のための取り組みや放置自転車の問題への対策，駅などの公共施設にエレベーターを設置するなどの**バリアフリー**の推進の方策など，地域には様々な問題や課題が発生し存在する。そのような地域で起こる問題や課題への対応には，役所などの行政機関や社会福祉協議会，また地域包括支援センターなどの地域の社会福祉施設や機関の連携と協働が求められる。

　そして地域を支えるソーシャルワークには，何より地域の主体である地域住民の参加と協力を促すことが重要である。「まちづくりは人づくり」といわれるように，地域で暮らす人々が自分たちの地域を自分たちでよくしていくという意識をもって，積極的に問題や課題に向けた取り組みに参加できるような工夫や働きかけがなければならない。

地域の社会資源を開発する

　地域を支えるソーシャルワークでは，子育てや介護を支える社会福祉サービスの充実，また一人暮らし高齢者への見守りや子どもを交通事故や犯罪から守るためのボランティア活動の推進など，地域の社会資源の充実や開発に向けた実践も求められる。

　たとえば介護や子育ての問題をかかえて生活困難な状況にある人々への支援を考えたときに，気軽に相談できる場所や利用できるサービスが知られていなかったり，利用しづらかったりする場合がある。その際には，相談できる場所や利用できる社会福祉サービスをわかりやすく紹介したり，サービスや制度を利用しやすくするような工夫をしたり，子どもや高齢者を支えるボランティア活動を推進することなども，社会資源の充実や開発のための働きかけである。

　今日では，介護保険法や障害者総合支援法（障

害者の日常生活及び社会生活を総合的に支援するための法律）により，様々な介護サービスや生活支援のサービスが，利用者に身近な地域で提供されるようになっている。しかし，それらのサービスは必要な人に，それぞれの生活状況に応じた適切なかたちで利用されなければ意味がない。当事者にとって利用しやすいものになっているのか，利用者やその家族の生活を支えるような形で提供されているのかなど，サービスの状況を把握し，必要であれば改善に向けた働きかけを行っていくことも重要である。

そして，地域には様々な組織や団体，施設や機関がある。町内会などの**自治会**◆2や**民生委員・児童委員**の活動をしている人々，警察や消防，ボランティア団体，介護サービス事業所，福祉関係施設や機関などである。このような地域の関係機関や関係者が相互に連携するネットワークづくりも，社会資源の開発や充実のために地域を支えるソーシャルワークが担う役割なのである。

深刻化する社会的孤立の問題

今日の日本では，都市化や核家族化，また流動的な生活形態により，伝統的な血縁や地縁による「つながり」の希薄化が指摘されている。そのなかで，従来，家族や地域が担ってきた相互の支え合いが脆弱になったといわれる。「**無縁社会**◆3」といわれるこのような社会状況のなかで，地域における社会的孤立の問題が様々な生活問題の背景にある。

たとえば，子育てや親の介護などで困ってい

必ず覚える用語
□ コミュニティワーク
□ バリアフリー
□ 自治会
□ 民生委員
□ 児童委員
□ 無縁社会
□ 居場所
□ ホームレス
□ 自立
□ セーフティネット

◆1 コミュニティワーク
ケースワーク，グループワークと並ぶソーシャルワークの伝統的な実践とその方法。「地域援助技術」と訳されてきた。地域社会で生じる様々な生活問題に対して，その地域の住民が主体的にその問題の解決に取り組むことができるように，住民の組織化やネットワーク化を図る。たとえば社会福祉協議会の職員など，このような実践を担うソーシャルワーカーをコミュニティワーカーということもある。

◆2 自治会
町内会といわれることも多い。一定の地域（町内）に住む人々によって組織され，住みよいまちづくりを目指して，互いに連帯しながら，その地域内に生ずる様々な共通の課題を解決する住民による自主的な組織のこと。活動内容は多岐にわたり，自治体によっても異なるが，たとえば体育祭や夏祭り，防災や防犯，交通安全に関する活動，地域や道路の清掃の活動などを行っている。

第6章
ソーシャルワークの方法と技術
第3節 地域を対象とするソーシャルワーク

も，相談相手や頼れる人が近くにいない場合，誰にも助けを求めることなく，一人あるいは家族だけでかかえ込む状況に陥る。このような孤立無援の子育てや介護が，子どもや高齢者への虐待の要因の一つとして考えられる。また，一人暮らし高齢者が日常的に出かける場所や親しい友人もなければ，団地やアパートの部屋のなかで，ひっそりと孤立死を待つかのような生活をすることになる。**社会的孤立**の問題への対応は，地域を対象とするソーシャルワークの重要な課題である。

孤立予防のための居場所づくり

社会的孤立を予防するために，地域では様々な実践が行われている。たとえば民生委員や自治会役員による見守りや訪問の活動，育児をする母親が集う子育てサロン，地域の高齢者や介護者が集うふれあいサロンの活動などである。これらは地域における「**つながりづくり**」や「**居場所づくり**」の活動である。人とのつながりと社会的な居場所があることで，地域で孤立することなく，安心できる暮らしや生活への意欲が支えられる。

このことは**ホームレス**[4]などの経済的に困窮した人々に対しても同様である。それが単に失業等による経済的貧困に限らず，相互に助け合える人とのつながりを喪失した状態でもあるために，そのようなつながりを回復させる居場所づくりの取り組みが求められる。「**自立**」とは，あくまでも他者との「つながり」の上で成り立つという考え方が重要である。

地域を，そこで暮らす人々が生きて生活する場として機能させていくためには，人と人とのつながりと互いに助け合う関係，そしてそのような関係が体験できる「居場所」が，様々な形で地域に存在し，住民に開かれていることが必要なのである。

つながりを取り戻すソーシャルワーク

このように社会的孤立は，自らを支える人や場所との「つながり」や「居場所」の喪失を意味するとともに，この状況が今日の様々な生活問題の背景にあるととらえることができる。それは，家族や地域の人間関係が必ずしも生活のよりどころとなっていないこと，すなわち何らかの生活問題に直面したときの**セーフティネット**の機能を果たしていないということである。

このような状況のなかで，改めて家族や近隣，地域の「つながり」について考え，つながりを失ったあるいは失いつつある人々を，再び地域につないでいくような仕掛けや実践が必要である。住民同士のつながりを築くとともに，地域住民のための居場所をつくるソーシャルワークの実践が期待されている。

間違いやすい用語

「バリアフリー」と「ユニバーサルデザイン」

障害者や高齢者などが，社会生活を営むために障害となる物理的・環境的・意識的な障壁（バリア）を取り除くことをバリアフリーという。近年，建物構造や交通機関，道路などのハード面での整備や改善と，人々の意識や偏見などのソフトの側面の整備や改善との，それぞれの側面からのバリアフリーの推進が進められている。一方ユニバーサルデザインとは，障害者や高齢者に限らず，最初から全ての人に使いやすい設計を目的とした考え方や設計のあり方をいう。今日では，まちづくりや商品開発など様々な分野でユニバーサルデザインの考え方が浸透している。

◆3 無縁社会

家族や親戚，地域などにおける人間関係の希薄化などを背景に，単身世帯で孤立して生きる人々が増えている社会。このような社会状況を，2010（平成22）年にNHKが「無縁社会」と名付けて番組で取り上げたことから注目された。背景には社会・経済状況の変化にともなう雇用形態や住宅構造などの生活状況の変化，未婚や非婚率の上昇，個人情報やプライバシー保護に関する意識の高まりなどが指摘されている。

◆4 ホームレス

日本では，野宿者（路上生活者）とほぼ同じ意味で用いられることが多いが，広義には定住できる住居を持たない人々をも含む概念である。2002（平成14）年に成立した「ホームレスの自立の支援等に関する特別措置法」によれば，「都市公園，河川，道路，駅舎その他の施設を故なく起居の場所とし，日常生活を営んでいる者」（第2条）と定義されている。住居の確保や就労に関する相談支援など，その自立に向けた支援体制の充実が求められている。

Check

次の文の正誤を答えなさい。

2007（平成19）年の厚生労働省の通知によれば，社会福祉士の役割として，地域の福祉ニーズを的確に把握して，必要なサービスが不足している場合にはそれらを創出していくことが示されている。

（答）○
（第24回社会福祉士国家試験問題87より）

第4節 社会環境への働きかけとその他の関連技術

この節のテーマ
- ソーシャルアクションについて学ぼう。
- 社会福祉調査や社会福祉計画などについて学ぼう。
- ケアマネジメントなどの関連技術について学ぼう。

社会環境の整備や改善に向けて

　地域を対象とするソーシャルワークのほかにも，個人を取り巻く社会環境へのかかわりや働きかけを行う様々な方法や技術がある。これらは，地域の人々が抱える困難状況の把握や福祉サービスの整備・充実に向けた活動や計画策定などにより，地域での生活を支えていくためのものである。

　社会活動法（**ソーシャルアクション**：social action）とは，「アクション」の名がつくとおり，社会に対する何らかの働きかけや発信を行うものである。たとえば当事者や地域のニーズに即した社会福祉施策やサービス内容の改善，あるいは新たなサービスの整備を行政機関等へ要求する。具体的には当事者団体や住民，あるいは社会福祉関係者などの組織化を図り，集会活動や署名活動，あるいは請願や陳情などを行う。それにより行政機関や議会などに働きかけて，政策的な対応を促す活動を展開する。

　また社会福祉調査法（**ソーシャルワークリサーチ**：social work research）とは，名前のとおり社会福祉に関する実態や**ニーズ**の把握を目的とした調査の方法である。たとえば人口の高齢化に対応して地域の福祉サービスを整備するためには，どのような福祉サービスがどれくらい必要かを見極めるための調査が必要である。その他にも，調査の実施によって，当事者がかかえる問題の実情や地域住民の福祉ニーズの把握，また提供されている**社会福祉サービスの質**の評価を行うこともある。いずれの調査も，福祉サービスの充実や質の向上，そして地域福祉の推進に寄与するものでなければならない。

計画的・効果的なサービスの整備や提供のために

　さらに，そのような調査から把握された当事者や住民の福祉ニーズの充足のためには，サービスなどの整備目標の設定とそのための具体的な方策が示されなければならない。その計画づくりの方法として，**社会福祉計画法（ソーシャル・ウェルフェアプランニング**：social welfare planning）がある。住民にとって住みよい地域にしていくために，計画作成の過程に当事者や住民の参加を促し，地域の実情や住民の生活実態に応じた地域福祉を計画的に推進するためのものである。

　また，様々な社会福祉施設や機関が，利用者へのよりよいサービスを提供するという社会的責任を果たすためには，たとえば施設の設備や人員体制，サービス内容や援助内容などの適切な管理・運営，さらに職員間の連携や研修などによる

サービスの質や職員の専門性の向上などに向けた取り組みが大切である。このようなことを目的とする**社会福祉運営管理**（ソーシャル・ウェルフェアアドミニストレーション：social welfare administration）の技術もある。

ケアマネジメントとネットワーキング

その他にも，ソーシャルワークに関連する技術がある。

ケアマネジメント（care management）は，**介護保険制度**に基づく要介護高齢者の在宅生活支援のためのサービスに位置づけられたが，今日では，**障害者総合支援法**◆3のもとで，相談支援事業が担う機能としてのケアマネジメントのしくみも制度化されている。近年の地域福祉推進の流れのなかで，人々の生活支援のために多くのサービスを効果的に提供する技術として注目されてきた。ケアマネジメントは個人や家族の個別のニーズを把握し，そのニーズに対応する様々な介護サービス等のフォーマルな社会資源，あるいは近隣住民やボランティアによる支援などのインフォーマルな社会資源の活用につなぐことで，地域での生活を支えようとするものである。

また**ネットワーキング**（networking）とは，様々な福祉サービスとともに，家族や近隣の人々，ボランティア活動なども加えて，地域における生活支援のネットワークを形成しようとするもので，「**ソーシャルサポートネットワーク**」（social support networks）ともいわれる。生活上の困難をかかえながらも必要なサービスや支援を利用

必ず覚える用語

- [ ] ソーシャルアクション（社会活動法）
- [ ] ソーシャルワークリサーチ（社会福祉調査法）
- [ ] ソーシャル・ウェルフェアプランニング（社会福祉計画法）
- [ ] ソーシャル・ウェルフェアアドミニストレーション（社会福祉運営管理）

◆1　ニーズ
必要，欲求，要求などと訳され，何らかの充足が必要な状態をいう。社会福祉においては福祉ニーズや生活ニーズといわれることが多い。人々が日常生活を営むために必要な資源（人，お金，手段，サービスなど）を持っていない状態に対して，ニーズをもつとみなす。ソーシャルワークにおいては，利用者のニーズの把握が重要な位置を占める。

◆2　社会福祉サービスの質
社会福祉サービスは，そのサービスが利用者の必要に応じて，利用者の状況に対して，適切な形で提供されているかどうかを，利用者の立場から評価することが求められる。社会福祉法の第78条には，常に利用者の立場に立った良質かつ適切な福祉サービスを提供する経営者の努力義務と，福祉サービスの質の公正かつ適切な評価の実施に資するための措置を講ずる国の努力義務について規定されている。

◆3　障害者総合支援法
正式名称を「障害者の日常生活及び社会生活を総合的に支援するための法律」という。2013（平成25）年4月に施行された「地域社会における共生の実現に向けて新たな障害保健福祉施策を講ずるための関係法律の整備に関する法律」に基づいて，従来の「障害者自立支援法」が改正・改称された。障害者の定義に新たに政令で定める難病等の追加，重度訪問介護の対象者の拡大，ケアホームのグループホームへの一元化などが規定された。

第6章
ソーシャルワークの方法と技術
第4節　社会環境への働きかけとその他の関連技術

していない人々や，独居の高齢者などの地域で孤立しがちな人々を中心とした生活支援のネットワークを形成して，地域で安心して暮らせるための見守りや支援体制づくりを行う活動である。

カウンセリングとソーシャルワーク

カウンセリング（counseling）とは，カウンセラーとの面接を中心として，おもに心理的な問題を中心に扱いながら援助を行うものである。ソーシャルワークのなかでも，とくにケースワークなどの個人の面接が重要となる援助活動のなかでは，カウンセリングの技術から学ぶことは多い。

利用者がかかえている困難状況の理解や，利用者との信頼関係の形成のために，ソーシャルワーカーは利用者との面接を通して，その訴えを受け止めることができなければならない。有効な援助活動を進めるためには，利用者とソーシャルワーカーとの信頼関係に基づいた**援助関係**[4]の形成が不可欠であり，その援助関係こそソーシャルワークの展開過程の基盤となるものである。

スーパービジョンとコンサルテーション

スーパービジョン（supervision）[5]やコンサルテーション（consultation）は，ソーシャルワークの実践やそれを担うソーシャルワーカーを支える活動として理解することができる。スーパービジョンは，ソーシャルワーカーへの指導や訓練を通してその専門性の維持や向上を図るためのものであり，時にはワーカーの**自己覚知**[6]にもつながる営みである。スーパービジョンの機能としては，社会福祉施設や機関での職員の業務や勤務状況などを管理する管理的機能，援助者としての力量や専門性向上のための指導や助言などによる教育的機能，援助者自身がかかえる課題や仕事上の悩みなどを共有し，精神的にも支えていくための支持的機能があり，これらはスーパービジョンの3機能と呼ばれている。

また，**コンサルテーション**は，ソーシャルワークの実践を進める上で，たとえば医師や弁護士など関連領域の専門家によりアドバイスなどを受ける活動を意味する。人々の生活ニーズの多様化や複雑化のなかで，医療や教育分野などで働く他職種との連携がますます重要になってきている。

必ず覚える用語

- [ ] ニーズ
- [ ] ケアマネジメント
- [ ] 介護保険制度
- [ ] 障害者総合支援法
- [ ] ネットワーキング
- [ ] ソーシャルサポートネットワーク
- [ ] カウンセリング
- [ ] 援助関係
- [ ] スーパービジョン
- [ ] 自己覚知
- [ ] コンサルテーション

◆4 援助関係

援助者と利用者との信頼関係に基づく専門職業的関係。「クライエント・ワーカー関係」ともいわれる。ソーシャルワークはこの援助関係を基盤にしてその過程が展開される。ワーカーは利用者への援助の際に、早くにこの援助関係が形成されるよう、面接などの場面での配慮が必要である。

◆5 スーパービジョン(supervision)

社会福祉施設や機関等で働く職員に対して、経験や知識が豊富な者が監督や指導、助言等を行う営み。職員に対する管理的・教育的・指示的な機能をもつ。スーパービジョンの目的は、職員の育成であり、その専門性や職務を遂行する能力の向上であるが、それはすなわち、利用者への質の高いサービスを提供することにつながる。

◆6 自己覚知(self-awareness)

援助者が自分自身の性格や価値観、また思考や行動、対人関係の傾向などを知ること。対人援助の仕事では、援助者が利用者とかかわる際に、自らの個人的な価値観や考え方等にとらわれて利用者の理解や援助過程の進行に支障をきたすことがある。ソーシャルワーカーとしての成長や有効な援助活動のために、スーパービジョンや研修などの機会を利用して、自己覚知に努めることが求められる。

Check

次の文の正誤を答えなさい。

ソーシャルサポートネットワーク形成の方法として、自然発生的ネットワーク内に関与する場合と、新しい結びつきをつくる場合がある。

(答) ○
(第24回社会福祉士国家試験問題107より)

Check

次の文の正誤を答えなさい。

プランニングとは、アセスメントと援助の実施とをつなぐ作業である。

(答) ○
(第22回社会福祉士国家試験問題97より)

第5節 ソーシャルワークの展開過程

この節のテーマ
- 援助の「過程」としてのソーシャルワークを理解しよう。
- インテークから援助計画作成までを理解しよう。
- 援助の実施からモニタリングおよび終結について理解しよう。

過程（プロセス）としてのソーシャルワーク

ソーシャルワークは個人や集団あるいは地域をいかに援助するかという，まさにその「過程（プロセス）」が問われる援助方法や技術である。単なる思いつきや行きあたりばったりで行われるものではない。**ソーシャルワークの展開の過程**とは，個人や地域がかかえる問題解決や困難状況の改善という目標に向けた，時間的な経過のなかでの一連の行為の積み上げである。おおむね下の**図6-1**に示したような各局面が展開されることによって成り立つ。

図6-1にあるような援助の過程は，実践のなかでは決して直線的に進むものではない。人間の生活状況は常に流動的で変化していくものである。ソーシャルワークの展開過程は，必要に応じてそれぞれの局面を繰り返しながら問題の解決に向かっていく，いわば循環的に展開される過程である。

導入（インテーク）

ソーシャルワークの出発点となる局面であり，**インテーク**[1]（intake）と呼ばれる。ソーシャルワーカーが何らかの支援を必要とする人やその家族と出会い，問題解決に向けてともに取り組んでいく関係（援助関係）を樹立しようとする段階である。

インテークの際には，何より相手の不安を軽減させることが大切である。生活の困難をかかえる人の訴えやニーズ把握のために，面接の際には「**傾聴**」[2]の姿勢がソーシャルワーカーに求められる。これは相手の話の内容に応じてうなずいたり，相手の言葉を繰り返しながら，ソーシャルワーカーが積極的に利用者を受け止めることを意味する。そのような姿勢や態度により，利用者は自分がソーシャルワーカーに支持され，受け入れられているという安心感や信頼感を得ることになる。

情報収集と事前評価（アセスメント）

利用者がかかえている生活問題を理解するために，利用者本人や家族，あるいは関係者などから必要な情報を集め，分析し，どのような援助が必要かを見極めていく段階である。対個人と対社会環境および両者の関係への視点から集められた情報をふまえて，利用者や家族の生活状況の全体を把握する。それによって問題状況に対する認識を深め，援助の目標やその達成のために取り組むべき課題を明らかにする。

適切な**アセスメント**を行うには，利用者の身体

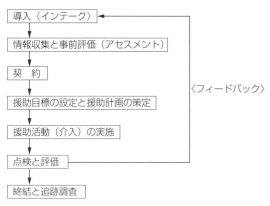

図6-1
ソーシャルワークの展開過程
出所：筆者作成。

的，心理的，社会的な状況や家族の状況，そして利用者と家族との関係や地域との関係など，現在および過去に関する利用者についての多方面からの情報収集が必要である。そして，この情報収集やアセスメントの作業は，実際に援助を開始した後でも継続して行われるという理解が大切である。

契　約

契約は，利用者がかかえる生活問題の解決に向けて，援助者と利用者が協働して取り組んでいくために結ばれるものである。「社会福祉法」には，サービス利用者への**情報の提供**◆3や利用契約の申込時の説明についての規定（第75，76条）があり，援助者は，サービス利用の意思の確認や，あるいはサービス内容や費用のことなどについての十分な説明や確認を，利用者やその家族に対して行うことになる。さらに，サービス利用の契約時においては，特にサービス内容や費用などの重要なことについて記された**書面の交付**◆4をサービス提供者に義務づけている（第77条）。

契約は，利用者や家族が納得してサービスを利用できるようにするための情報提供やサービス

必ず覚える用語

☐ **インテーク**
☐ **傾聴**
☐ **アセスメント**
☐ **援助目標**
☐ **援助計画**
☐ **介入**
☐ **モニタリング**
☐ **事後評価**
☐ **ケースカンファレンス**
☐ **終結**
☐ **送致**

◆1　インテーク（intake）
日本語では受理や受付と訳されることが多い。ソーシャルワークの最初の段階のことで，インテークのための面接をインテーク面接や受理面接という。インテークでは，その人が今どのような生活状況で，何に困っているのかを把握することが重要な目的となる。

◆2　傾聴
ソーシャルワークにおける利用者との面接の際に，援助者に求められる重要な姿勢や技法。援助者は，言語的・非言語的コミュニケーションによって，利用者の思いや訴えに積極的に関心を寄せて，またそれを態度や表情で示しながら，面接を進めていくことが必要がある。利用者を理解し，利用者との信頼関係を形成するためにも大切な技法である。

◆3　情報の提供
社会福祉法第75条によれば，社会福祉事業の経営者に対して「福祉サービスを利用しようとする者が，適切かつ円滑にこれを利用することができるように，その経営する社会福祉事業に関し情報の提供を行うよう努めなければならない」とされており，国および地方公共団体に対しては「福祉サービスを利用しようとする者が必要な情報を容易に得られるように，必要な措置を講ずるよう努めなければならない」とされている。

第6章
ソーシャルワークの方法と技術
第5節　ソーシャルワークの展開過程

内容の説明，その上での利用の合意という一連の重要な手続きである。それは事業者側から利用者側への一方的な契約手続きではなく，両者の対等な関係のなかで行われなければならない。

■ 援助目標の設定と援助計画の作成

アセスメントの内容をふまえて，問題の解決に向けた具体的な**援助目標**，およびそれに向けた取り組みの内容や手だてを検討し，それらを含めた**援助計画**を作成する局面である。特に，利用者のかかえている問題状況が長期的な援助を必要とするものであったり，また同時に複数の問題をかかえている場合などは，緊急を要する課題や優先するべき課題は何かを明らかにして，優先順位をつけて取り組むことが求められる。

また，個人や家族の生活状況とは，同じ状態が継続するのではなく，その状況は時間とともに変化していくものである。その意味で援助目標や計画は，固定化されたものではなく，状況の推移に応じて，柔軟に修正や変更ができるものとしてとらえることが大切である。

■ 援助活動（介入）の実施

援助活動の中心となる局面である。援助計画に沿って，目標の達成に向けて必要なサービスなどの社会資源を活用，また関係者との連携によって，援助を展開していく。利用者と利用者を取り巻く社会環境との両方に働きかけながら，両者の関係（相互作用のあり方）に「**介入**（intervention）」◆5

し，問題の解決や困難状況の改善を促していく。

たとえば，要介護状態にある高齢者へのソーシャルワークにおいては，高齢者本人にかかわるとともに，その家族へも働きかけることになる。また，家屋や居室などの物理的環境，さらに地域の人々の意識やかかわりを含めた社会環境への働きかけも必要となる。

ソーシャルワークの目的は，あくまでも利用者の主体的な生活の維持や回復である。それを可能にする環境整備，人や場所とのつながりの構築，そしてそのことによる困難状況の改善が，ワーカーが介入することにより実現されなければならない。

■ 点検と評価（およびフィードバック）

これまで行ってきた援助活動をふり返り，それが適切であるか（あったか）どうか，新たな問題が発生していないかなどについての検討を行う局面である。援助活動の途中経過でのふり返りや点検作業を「**モニタリング**◆6（monitoring）」といい，予定された援助活動の終わりの時期に行われる作業を「**事後評価**（evaluation）」という。適切な援助が行われているかどうかを見直すことは，ソーシャルワークがワーカー側の一方的なかかわりにならないためにも大切な作業である。

この点検や評価の作業は，必要に応じて，関係者による**ケースカンファレンス**◆7（case conference）やスーパービジョンを通して行われる。そして，援助の内容やプロセスが，当初に作成した援助計画に沿って進められていない，あるいは予定した

効果が上がっていないなどの場合は，改めて情報収集やアセスメントへとフィードバックすることにより，目標や計画の見直しの作業を通して，援助内容の改善に向けた取り組みを行う。

終結と追跡調査

　目標の達成により，利用者の生活の安定や生活状況の改善がみられたと判断されたときなどに，援助の過程は「**終結**（termination）」の局面へと向かう。この終結の局面は，問題解決の改善など，当初の援助目標の達成によってもたらされることもあれば，利用者の転居や死亡，また施設の退所や，他の施設や機関への**送致**などによることもある。[8]

　また，援助の終結から一定期間が経過したのちに，援助を行った利用者の生活状況などについての「**追跡調査**（follow-up study）」を行うこともある。それは，訪問によるものもあれば，手紙や電話などで連絡をとることもある。追跡調査の結果，必要であれば相談に応じたり，適切な社会資源の紹介をするなど，利用者の状況に応じて新たなかかわりや援助を開始することになる。

◆4　書面の交付
社会福祉法第77条によれば，社会福祉事業の経営者は，福祉サービスを利用するための契約が成立したときは，その利用者に対して遅滞なく書面を交付しなければならないとされている。書面には，経営者の名称，事業所の所在地，サービスの内容，利用金額などを記すとされている。

◆5　介入（intervention）
ソーシャルワークにおいて，ソーシャルワーカーが利用者とその環境に働きかける，あるいは何らかのサービス等につなぐなどして，問題解決や困難状況の改善を図る活動を総称していう。「人と環境との関係及び両者の相互作用」への視点に基づき，両者とその関係に働きかけるという，ソーシャルワークの特徴を表す言葉といえる。

◆6　モニタリング（monitoring）
援助目標と計画に基づく援助の開始後に，提供されたサービスや援助の内容が適切かどうかを点検し，評価を行うこと。人の身体的，心理的，社会的状況は時間の経過に応じて変化するものである。モニタリングは利用者の状況やニーズ，利用者を取り巻く環境の変化などを継続的に把握することにもなり，必要であれば計画や援助内容の見直しを行う。

◆7　ケースカンファレンス（case conference）
利用者への援助のあり方について検討するために行われる会議。同一施設や機関の職員間で行われることもあれば，利用者に関係する施設や機関の職員間で行われることもある。複数の専門職による情報の共有や意見交換を通して，援助方針や内容の見直し，また専門職間のチームワークや連携による援助の展開を図っていく。

◆8　送致
サービスの利用者を他の社会福祉施設や機関などに紹介・委託すること。利用者の状況やニーズに応じた施設や機関を紹介することにより，適切な対応とよりよい援助を図るための営みである。送致が順調に行われるためには，各施設や関係機関のネットワークや相互の連携が重要になる。

さらに学びたい人への基本図書

上野谷加代子監修／社団法人日本社会福祉士養成校協会編集『災害ソーシャルワーク入門――被災地の実践知から学ぶ』中央法規出版，2013年
2011（平成23）年3月の東日本大震災の被災地における様々な支援活動の実際をふまえて，災害時のソーシャルワークを体系化した著書。災害ソーシャルワークの理論と方法，また被災地での支援の際の具体的な留意点も書かれている。

中沢卓実・結城康博編著『孤独死を防ぐ――支援の実際と政策の動向』ミネルヴァ書房，2012年
「孤独死」とその背景にある社会的孤立の問題について，具体的な事例を取り上げながら論じた1冊。ソーシャルワーカーを含めて様々な職種がこの問題，人々，地域にどう向き合っていくかについて記されている。

福井公子『障害のある子の親である私たち――その解き放ちのために』生活書院，2013年
著者は知的障害がある子どもをもつ母親であり，本書に紡がれた著者の言葉から，障害者やその親のリアリティを知ることができる。ソーシャルワークはここに記された思いや訴えをその実践の基礎にしなければいけない。

Try! 第6章

問：今日ソーシャルワークは様々な分野で多様な実践がなされているが，ソーシャルワークとして共通するものは何かについて述べなさい。

ヒント：バートレットが示した共通基盤を参考に考えてみよう。

第7章

ソーシャルワークと権利擁護

本章で学ぶこと
- 今日なぜ権利擁護が重視されているのかについて学ぶ。(第1節)
- 権利擁護の意味や権利擁護の制度について学ぶ。(第2節)
- ソーシャルワークにおける権利擁護の実践について学ぶ。(第3節)

第1節 権利擁護が求められる背景

この節のテーマ
- 人としてあたりまえの権利について考える。
- 権利擁護の必要性について学ぶ。
- セルフ・ネグレクトとその対応について知る。

「自分らしく暮らす」という権利を護る

すべての人は、生まれた時点から人間としての権利をもっている。その権利においては誰もが同等である。誰かの権利が他の誰かの権利と比べて、優れているとか劣っているということは決してない。ここでいう権利とは、「自らが生活の主体となって自分らしい生活や人生を送る」という、誰もが人としてもつ当然の権利である。

ソーシャルワークは、何らかの生活の困難を抱える多くの人々にかかわる。そして個々人の意思や主張、希望を徹底して尊重しながら、その人の主体的な生活の維持や回復を支援する。誰にでもこれまでの人生や生活、そして生き方がある。その人がこれからもその生き方が尊重され、自分らしく暮らしていけるようにするために、生活支援として何ができるのかを見いだして実践するのがソーシャルワークである。人々が生活の困難に直面しても、できる限りその人らしい暮らしが継続できるように、地域で提供される福祉サービスや介護・医療サービスなどの様々な社会資源を駆使して、その人の生活を支えるのである。

そして、もしも誰かの生活を脅かす権利侵害や人権侵害が起こりうる状況があるのであればそれを防ぐための、すでに生じている状況であれば、その状況を改善していくための社会環境への働きかけを行うこともソーシャルワークの役割である。**ソーシャルワークにおける権利擁護の実践**は、人々が必要な支援やサービスを利用しながら、自分の生き方や生活様式が尊重され、安心して自分らしく暮らし、生きていく権利を護る営みである。

契約によるサービスの利用のなかで

2000（平成12）年の介護保険制度の開始、また社会福祉法の成立を中心とする「**社会福祉基礎構造改革**」◆1のなかで、高齢者福祉分野を中心に様々な社会福祉サービスの利用のしくみが、**措置制度**◆2という行政処分によるサービスの提供ではなく、利用者自らが利用したいサービスを選択して、事業者との「契約」に基づいて利用するしくみに転換した。このことは社会福祉における「**利用者本位**」◆3の理念を具現化するものとしてとらえることができ、今後ますます多くの人々が、契約のしくみに基づいて、多様なサービス提供者による様々な社会福祉サービスを自ら選択して利用していくことになる。

しかし、一方では、たとえば認知症高齢者や知的障害者などの自分で決定したり判断する能力が十分でないために、契約によるサービス利用が

難しい人々がいる。契約とはあくまでも両者の対等な関係と合意の上で成立するものであるが，自らの意思を主張することの困難な人々が，そのことでかえって不利益を被ることがあってはならない。

　また，利用したいサービスを利用者が自分で選択して決めるということを，安易に利用者の自己責任論へと転嫁させてはならない。社会福祉の制度やサービスが真に利用者本位のものとなるために，そして自らの意思を主張することが困難な人々が，決してこの制度から置き去りにされないようにしなければならない。

　利用者の希望や思いを尊重し，そして利用者の立場に立った適切なサービスの利用を，いかに支えながら，その権利を擁護していくかがソーシャルワークにおける重要な課題となる。利用者自身がサービスを選択して決定することと，利用者の暮らしの安心が護られることとは不可分であるという理解が必要である。

利用者の権利侵害の問題

　権利擁護がソーシャルワークにおける重要な機能として重視される背景として，要介護高齢者や知的障害者等への様々な権利侵害や人権侵害が起こっているという現実が挙げられる。今日でも，要介護高齢者や知的障害者が暮らす施設や就労の場などで，身体的虐待や心理的虐待，また金銭的な虐待が起こり，時に事件としてマスコミで取り上げられることもある。もちろんこのようなことはあってはならないことであり，許されるべ

必ず覚える用語

- □ 社会福祉基礎構造改革
- □ 措置制度
- □ 利用者本位
- □ セルフネグレクト
- □ 社会的孤立

◆1　社会福祉基礎構造改革
様々な社会福祉事業やサービスのあり方，およびその運営や利用方法など，社会福祉全体に共通する基礎的な制度の見直しを行った一連の改革。2000（平成12）年に成立した「社会福祉の増進のための社会福祉事業法等の一部を改正する等の法律」によって，改革の方向が示された。具体的には，個人の選択によるサービスの利用，質の高いサービスの提供，地域福祉の推進が挙げられる。

◆2　措置制度
都道府県や市町村による行政処分のことをいう。社会福祉においては，様々な福祉サービスの利用や生活保護などの給付の決定等に関する処分のことであり，福祉事務所などがその事務を担っている。この措置制度は，社会福祉基礎構造改革によって見直され，今日高齢者福祉や障害者福祉のサービスの多くは，事業者との直接契約による利用に移行した。

◆3　利用者本位
「利用者主体」ともいう。援助者ではなく利用者の選択に基づくサービスの利用を支援すること。また援助者側の価値観ではなく，利用者の立場や視点に立った援助を行うこと。ただし，全てを利用者の言うとおりにすることとは異なる。もしも何らかのサービスが必要な状況にあるにもかかわらず，利用を拒否する場合などは，かかわりをやめてしまうのではなく，その理由や背景を様々な角度から観察・分析して，かかわり方を工夫することが大切である。

第7章
ソーシャルワークと権利擁護
第1節　権利擁護が求められる背景

きことではない。

しかし，施設利用者に対する権利侵害は，このような事件となるようなものだけではないことに注意が必要である。たとえば高齢者施設や障害者施設におけるプライバシーが尊重されていない空間での排泄介助や着脱介助，また明らかに子ども扱いともいえるような利用者に対する呼び方など，利用者よりも職員の都合を優先した施設運営のなかで，職員も意識しないままにいつしか日常的に行われている**権利侵害**もある。施設で働く職員やソーシャルワーカーはそのことに敏感でなければならない。

また，在宅で暮らす高齢者に対して，その年金や財産を親族などの関係者が本人の同意なしに管理することや，悪質な訪問販売業者により高額商品を売りつけられる詐欺事件などの被害も発生している。このような権利侵害を未然に防ぎ，何らかの社会福祉の援助が必要な人々の，施設や地域における暮らしの安心が護られなければならない。

社会的孤立とセルフネグレクト

社会的に孤立した状態にある人々には，生活意欲や生活能力が低下し，明らかに何らかの福祉サービスの利用や支援が必要であるにもかかわらず，それらを拒否するということがある。いわゆる**セルフネグレクト**[4]といわれる状態である。

このような場合，それが本人の意思かどうかの判断がつきにくく，介入するタイミングや方法はどうするか，どうやって信頼関係を築くかなど，ソーシャルワーカーや関係者が悩むことも多い。他人とのかかわりを拒否してセルフ・ネグレクト状態にある人に対し，いかに働きかけてサービスや支援につなげるか，あるいは何らかの緊急事態発生の際にすみやかに対応できるような地域の見守り体制をいかに構築しておくかなどの課題がソーシャルワークにある。

そして，このような**社会的孤立**を背景にもつ問題の予防や解決のためには，何よりも地域住民の参加による活動は欠かせない。しかし，上のようなかかわりを拒否する人への対応など，住民だけでの活動には当然限界もある。地域住民と専門職，行政や関係機関相互のネットワーク形成と連携による対応が必要である。それらを推進していくソーシャルワークは，地域における人々のつながりが，そこで暮らす誰にとっても生活の安定を支える基盤として欠かせないことを，様々な形で示していかなければならない。そして，人が生きて生活する場所として，誰もが安心して暮らせる権利が護られる地域であるための活動を担うのである。

◆4 セルフネグレクト
自分の世話を自分で放棄する状態。たとえば，適切な食事をとらない，体調が悪くても病院にいかない，ゴミを捨てないなどの，生活を維持する意欲や能力が失われていく状態である。不衛生な環境で生活することになり，地域でも孤立しがちになる。その予防には，地域の見守り訪問等の活動や孤立を防ぐための取り組みが重要である。

Close up

深刻化する高齢単身男性の孤立状況

2011年に内閣府が行った「高齢者の経済生活に関する意識調査」では，一人暮らしで60歳以上の男女で，「困ったときに頼れる人がいない」と答えた人の割合は，女性が8.5％に対して，男性が20％という結果が示された。

また，国立社会保障・人口問題研究所による「2012年社会保障・人口問題基本調査『生活と支え合いに関する調査』結果の概要」によれば，「普段どの程度，人とあいさつ程度の会話をしますか」との質問に対して，「毎日」と答えたのは男性50.0％，女性62.8％「2～3日に1回」が男性18.3％，女性24.9％，「4～7日に1回」が男性15.1％，女性8.4％，「2週間に1回以下」は男性16.7％，女性3.9％という結果が示されている。

女性に比べて，明らかに単身高齢男性の孤立状況が浮き彫りになった結果である。男性の場合は，妻がいなければ近所づきあいが大きく減る傾向にあることもうかがえる。

Check

次の文の正誤を答えなさい。

相談援助における利用者本位の基本原則に照らし，利用者の意思表明が不明確な場合は，本人に代わって援助者が支援の内容を決定しなければならない。

(答) ×：十分な情報提供等によりできる限り自己決定ができるように利用者を支援する。
(第24回社会福祉士国家試験問題85より)

第2節 権利擁護とは何か

この節のテーマ
- 権利擁護の意味について理解しよう。
- 社会福祉法における権利擁護制度について学ぼう。
- 成年後見制度やオンブズパーソンについて学ぼう。

ソーシャルワークと権利擁護

　今日の社会福祉をめぐる状況のなかで，ソーシャルワークが果たすべき機能としての「**権利擁護**」が重視されている。「**ソーシャルワーカーの倫理綱領**」にも，利用者の自己決定の尊重や意思決定能力の不十分な利用者に対する利益と権利の擁護，また利用者へのあらゆる権利侵害の発生の防止などが，ソーシャルワーカーの倫理的責任として挙げられている。ソーシャルワークは，高齢や障害，失業や貧困などによる様々な生活上の困難をかかえる人々にかかわり，それらの人々がこれからも自分らしく暮らしていける権利を護る機能を担うものでなければならない。

　そして，権利擁護を実践するソーシャルワーカーは，たとえば認知症や知的障害をもつ人々など，地域のなかで何らかの生活上の困難をかかえる人々のニーズに常に敏感であることが求められる。それらの人々の自分らしく暮らす権利が護られるということが，そこで暮らす誰もが安心して生活できる，住みよい地域づくりへとつながるのである。

権利擁護の意味

　「権利擁護」とは「**アドボカシー（advocacy）**」の訳語とされる。ソーシャルワークでは，たとえば認知症の高齢者，障害をもつ人々，子どもなど，判断能力が十分でなかったり，自らの要求を主張することが難しい人々の思いや希望，権利を支持，代弁，弁護することで，それらの人々の権利を護る活動と意味づけられる。

　アドボカシーはソーシャルワークにおける重要な概念であるが，大別して**ケースアドボカシー**と**クラスアドボカシー**の2つがある。ケースアドボカシーとは，個々の利用者や家族の立場に立って，そのニーズを基本として，サービスの選択や要求などを支持，尊重し，それぞれの利用者や家族の利益と安定した生活を護るための働きである。

　クラスアドボカシーとは，利用者や家族の立場から見た法制度やサービスの不十分さの改善や新しいサービスや社会資源の開発等のために，たとえば当事者団体等の組織化による行政への働きかけ（**ソーシャルアクション**）などを意味する。このような，個々の利用者や家族の利益や権利を守るミクロレベルの活動から，同じような状況にある人々全体の権利を擁護するマクロレベルま

での一連の活動がソーシャルワークにおける権利擁護なのである。

社会福祉法で規定された権利擁護制度

社会福祉法では，利用者の利益保護や権利擁護のために，サービスの質の向上のための措置（第78条），福祉サービス利用援助事業（第80，81条），社会福祉事業経営者による**苦情解決**[◆1]（第82条），**運営適正化委員会**[◆2]（第83〜87条）などが規定されている。

サービスの質の向上のための措置としては「**第三者評価**」[◆3]が挙げられる。これは様々な事業者によって提供される福祉サービスの質を，当該事業者やサービス利用者以外の第三者の立場から評価するものである。公正で中立的な立場から専門的に評価できることを認められた第三者機関が行う。

福祉サービス利用援助事業とは，「**日常生活自立支援事業**」という名称で実施されており，知的障害者や精神障害者，認知症高齢者などの判断能力が十分でない人々に対して，社会福祉サービスの利用や日常的な金銭管理に関する支援を行うものである。2006（平成18）年度までは地域福祉権利擁護事業として実施されていた。各都道府県・指定都市社会福祉協議会が実施主体となり，そこから委託を受けた各市町村社会福祉協議会が窓口となって実施されており，高齢者や障害者の地域で安心できる暮らしを保障するシステムとしての機能が期待されている。

必ず覚える用語

- [ ] ソーシャルワーカーの倫理綱領
- [ ] アドボカシー
- [ ] 運営適正化委員会
- [ ] 第三者評価
- [ ] 成年後見制度
- [ ] オンブズパーソン

◆1 苦情解決
社会福祉法には，福祉サービス利用者の意見を擁護するしくみに関する規定が盛り込まれている。第82条によれば，「社会福祉事業の経営者は，常に，その提供する福祉サービスについて，利用者等からの苦情の適切な解決に努めなければならない」とされており，経営者がサービス利用者からの苦情を真摯に受け止め，その解決を図るという努力義務が示されている。

◆2 運営適正化委員会
福祉サービス利用者等からの苦情相談や福祉サービス利用援助事業の適正な運営の確保を行い，福祉サービス利用者の利益や権利を護ることを目的とする委員会。社会福祉法に規定され，都道府県社会福祉協議会に設置されている。社会福祉，法律，医学に関する学識経験者で構成される。福祉サービスに関する苦情について解決の申出があったときは，当該苦情に係る事情を調査し，必要な助言等を行う。

◆3 第三者評価
社会福祉法78条では，「社会福祉事業の経営者は，自らその提供する福祉サービスの質の評価を行うことその他の措置を講ずることにより，常に福祉サービスを受ける者の立場に立って良質かつ適切なサービスを提供するよう努めなければならない」とある。第三者評価により，事業所にとっては提供しているサービスの質の向上に向けた課題の把握ができ，サービス利用者にとっては，事業内容や利用するサービスを選択する際の目安ともなる。

第7章
ソーシャルワークと権利擁護
第2節 権利擁護とは何か

成年後見制度とオンブズパーソン

　その他にも判断能力が十分でない人々のための権利擁護の制度や取り組みとして，成年後見制度やオンブズパーソンが挙げられる。

　成年後見制度とは，認知症高齢者や知的障害者，精神障害者等の判断能力が十分でない人々への支援の観点から，1999（平成11）年の民法改正に基づき，2000（平成12）年から実施されている制度である。契約などの法律行為において，そのような人々が不利益を被ることのないように代理人等を定め，本人の意思や選択を尊重するとともにその権利を擁護する制度である。判断能力が不十分な人を対象とする「**法定後見制度**[◆4]」と，高齢等によって将来判断能力が低下した際の備えとしての「**任意後見制度**[◆5]」がある。

　オンブズパーソン[◆6]とは，社会福祉行政や社会福祉サービス等を，市民や第三者としての立場で監視し，必要に応じて利用者や家族の声を代弁するなどして，利用者の利益を図る人々のことである。日本では制度化されてはいないが，自治体や社会福祉施設などが独自でオンブズパーソン制度を導入する例も増えている。現状では，市民活動として行政活動一般の監視機能を担う場合が多いが，社会福祉施設入所者等のサービス利用者の権利擁護のための働きが期待されている。

暮らしのSOSに敏感であること

　私たちが暮らす社会には，高齢や障害，貧困，また偏見や差別により，社会的に排除され，不利な立場に置かれた人々がいる。さらに地域で孤立するなど，何らかの支援やサービス利用が必要であるにもかかわらず，それらを拒否する人々もいる。ソーシャルワークでは，社会的排除の状態や地域での孤立，支援拒否などを，「暮らしのSOS」のサインとして認識することが必要である。暮らしの安心とは，「相談できる」「助けてと言える」「教えてもらえる」「手伝ってくれる」「見守ってくれる」「つながっていてくれる」人や場所があることである。

　様々な福祉サービスの利用者が，地域で安心して暮らしていけるようにするためには，様々な権利擁護の制度を，それを必要とする利用者の状況に応じて機能させていくとともに，これらを地域における総合的な権利擁護システムとして相互に連動させていくことが必要である。そして，各制度間の連携や調整により，この総合的な権利擁護システムを全体として機能させ，推進させていく役割を，ソーシャルワーカーが担っているのである。

間違いやすい用語

「アドボカシー（adovocacy）」と「アカウンタビリティ（accountability）」

アカウンタビリティとは、元は会計用語で「会計説明責任」という意味であったが、今日では、広く行政や事業所、組織の業務内容等について、対外的に説明する責任を意味する言葉として使われている。「説明責任」とも訳される。事業等の「結果に対する責任」と「説明する責任」の2つの責任の意味合いが含まれる。代弁や権利擁護を意味するアドボカシーが、当事者や利用者の立場から行政への「政策提言」を行うことの意味でも使われることがあるが、たとえば当事者組織やNPOなどの課題として、アカウンタビリティ（説明責任）とアドボカシー（政策提言）の強化が挙げられるなど、両者が関連して使われることもある。

◆4 **法定後見制度**
親族等が家庭裁判所に後見人等の選任を申し立て、家庭裁判所が後見人等を選任する制度。本人の判断能力の程度に応じて、軽度の精神上の障害によって判断能力が低下している人を対象とする補助、精神上の障害により判断能力が著しく不十分な人を対象とする保佐、精神上の障害により判断能力を欠く状態にある人を対象とする後見の3類型に分けられる。

◆5 **任意後見制度**
将来の判断能力が不十分になったときに備えて、本人の意思と判断で、あらかじめ後見人や自らが望む後見の内容を決めることができる制度。自分の将来のことを自分の意思で決めるという自己決定尊重の理念に基づく制度であり、本人が契約を結ぶ能力があるうちに、後見人に付与される代理権の内容などを決めておくことができる。

◆6 **オンブズパーソン（ombudsperson）**
オンブズマンともいう。スウェーデンに始まった権利擁護のしくみ。オンブドは代理を意味するスウェーデン語である。市民の立場から国や地方自治体などの行政の仕事を監視し、必要に応じて苦情を申し立てるなどして、住民の利益を擁護する人や団体をいう。日本でも一部の地方自治体や社会福祉団体ではこの制度を導入しているところがある。また市民団体が自らオンブズパーソンを名乗るなど民間の団体も存在する。

Close up

たとえばある一人暮らし高齢者が、社会的孤立へいたる過程

「ゴミの分別がうまくできなくなる」→「誤ったゴミの出し方をして地域住民に怒られる」→「地域に迷惑をかけまいとしてゴミを捨てるのを遠慮するようになる」→「家のなかにゴミがたまる」→「悪臭がする」→「近隣からの苦情が増える」→「地域における孤立状態を強いられる」→「人に見られるのは恥ずかしいとか、迷惑をかけては申し訳ないという気持ちなどから、支援を拒否する（支援してほしくても本心を言えない）」→「ますます孤立状態が深刻化していく（ますます家のなかにゴミがたまっていく）」

このように地域での「孤立」や支援の「拒否」は、必ずしも本人の意志によるとは限らない。「暮らしのSOS」のサインかもしれないととらえての見守りやかかわりが大切である。

Check

次の文の正誤を答えなさい。

アドボカシーとは利用者が自分の要求を表明できない場合に、援助者がそれを代弁する機能のことである。

（答）○：アドボカシー（advocacy）とは、「支持」や「弁護」の意味をもつ言葉であるが、近年では「権利擁護」の意味でも用いられる。
（第22回社会福祉士国家試験問題88より）

第3節 権利擁護のソーシャルワーク実践

この節のテーマ
- 誰もが権利の主体であることを理解しよう。
- 地域に働きかける権利擁護の実践を学ぼう。
- エンパワメントの実践について学ぼう。

保護の対象から権利の主体へ

権利擁護とは、福祉サービスの利用者など何らかの支援が必要な人々を、「保護の客体」ではなく「**権利の主体**」であるとすることから始まる。それは、人として当然の権利である普通であたりまえの生活の実現を支えることである。それは、たとえ施設での生活であっても、地域とのつながりをもちながら、地域社会の一員としての「普通であたりまえの」、そして「自分らしい」生活を利用者に保障していく実践である。

たとえば、うまく自分の主張ができなかったり、判断能力が不十分とされる知的障害をもつ人々に対しては、保護される対象ではあっても、自らの権利を行使する主体としては見なされてこなかった歴史がある。それは言い換えれば、生活のなかで、何かを自分で選択して決めるという経験の機会を奪われきたということである。周囲が「本人のため」や「本人にとってよかれ」とする決定によって、本人の生活に関する様々なことが決められてきたということである。

このように、権利侵害行為は私たちの日常のなかにも潜んでいる。「保護」や「本人のために」という言葉で語られ、加害者意識がなく、周囲も気づきにくくなってしまっている状況があることに注意しなければならない。

人がもつ「ストレングス」への信頼

ソーシャルワークにおける権利擁護の実践では、利用者がもつ**ストレングス**[◆1] (strength) への視点が重要である。その人の「できないこと」ばかりに注目するのではなく、その人がもつ能力や魅力、要求や希望、その人らしさや個性を見いだす視点であり、その人がもつ可能性への信頼である。そしてできないことに対しても、見方を変えてその人の強さや魅力にしていく視点である。

たとえば知的障害がある人々や幼い子どもは、自分の意思や希望を言語で主張することが困難な場合が多い。しかし、だからといって、その人やその子が希望や要求をもっていないというのでは決してない。そしてコミュニケーションの手段は何も言語に限られるものではない。言語による意思の表出が困難であるからこそ、一人ひとりの利用者や子どもとの間にしっかりと個別のコミュニケーションを確立していくなかで、その思いや訴えを聴き、受け止めていくことが求められる。

ソーシャルワークの原則である利用者の**自己決定の尊重**は、権利擁護の核となるものである。しかし、それは自己決定ができるかできないかの

能力を論ずることではない。どのような情報提供，働きかけ，コミュニケーションがあればよいのか，どのような意思の表出の仕方とその受け止めが可能なのか，どのような機会や経験，判断材料を与えていけばよいのかなどという，自己決定の過程とそれを可能にするための方法論の検討が重要なのである。利用者のいるところに立ち，利用者に寄り添い，利用者のストレングスを信頼する実践があってはじめて，権利擁護が成り立つことを忘れてはならない。

地域とのつながりをつくる

入所型の社会福祉施設などでは，その施設が利用者にとって安心できる生活の場や居場所となるように，利用者の**「生活の質（QOL）」**を維持し，向上させる取り組みが求められる。そして，施設利用者の「生活の質」の水準を測る尺度は，施設の中にあるのではなく，同世代の人々の生活スタイルなど，地域の一般の人々の生活にあると考えなければならない。これは，利用者が普通であたりまえの生活を営む権利を護る基本的な視点である。

たとえば，外食の機会や街に遊びに行く機会，時には衣服などを自分で選んで買う機会などを，個別の外出の機会をつくり出すことによって施設利用者に保証することが重要である。あるいは，地域の祭りや様々な行事などに参加や協力する機会も，地域の一員として暮らしていく上で大切なことである。

特に入所型の施設の場合は，利用者の人間関係

必ず覚える用語
☐ 権利の主体
☐ ストレングス
☐ 自己決定の尊重
☐ 生活の質（QOL）
☐ エンパワメント

◆1　ストレングス（strength）
人がもつ様々な「強さ」をいう。ソーシャルワークでは，利用者ができないことに焦点をあててそこを補うことだけでなく，むしろその人がもつ強さ（能力，希望，可能性，その人らしさ，魅力など）を見いだし評価していくことが大切である。また援助内容としては，その人の強さが表現される環境づくりや場づくりが求められる。個人だけでなく，グループやコミュニティへの援助においてもストレングスに焦点をあてた実践が行われている。

第7章
ソーシャルワークと権利擁護
第3節　権利擁護のソーシャルワーク実践

や社会関係が施設内で完結するような閉鎖的な生活になりがちである。だからこそ，地域に出かけて，多くの人々とのコミュニケーションの機会をもち，地域とつながることが重要である。そのような社会参加の体験の積み重ねがあって，社会性の拡大や生活の質の向上，そして自立も可能になるのである。利用者が出かける場所や参加する機会の創出など，地域の一員であることを支える実践も，権利擁護のソーシャルワーク実践である。

地域に働きかけるソーシャルアクション

そして，施設の利用者が人々が地域の一員として暮らすということは，単に外出の機会があればよいということではない。それは，先に述べたように地域との関係を築いていき，地域に受け入れられ，社会的活動の場があることで成り立つものである。

また，地域住民の偏見や差別によって，利用者の地域社会への参加を妨げている状況があるのであれば，そのような状況を改善していくために周囲の理解を促すための**啓発活動**◆2などの働きかけが必要である。このような地域に働きかける**ソーシャルアクション**も，権利擁護のソーシャルワーク実践として重要である。

環境づくりとしてのエンパワメント

権利擁護の実践は，様々な事情でいわゆる無力（powerless）な状態におかれた人々が，生活者としてのパワー（power）を回復するための**エンパワメント**◆3（empowerment）の実践であるといえる。それは，自分らしく生きる生活意欲や主体性を回復する過程を支援することであり，それが妨げられている環境を問い直し，それが可能になる環境のあり方を見いだして整備していくことである。

権利擁護における重要な視点は，たとえば障害があるからできない人たちなのではなく，周囲ができない人たちと見なすことが彼ら彼女らをできなくさせているということ，すなわちできないのはできなくさせている周囲の価値観や環境にあるということへの視点である。ソーシャルワークにおける権利擁護の実践とは，利用者本人に寄り添い，その人の希望や要求，生活スタイルを尊重し，その主体的な生活を実現するためのかかわりや支援，サービス提供のあり方を見直すとともに，行政や地域社会にも働きかける営みである。それは利用者本人を支え，利用者のその人らしい暮らしが護られる環境づくりのための実践である。

◆2　啓発活動

あることについて人に気づかせ、認識や理解を促すことを目標にして行われる活動。活動の内容や種類は多岐にわたるが、社会福祉に関連するものとして、たとえば人権啓発の活動、認知症への理解を促す活動、児童虐待の防止やいじめをなくすための啓発活動などがある。

◆3　エンパワメント（empowerment）

本来は「力をつける」という意味であるが、ソーシャルワークにおいては、利用者やグループ、コミュニティが自分（たち）の力や地域の力を自覚する、あるいは再び取り戻すことで、自分たちがかかえている問題や地域の問題に対処して行けるように支援することをいう。自分らしい生活を送る、地域をそこに暮らす住民の力で住みよくする、そのようなことを可能にするための働きかけや環境整備としてのソーシャルワークの考え方である。

Check

次の文の正誤を答えなさい。

　ソーシャルワーカーが権利擁護にかかわる場合には、権利侵害を受けている人の成年後見人として選任されなければならない。

（答）×：成年後見人に選任されることだけが権利擁護の活動ではない。
（第21回社会福祉士国家試験問題118より）

Close up

「小さな自己決定」を支えること

　「自分らしい主体的な生活」とは何だろうか。それは、日々の「小さな自己決定」の積み重ねの延長線上にあると筆者は考えている。何を食べるか、何を飲むか、何を着るか、何を買うか、どこに出かけるか、誰といたいか、何をするか、いつするかといった日常の様々な生活場面における、私たちが日々あたりまえに繰り返している決定である。権利擁護とは、この「小さな自己決定」が障害をもつ人々や高齢者、子どもに対して、たとえ施設での暮らしのなかでも、できる限り保障されることであると考える。

さらに学びたい人への基本図書

大江ひろみ・山辺朗子・石塚かおる『子どものニーズをみつめる児童養護施設のあゆみ──つばさ園のジェネラリスト・ソーシャルワークに基づく支援』ミネルヴァ書房，2013年
京都にある児童養護施設つばさ園の実践を描いた1冊。暴力の否定を貫き，民主主義に基づいた話し合いを重視する支援の全体像が描かれている。子どもたちへの権利擁護の実践とは何かについて深く学ぶことができる。

竹端寛『権利擁護が支援を変える──セルフアドボカシーから虐待防止まで』現代書館，2013年
権利擁護とは何か，権利擁護の実践とはどういうものかについて学ぶことができる1冊。具体的な取り組みの事例を取り上げながらの記述で，全体がわかりやすくかつリアルに描かれている。アメリカでの実践の紹介も興味深い。

池上正樹『ダメダメな人生を変えたいM君と生活保護』ポプラ新書，2013年
日本のひきこもり現象を追いかけるフリーライターである著者が，45歳のM君との様々な出来事を記した1冊。ひきこもりからの社会復帰を目指すM君のエピソードから，この社会の生きづらさとソーシャルワークの課題が見えてくる。

 第7章

問：今日のソーシャルワークにおける権利擁護実践の必要性について述べなさい。

ヒント：一人暮らしの高齢者や知的障害をもつ人の生活のなかで，心配になりそうなことを考えてみよう。

第8章

多職種連携と
ソーシャルワーカー

本章で学ぶこと
- 社会福祉士に求められる「総合的かつ包括的な援助」を理解する。(第1節)
- 地域における多職種連携の実際を理解する。(第2節)
- 多職種連携によるチームアプローチを機能させるためのソーシャルワーカーの役割を理解する。(第3節)
- ケースカンファレンスなどの会議がなぜ必要かを理解する。(第4節)

第1節 ソーシャルワーカーに求められる総合的かつ包括的な援助

この節のテーマ
- ソーシャルワーカーにつながりやチームワークが求められる意義を学ぼう。
- ソーシャルワーカーが協力しながら支援している他の専門職を知ろう。

総合的・包括的な援助が求められる時代背景

かつて、社会福祉が支援する対象としてきたのは、貧困問題や戦争によって負傷して帰還した兵隊たちの救済、戦争で親を亡くした子どもたちの保護が主であった。しかしいま超高齢社会をむかえ、特定の一部の人だけが支援の対象ではなく、誰もが支援の対象になってきている。

子どもから高齢者まで、地域で暮らす全ての人々の生活が、何らかの事情によりうまく送れなくなった時、**ソーシャルワーカー**はそのうまくいかなくなっていった事情の原因を本人とともにつきとめ、解決していく。ソーシャルワーカーは、支援を必要としている本人が、よりよい生活を取り戻したり立て直したりするプロセスをともに歩き、生活の質の向上を実現することを目指している。

多職種の連携とは、様々な専門性をもつ人々が、知恵をだしあい、手をつなぎあって、人を支えていこうという理念であり、同時に具体的な方法を指す。連携は、人を支援する専門職であれば、共通して大切な助け合いの理念であり、欠かせないものである。問題が複雑になればなるほど、単独の専門性で解決するのには時間がかかり、解決が難しくなる。そんなとき、力を貸してくれる仲間がいれば、自分一人ではできないことが実現可能となり、思いもよらなかった発想が湧くかもしれない。また、一人でも多くの人手が借りたい時に借りることもできる。多職種と連携することにより、支援する側は、より質の高いケアを提供できるようになるばかりでなく、より迅速に、適切なケアの提供ができるようになる。

この理念が生まれてきた背景の一つには、政策等の変更によりやむをえず地域で暮らすことになった高齢者や**医療的ケア**[◆1]の必要な人々に対して、限られたマンパワーの中で医療や介護を提供する必要がでてきたことが挙げられる。限られた資源の下、公平で効率的なより満足度の高いケアを提供するために、国の政策として多職種の連携による総合的・包括的ケアシステムが必要となってきた。

もう一つには人々の多様化するニーズにタイムリーに答えるために、様々な専門性をもつ人々が集まって話し合いをし方針を決めるプロセスがケアの質を決定づけるようになっていった。この2つの流れから、多職種の連携が保健・医療・福祉の実践現場でも重要視されるようになっていった。

2000（平成12）年の**社会福祉基礎構造改革**以降、地域で暮らす誰もが社会福祉の支援の対象となった。このため、適切な支援を行うために支援を

担当する専門職を数多く養成する必要がでてきた。数多くの専門職を育てるためには、各専門職の養成プログラムの充実や人材育成に取り組まねばならなくなっていった。

しかし、支援は担い手の数を増やすことだけでは解決しない。複雑多様化する人々のニーズに適切に答えるには、一つの専門職が単独で解決できることは少ない。したがって、保健・医療・福祉の専門職は、それぞれの専門職養成を見直すとともに、マンパワーの充足やよりよいサービスの提供のために多職種の連携について積極的に取り組んでいくことになった。

多職種との連携は社会福祉士の責務

1987（昭和62）年に公布された「社会福祉士及び介護福祉士法」は、2007（平成19）年に改正され、多職種と連携できる専門職としての質と責任が明確に問われるようになった。それにあわせ、「福祉サービスを提供する者又は医師その他の保健医療サービスを提供する者その他の関係者との連絡及び調整」という定義の見直しや、誠実義務・連携・資質向上などの義務規定の見直し、指定科目の増加や実習施設や指導者、養成校での担当教員の要件、実習指導体制など細部に言及した資格取得方法の見直しなどが盛り込まれた。これにより、施設・在宅を問わず地域を基盤として関連職種とネットワークを組み活躍することが期待されるようになった。

社会福祉士の多くは、**地域包括支援センター**、児童福祉や障害者施設、**社会福祉協議会**などの社

必ず覚える用語

☐ 多職種の連携
☐ 地域包括支援センター
☐ スクールソーシャルワーカー
☐ アウトリーチ
☐ コミュニティ・ソーシャルワーカー

◆1 医療的ケア
たんの吸引や経管栄養など、家族が在宅療養において日常的に行っている医療的介助行為。2014年4月介護保険法改正により、これまで医療行為とされてきた吸引、経管栄養が一定の研修後福祉職や教育職が実施することが可能となっている。

間違いやすい用語

「事例検討」と「事例研究」

事例検討とは、事例について専門的知識や技能等をあてはめ、支援方法を検討することである。一方事例研究は、特定の特徴のある事例を分析し、そこから科学的な法則を発見すること。

第8章
多職種連携とソーシャルワーカー
第1節 ソーシャルワーカーに求められる総合的かつ包括的な援助

会福祉施設機関，病院や診療所においておもに，「ソーシャルワーカー」という名称で働いている。近年では，受刑者の就労や住居の確保など社会復帰支援のため刑務所・自立更生促進センターなどの司法福祉の現場，教育委員会などに籍を置き，地域の小・中学校に派遣されて教育現場の環境調整の相談にかかわる**スクールソーシャルワーカー**，また，制度と制度の狭間にある人々に積極的に**アウトリーチ**◆2のアプローチをし，見守り活動や近隣の人々や資源とのつながりづくりに取り組む**コミュニティ・ソーシャルワーカー**など，雇用の場が拡大している。

ソーシャルワーカーは，まず目の前の支援を求めている人とつながり，そして必要に応じて多様な分野で働くソーシャルワーカーの仲間の力を借りたり，また他職種にも相談し，よりよい方向をさぐることをあきらめない。

また，どの制度やサービスにもあてはまらず困っている人がいれば，その人を発見し，支援につなげる。専門職同士のつながり，住民・ボランティアとのつながりなど，多様なネットワークを広げ，最終的にはその地域が様々な問題を解決できるようになることが目指されている。

総合的・包括的援助になぜ多職種の連携が必要か

地域での暮らしをささえる専門職には，医師，看護師を始めとして，社会福祉士（ソーシャルワーカー），**精神保健福祉士**（ソーシャルワーカー），**介護福祉士**（ケアワーカー），ケアマネジャー，ガイドヘルパー，栄養士，薬剤師，理学療法士，作業療法士，**言語聴覚士**◆3，臨床心理士などがあげられる。また，様々な社会福祉施設等の相談員などの職員がいる。時には，地域の民生委員やボランティア，時には学校・警察・消防の関係者なども連携の輪に入ることもある。互いに問題の解決に向かい，それぞれの職務や立場で得ている情報や印象，気づいている課題等を持ち寄り，支援を必要としている人のよりよい生活はいかにあるべきかを話し合い，人々の生活を支えている。

多職種の連携において，社会福祉士が第一に心がけるのは，支援を必要としている人の尊厳を大切にし，本人を決して置き去りにしないということである。とかく専門職が多く集う場では，各専門職の主張が大きくなり，本人が一体どうしたいのか，どう思っているのかが後回しになる場合がある。まずは本人の希望や要望に耳を傾け，その人の困りごとをつかみ，本人が自分の生活の立て直しに取り組みたいという意欲が生まれてくるプロセスが大切だということをチームメンバーが共有することが求められる。

多職種連携による実践活動は，いまや，「この仕事はこの資格をもっている人にお願いする」という，たて割りで分業するイメージではなく，また個々の専門職で支援が完結するアプローチでもなく，その時のニーズに対応するのにふさわしい専門職がその都度集まり，**アセスメント**◆4を持ち寄る中で協議し，支援を見立てて実行していくというアプローチである。

職種ごとに完結した支援をリレーする連携では，支援の全体像を見ている人がいないことになる。一方，いま求められる柔軟な連携は，個人の

意思が出発点となり、事例の検討（カンファレンス）を重ねて、本人の困りごとを理解するプロセスをいつでも共有することとなる。支援を必要としている人の意思をまず第一に考える多職種の連携チームでは、支援目的を共有することにもなり、チーム全体で同じ歩幅で歩くことになる。

それぞれの立場の人が、自分の立場からつかんだ情報をもとに立てたアセスメントを持ち寄り、アセスメントを1つにまとめていくことで、支援を必要としている人の生活が立体的に、多面的に眺められることとなる。

したがって、この多職種連携を支えるチームには、支援を必要としている人を自分たちの仲間としてむかえいれ、意見を十分に聴きいれることが大切である。支援を必要としている本人や家族を連携チームの一員とし、ともに取り組めるかが問われる。

◆2 アウトリーチ
見守り活動の中で接近し、制度や支援に結びつけること。

◆3 言語聴覚士
1997年の言語聴覚士法に基づくリハビリテーション専門職のひとつ。言語障害、音声障害、嚥下障害など、話す・聞く・表現する・食べることに生じた障害を軽くしたり、とりのぞいたりする訓練を行う。

◆4 アセスメント
ソーシャルワークにおける事前評価。支援を行うにあたり本人や家族、および関係する人々と面接を行い必要な情報を集めたりして、この人の困りごとの本質は何かをつかむこと。

第2節 地域における多職種連携

この節のテーマ
- ソーシャルワーカーが地域で行っているつながりづくりを学ぼう。
- 地域にいる専門職について知ろう。

多職種の中で発揮される社会福祉士の視点

 3.11の東日本大震災の後，社会福祉士や精神保健福祉士は震災時の支援において何をしてきたのかを問われる機会が多々あった。

 たとえば，震災直後勤務先の病院で働き続けた社会福祉士は，事務の職員と連携し，病院で治療中の患者情報をプライバシーに配慮する形で掲示して情報提供し，親族を探してたどり着いた人々に対して不安によりそい情報提供や安否の確認にともに取り組んだ。

 また，避難所生活から仮設住宅へと生活の場が移行する経過の中で，県外の社会福祉協議会から派遣されたコミュニティソーシャルワーカーは，現地の社会福祉士と連携し，仮設住宅での住民の安否確認や困りごとの相談，高齢者や障害者に対するていねいな情報提供に取り組み，見守り体制の整備や継続的に支援するしくみづくりに取り組んだ。この他被災地の社会福祉士，および被災地外から派遣された社会福祉士たちが連携し，被災後の様々な局面で支援を行ってきたのである。

 このような震災直後の支援の実態を記録に残した文献を見ると，多職種で編成されたチームの支援活動の中で，社会福祉士は4つの重要な役割を果たしていたと推察できる。

 第一として，被災者としていつまでも固定的にとらえるのではなく，連続性をもった生活者としてかかわることを心がけていたことがあげられる。大きな被害を受けた只中では，緊急な治療を要する人々に対して，医師や看護師らは「被災者」あるいは「傷病を負った人々」としてとらえる必要があった。また，震災による倒壊した家屋等の認定や税金などの軽減の措置を役場に申請するためには，「被災者」としての証明が必要であり，どうしても「被災者である私」としてクローズアップされる場面が多かったのもやむをえないことかもしれない。

 しかし，そのような状況下にありながら，個人の尊厳を守る役割を担う社会福祉士は，一人ひとりに対して「○○さん」という名前の声掛けとともに個別な存在として尊重する対面を心がけてきた。被災者という弱者のレッテルを貼ることを避け，生活の主体者に対し，尊厳をもってかかわることに一番の意義を置いていたといえよう。

 第二に，人々の生活問題が表面化するきっかけを逃さずキャッチし，支援に生かす提案をしていたことがあげられる。震災の発生以前から，深刻な課題をかかえている家族が，災害等をきっかけにして，さらにその問題を深刻化させる場合がある。たとえば，震災前からその家庭にあった虐待，DV（ドメスティック・バイオレンス），アルコー

ル依存,老々介護の問題等が震災をきっかけに深刻化し,支援者の目に留まるようになった。また,避難所生活や応急仮設住宅などの環境の変化により,新たな心配事をかかえる場合もある。少しの気がかりや課題が明らかになった時に見逃さないことが大切である。

特に震災後は,転居などの人々の移動,新たなコミュニティの設立など,突然に,大きな変化を強いられる人々が多くいた。その人たちは,心身の不安が増大し,人との接触を避けがちになっていった。また,新たな環境に移行したことで新たな出会いがあるものの,なれない場所で助けてほしいと,なかなか伝えることができない状況に追いやられたりしている場合もあった。

今まで見えなかった家庭内の問題が,こちらから出向いて声をかける**アウトリーチ**により発見されることで,周囲の人々のつながりによる見守りの対象となるのである。

第三に,一般住民などに減災・防災教育を予め行い,専門職だけでなく地域住民が参加し,次なる災害に向けての準備に取り組む活動を行っていることがあげられる。東日本大震災の際には,社会福祉士等ソーシャルワーカーの職能団体,福祉系大学生,一般大学生による学生ボランティア,福祉系大学経営者協議会の関係者が協力し,実際に活動した。具体的な取り組み内容,参加した学生やボランティアを支える体制づくりは,人材育成を担う福祉系大学の役割と使命,リーダーシップを示すものとして意義があると同時に,住民自らも地域の課題を「わが事」として共感的に考える思考を身につけ,いざという時に助け合う準備

必ず覚える用語

☐ アウトリーチ
☐ ワンストップ

Check

事例を読んで,地域医療支援病院と在宅療養支援診療所等との連携に関する次の記述は正しいかどうか答えなさい。

[事例] Oさん(80歳)は体調が悪く,最寄りの在宅療養支援診察所であるQクリニックで診察を受けたところ,地域医療支援病院であるR病院での診療を紹介された。R病院では直ちに入院のうえ,4日後に手術となった。2週間後,Oさんは無事R病院を退院し,自宅に戻ることができた。その後,QクリニックがS訪問看護ステーションと連携して,Oさんの在宅療養の支援に当たっている。Qクリニックの医師は,24時間往診や必要な機関と連携して24時間訪問看護が可能になる体制を確保しなければならない。

(答)○:在宅療養支援診療所であるQクリニックは,24時間往診や,必要な場合には他の保険医療機関,訪問看護ステーション等の看護職員と連携し,24時間訪問看護の提供が可能となる体制をとらなくてはならない。

(第25回社会福祉士国家試験問題74より)

第8章
多職種連携とソーシャルワーカー
第2節　地域における多職種連携

につなげる。

第四に、権利擁護（アドボカシー）を実践していたことがあげられる。いろいろな市区町村行政、社会福祉協議会、地域包括支援センター、病院や診療所、居宅介護支援事業所、福祉施設のソーシャルワーカーと災害時に外部から応援に入ってくるソーシャルワーカーとでネットワークを作り活動していた。それでもこぼれ落ちるニーズがないように、網目の細かなネットワークを日頃から作れるよう連携する力が求められる。混乱と崩壊のなか、使える資源が何もない、資源が十分にない状況でも、目の前の困りごとに耳を傾け続け支え続けること、当面できる支援を考えながら、人々を置き去りにしないことが最後まで求められるのが社会福祉士であると考える。社会福祉士には、被災者の孤独から目をそらさない権利擁護の視点が問われる。特に、震災後の避難所には、集団生活になかなかなじむことができない発達障害のある子らをかかえてきている親には居心地が悪い場所であるところもあった。中には他者の目を気にして車中で暮らしていた家族もあったという。その際、発達障害について理解のある社会福祉士と保健師が困っている家族らの声をきき、間仕切りや個室スペースの確保などに取り組んだ例もある。全ての人々が安心して避難生活をおくれるよう、活動した一例である。

狭間にこぼれ落ちる人を見逃さない力

社会福祉士の役割は、災害時に限らず、上記の4つの視点で支援を行うことが求められる。わが国がかかえている**ネットカフェ難民**◆1の課題、孤独死、児童虐待、派遣切りなどの社会問題の中にも、被災者と同じく、人間を社会的孤立に陥らせる状況が数々ある。特に、制度の狭間にある人々は、外から見えにくい貧困や孤独をかかえながら、助けてと声を上げられないでいる。あるいは、小さな声を発していても、なかなか発見されにくい状況にある。多職種のメンバーの中で、社会福祉士は、**制度の狭間にこぼれ落ちている人々のニーズ**をキャッチし、支援を受けることができる軌道に乗せる役割があると考える。

近年、社会福祉の支援者が対応すべき課題が、制度と制度の狭間にあることが事例の積み重ねによりわかってきた。たとえば、生活保護法という法の対象にはならぬまま、ぎりぎりの状況の生活を強いられている人々、介護保険制度等の対象にはならないが、重度のケアが必要な状況であり、経済的にも困窮している家族などである。

現存の制度の対象とはならなかったり、現行のサービスでは対応できない人々の中に、かかえている問題がどんどん深刻化していく生活困窮者の課題がある。経済的な問題の解決だけでは解けない、家族関係の希薄化の問題、治療されないまま他者に被害を与えるリスクを抱えるアルコールを大量飲酒する家族の問題などが隠れていたりする。救える制度がないだけでなく、どこから手をつけたらよいか、様々な専門職が悩んでいるの事例が地域にはある。

そのような問題への対応を含め、地域包括支援センターで働く社会福祉士は、**ワンストップ**◆2の総合相談役として定義されている。しかし社会福祉

士一人で解決するのではなく、同じセンター内に配置されている、主任介護支援専門員や保健師などの専門職と相談しながら対応していくことになる。社会福祉士の活動が根づいている地域は、個人の困りごとを地域の課題としてとらえ、地域全体で共有し解決しようとする土壌が育っている場所であるといえる。豊中市社会福祉協議会のコミュニティソーシャルワーカーの勝部麗子さんが「一つの事例を乗りこえると、地域全体がやさしくなっていく」(1)という理由は、ここにある。

◆1　ネットカフェ難民
インターネットカフェで寝泊まりしている住所不定の人々。厚生労働省はその実態をつかむため、2007年に初の調査を実施している。その当時5400人と上げられた。しかしこの数値については、NPO法人などから、ファーストフードや他の場所にいる例があることから、実態より少ないとの見方がなされている。

◆2　ワンストップ
地域包括支援センターの特色をあらわす言葉。どのようなサービスを利用すべきかわからない住民に対して、一つの窓口で困り事（ニーズ）に適切に対応できるように受理し、相談窓口としての役割を果たすこと。

Close up

ソーシャルワーカーの実践における学びとスーパービジョン

　スーパービジョンや事例検討・ケースカンファレンスは、社会福祉の専門的実践の維持・向上のためには不可欠なものである。スーパービジョンは、事例（case）を通した学びを基本とする。しかし、実際は多くの現場では「スーパービジョンを受けていない」「スーパービジョンを実施していない」という声を耳にする。浅野正嗣は、①もともとソーシャルワーカーの配置人数が少なく、同一職種のスーパーバイザーを配置することができないこと、②したがって、スーパービジョンを職制に位置づけることが難しいこと、③ソーシャルワーク業務が多忙すぎてスーパービジョンのための時間を確保することができないこと、④組織上の管理者や他職種の上司がスーパーバイザーについている場合も多く、教育的機能よりは管理的機能に重点をおいたスーパービジョンが多く実施されていること、⑤職場内でスーパービジョンを受ける機会が乏しく、職場外の研究会や勉強会、職能集団にその機能を求めることが多いこと、などを理由に、日本におけるスーパービジョンの定着が過渡期にあることを指摘している。(2)

注
(1) 2014年11月1、2日全国社会福祉教育セミナーシンポジウム「生活困窮者自立生活支援の政策と実践」においてシンポジストの勝部麗子氏が発した言葉。
(2) 浅野正嗣他（2011）『ソーシャルワーク・スーパービジョン実践入門』みらい、36頁。

第3節 多職種連携によるチームアプローチを機能させるためのソーシャルワーカーの役割

この節のテーマ
- 社会福祉士が多職種とチームを組むことを理解しよう。
- チームで取り組むべき様々なコンフリクトについて理解しよう。

多職種連携(チームアプローチ)とは何か

　連携とは同じ目的の達成を目指し、役割を分担したり連絡・協同して物事をすすめていくことである。またチームとは共通の目的を達成するために、アプローチを共有し、一体となって責務を果たそうとする集団のことである。具体的には、まずは自分の職種の専門性や役割や機能をよく理解した上で、顔のみえる関係を他職種と築き、お互いを知ることが前提となる。そして、具体的な実践にて利用者らの情報やアセスメントを共有しながら本人らののぞむ生活の実現を支え合うことを指す。

　チームのあり方は、たとえばスポーツにおきかえて述べられたりしている。ポジションが固定化している野球型チームは、自分の担当することになる役割に専念することで、全体の成果が上がる。医療にたずさわる医師をリーダーとするチームがこれにあてはまる。一方、固定した技術は担うが、リーダーの的確な声かけやチームの成熟度が高まるほどに柔軟で臨機応変にすばやく動けるのがサッカー型チームである。特に救急医療の現場や、地域支援の現場でも予測のつかない対応が求められる場合に有効なアプローチであると考えられている。

　保健医療福祉の分野においては、地域に様々な施設・機関が存在し、そこでは様々な職種が働いている。専門職が単独で支援をしている場合もあれば、チームを組んで支援している場合もある。お互いが役割を相互に補いあいながらのチームプレーをしている時もあれば、1＋1は2以上の相乗効果をねらって複数の専門職がかかわる場面もあるだろう。同じ職種同士の連携もあれば、異職種間での連携もある。組織と組織をまたがる組織間の連携もあれば、支援を必要としている本人と支援者間の連携など、いろいろなつながりを保ちながら、実践をしている。

　状況やニーズに応じて、チーム編成のあり方も変わってくる。たとえば、病院の救急救命センターでは、重症な患者が搬送されてきた時に、医師が監督となり、チームの行動を統率し、各自は固定された役割の遂行に集中して取り組む野球チーム型の編成を取る場合もある。救急医療では、自殺や虐待等の特殊な傷病に対応を求められることが多く、病態や疾患は様々である。医師・看護師に加えて、薬剤師、**臨床検査技師**◆1、診療放射線技師、**臨床工学技士**◆2、社会福祉士など多くの職種が、診療やサービスの質を保ちながら時間や資源の制限のある中で連携し、短時間で結果を出すことに集中する。特に、救急医療において病院の社会福祉士が行う支援としては、背景に深刻な心

理的・社会的問題がある場合が多い。病院にかかることで身寄りがないこと，健康保険などに加入していないこと，経済的に医療費の支払いができないこと，精神疾患をかかえていること，病状の説明などで日本語が通じない外国人であることなどが明らかとなることが多くあり，治療チームと同時並行して，社会的問題の解決に取り組むこととなる。

　いかなる形態のチームにせよ，チームアプローチでは，それぞれの専門職は，基本的には固定的な役割を担わない。チームの編成は，支援の状況に応じて，臨機応変に編成を変え，流動的であるということである。その課題の解決に最も効果を発揮すると思われる専門職等がメンバーとして集まり，その課題解決のために支援にあたることが求められる。メンバーとしては招集されたりされなかったりがありながらも，カンファレンスには全員が参加しいつでもかわりに入れるように，記録の共有により，プロセスを共有することができる。

チームで取り組むべき様々なコンフリクト

　社会福祉士がかかわる生活上の課題には，その問題解決の過程で，様々なコンフリクト（葛藤）に遭遇することが多い。コンフリクトとは，意見や価値観，方針の違いから，互いに葛藤を抱いていたり，了解できなかったり，誤解していたり，関係を絶ったり，対立してしまう関係性のことである。

　人の生活には，あらゆるところにコンフリクト

必ず覚える用語
☐ チームアプローチ
☐ コミュニティ・ソーシャルワーカー

◆1　臨床検査技師
病院などでさまざまな臨床検査を行う技術者。臨床検査技師等に関する法律に規定される国家資格である。

◆2　臨床工学技士
臨床工学技士法に規定され，医師の指示の下に生命維持管理装置の操作および保守点検を行うことを業とする者。

第 8 章
多職種連携とソーシャルワーカー
第3節　多職種連携によるチームアプローチを機能させるためのソーシャルワーカーの役割

が存在する。ゴミ屋敷の住民は，近隣の住民からは排除の対象として見られ，ゴミ屋敷の住人とその状況が理解できない地域住民との間に対立がある場合がある。地域に障害者のグループホームができる計画が決まったが，地域住民が反対し，役所に計画取り消しを迫ることもコンフリクトの例である。支援方針の違いから，専門職間に対立が生じている場合も専門職間にコンフリクトがあると考える。支援者が，利用者にコンフリクトを抱くこともあるだろう。社会福祉士は，支援する状況がコンフリクトをかかえているケースでもあり，また同時に，自分の属している支援チームの中にコンフリクトをかかえる場合もある。そのような時，社会福祉士はどのようにアプローチしたらよいのだろうか。このコンフリクトを乗り越えることができなければ，関係者の誰かが孤立することとなる。

　この人は困った人だ，という話をしてくる人には，「心配してくださっているんですね」という切り返しをします。「あの人はずっとこんなことをやってきて，迷惑をしている」という人には「ずっと見守ってくださっているんですね」といいます。「いままで大変迷惑をされていたんでしょうね」と声をかけると，少し落ち着いてくれます。「あなたが教えてくれたから，この人を助けることができました。ありがとう」というと，文句を言った人はちょっと後ろめたさを感じるようです。「普通だったらものすごく苦しいのに，あなたがこうして相談に来てくれたから，これからこの人へ援助ができるようになります」

と話すと，少しだけその人も，いいことをした気持ちになってくれるようです⁽¹⁾

　これは，実際の地域で働く社会福祉士（**コミュニティ・ソーシャルワーカー**◆3）と，ホームレスを排除する地域の人々とのやり取りである。社会福祉士が，苦情や意見を投げかけてくる様々な人たちとのつながりをなんとか保ちながら，受け流すことなく，彼らと向き合い，支えあいづくりの基礎づくりをしているのがわかる。

　社会福祉士は，コンフリクトを発見した場合，それを取り除くのではなく，積極的に支援に活かす，というアプローチが求められる。コンフリクトをおこしている人々を説得できても，納得に導けなければ意味がない。特に，地域で活動する社会福祉士は，いろいろな立場の人々とかかわり，いろいろな立場の主張に耳を傾ける。誰ひとりも排除の念や敗北感を抱くことなく，それぞれの違いに気づき，違いを認め合いながら，双方が合意にたどりつく支援が求められる。

　そのために，コンフリクトの原因となっている双方の考えの違いについて，地域の関係者が参加するカンファレンスで徹底的に話し合うしかない。カンファレンスは，建前や本音が出てくるかもしれないが，急がずに，粘り強く互いの理解を深めていくことが信頼関係を作るためにも求められる。

　「立場は違うし，考えは相変わらず平行線な部分もあるけれど，あなたと話してみることで少し歩み寄ろうと思った。あなたと考えは違うけれど，人間としては嫌いじゃなくなった。もっと早く話してみればよかった」などと，違いやコンフリク

トを対話の材料にし，互いの理解を深めるコミュニケーション力が社会福祉士には求められるといえよう。

◆3 コミュニティ・ソーシャルワーカー
地域を基盤に働くソーシャルワーカー。地域にうもれている支援を必要としている人々や，支援をうけたくてもサービスや制度がないことで放置されている人々に対して個別支援を行い，新たなしくみづくりを地域で行っていく専門職。

注
(1) コミュニティソーシャルワーク実践研究会 (2013)『コミュニティソーシャルワークと社会資源開発——コミュニティソーシャルワーカーからのメッセージ』全国コミュニティライフサポートセンター，39頁。

第4節 ケースカンファレンス・サービス担当者会議・地域ケア会議の必要性

この節のテーマ
- カンファレンスとは何かを理解する。
- 様々な会議について知る。

カンファレンスにおけるコミュニケーションの重要性

　支援の方針を決めたり，方向づけをするのは，意思決定する主役である利用者や家族であることはこれまで述べてきた。彼らはその決定や相談のプロセスに参加することが条件であり，利用者らがよりよい意思決定を行えるようにチームメンバー全員でサポートすることが求められる。立場のちがいや，専門用語がわからないことを理由に関係がとだえることなく安心して本音を語ってもらったり，その本音や気持ちをチームメンバーで聞かせてもらいながら今後の支援に活かしていく場が，まさに**カンファレンス**でのコミュニケーションである。

　カンファレンスでは，情報の共有，アセスメントの共有，目標の共有，方針の決定等が主に行われるが，何より，本人や家族が支援者らと顔を合わせて語りあいながら信頼関係を築くことに大きな意義がある。本人や家族，専門職らがお互いにわからないことを出しあい，問題を解決していくプロセスを共有し，同志となっていく結束力を支援に活かすことに意義があると思われる。

　考えや思考のプロセス，とまどい，喜び，やりがいを言語化し，かかわる関係者と情報や目的を共有するしくみが必要である。

たとえば**ブレーンストーミング**[1]などの集団での討議法を用いることもある。

地域包括支援センターにおける多職種連携の実際

　地域包括支援センターは，総合相談支援，介護予防マネジメント，包括的継続的マネジメントを担う機関として期待されている。また，**地域ケア会議**[2]の主催も行う。地域の様々な資源を用いての包括的ケアの視点は今後ますます必要となり，利用者にとっての生活の連続性を保障する姿勢が求められる。

　地域包括支援センターには主任ケアマネジャー，保健師，社会福祉士の3職種が連携し，個別相談に対応するとともに，個別ケース課題を地域課題としてとらえるコミュニティソーシャルワークの視点から地域ケアネットワークづくりを担っていく必要性がある。これは地域包括支援センターだけのことではなく，保健・医療・福祉分野の様々な施設・機関で働く専門職らにもあてはまる。特に社会福祉士は，地域で暮らす人々の生活を支援する職種であるため，組織内で完結・終結する支援ではなく，保健・医療・福祉分野の多くの専門職の人々とつながり，個別支援や地域課題にいつでも対応できる協力関係を築くネットワーキングにつとめる必要がある。

その，つながりを育むスキル，つまり連携を育むスキルとして双方向のコミュニケーションをこころがけること，だれもがわかりやすい共通言語でやりとりすること，やりとりされる言葉の意味を理解しようとする姿勢が求められる。

ジェネラリストの視点に基づく地域を基盤とするソーシャルワーカー

地域を基盤としたソーシャルワークの実践では，そこに発生している生活課題の解決にむけ，多職種の専門知を集結させて多角的に分析することが求められる。それは言い換えれば，人々や地域全体を包み込むことができる総合的・包括的な支援である。サービス担当者会議とは，地域で働く各種専門職と一堂に会し，介護保険でのケアプラン作成のために行われる話し合いのことである。一つの事業所だけでなく，利用者がかかわる事業所が多く集い行われる。利用者が在宅で介護のサービスを適切にうけられているかどうかを知る大切な機会である。

開催の目的は3つある。1つめは，利用者のニーズにこたえられているかどうかを確認することである。話し合いには本人や家族の意思確認が必要となる。

2つめは，事業所間の役割やサービスの内容を改めて知る場であるということである。3つめは，関係者が連携していてもなお，こたえられていない困り事があるかどうかを確認し，それへの対策をたてることがよりよい生活を支える支援へとつながる。現在では，それら社会福祉援助技術を統合した実践をジェネラリストソーシャルワークと呼んでいる。

ジェネラリスト・ソーシャルワークは，システム理論・エコロジカル理論・ストレングス視点やエンパワーメントなど，近年のソーシャルワークの歴史の中で育った各種理論を統合することを提唱する立場であり，ソーシャルワーク実践を全体としてとらえながら地域でおこっている課題に対して多様な理論を柔軟に活用していこうとするものである。

1 ◆1　ブレーンストーミング
アレックス・F・オズボーンによって考案された集団討議法の一つ。便乗発展，批判厳禁，自由奔放，質より量を原則に，テーマについて自由に意見を出しアイデアを広げる。

2 ◆2　地域ケア会議
地域包括支援センターが主催し，高齢者個人の支援を通して地域支援のネットワークをつくり，高齢者の自立支援に関するケアマネジメントを支援し，地域課題の把握を行うもの。

さらに学びたい人への基本図書

大阪府社会福祉協議会編著『社会福祉法人だからできた誰も制度の谷間に落とさない福祉——経済的援助と総合生活相談で行う社会的貢献事業』ミネルヴァ書房，2013年
大阪府社会福祉協議会における社会貢献事業（生活困窮者レスキュー事業）において実施されている，社会福祉法人自らが人や資金を出し合い，制度の狭間にある人たちに対してアウトリーチし，自立へのサポートを行なっている実践をまとめたもの。生活困窮者自立支援事業のモデルとなる取組み。

コミュニティソーシャルワーク実践研究会『コミュニティソーシャルワークと社会資源開発——コミュニティソーシャルワーカーからのメッセージ』全国コミュニティライフサポートセンター，2013年
全国で活躍するコミュニティソーシャルワーカーが語る「社会資源開発」についての座談会の記録をもとに，社会資源の開発に求められる背景とソーシャルワークの機能がまとめられたもの。

Try! 第8章

問：多職種が連携することのメリット，デメリットは何か述べなさい。

ヒント：自分が話していないにもかかわらず，自分についての情報を地域の様々な専門職の人たちがすでに知っていることがわかったら，どんな気持ちになるだろう。

第9章

ソーシャルワーカーの現任研修

本章で学ぶこと

- ソーシャルワーカーをとりまく関係性について理解する。(第1節)
- ソーシャルワーカーとして学び続けることの意義を理解する。(第2節)
- ソーシャルワーカーの学びを支える方法・内容について理解する。(第3節)
- ソーシャルワーカーの実践力について理解する。(第4節)
- ソーシャルワーカーの成長を支えるスーパービジョンについて理解する。(第5節)

第1節 関係性に着目するソーシャルワーカー

○ この節のテーマ
- 人と環境との交互作用について理解しよう。
- 利用者の主体的な問題解決を支えることについて考えよう。

関係性で結ばれた私たち

　私たちは、日々、生活を営むなかで、人や環境から様々な影響を受けると同時に、私たち自身も、人や環境に影響を与える。たとえば、朝、学校に行く前に親と口論になった。イライラした気分のまま登校。仲のよい友だちが、ふざけた調子で自分に話しかけてきた。普段であれば、それを冗談で返せるのに、友だちに向かって、「いい加減にして」と強い口調でいってしまった。友だちは、いつもと違う「私」の様子に驚いた表情を見せた。口論になった親とは無関係の友だちに、イライラして八つ当たりをしてしまった。

　大事にしていた携帯ストラップが、ある日、気づいたらなくなっていた。普段は喧嘩ばかりしている弟が、中学校の修学旅行のお土産にと選んで買ってきてくれたストラップ。はにかみながら手渡してくれた弟の気持ちも一緒に、どこかに落としてしまったかのように悲しい気持ちになった。物というのは、単なる物体ではなく、特有の思いや誰かとの関係性がしみ込んでいるものである。このお土産のストラップは、単なるモノではなく、弟と「私」の関係性がしみ込んだ"大切な物"であるからこそ、「私」はひどく落ち込んだ気持ちになった。

　私たちは、日常生活のなかで、これと似た体験を少なからずしているのではないだろうか。私たちは、様々な人や環境と関係性を結びながら生きている。その関係性によって、うれしい思いをすることもあれば、関係性があるがゆえに、辛く悲しい思いをすることもある。

人と環境との交互作用

　ソーシャルワーカーは、この関係性に着目する。本書の第3章第4節で説明されているように、ソーシャルワークはその歴史的な発展過程のなかで、**生態学的（エコロジカル）な視点**を導入した。生態学の視点では、利用者が直面する課題やニーズは、"生活"という視点からとらえられる。つまり、**"人と環境"との交互作用（transaction）**の結果、課題やニーズが生じるととらえるのである。[1]

　交互作用は、**相互作用（interaction）**と類似した概念としてとらえられるが、厳密には異なっている。先ほどの親と口論した「私」で考えてみよう。口論したのは、「私」と親である。この口論を通して、「私」と親は、お互いに影響を及ぼし合う関係性であり、これは相互作用とよぶ。

　親と口論した「私」は学校に行って、友だちに八つ当たりをしてしまった。これは、「私」と友だちとの相互作用である。しかし、この相互作用は、「私」と親との相互作用の影響を友だちが受けてしまったととらえられる。「私」と親の二者

関係（相互作用）が、「私」と友だちの二者関係（相互作用）に影響を与えたことになり、これを交互作用とよぶ。単純化して図示すると**図9-1**、**図9-2**のようになる。

「trans-」という英語の接頭辞には、「越えて、横切って、貫いて、通って、他の側へ、別の場所へ」といった意味がある。ちなみに、接頭辞「inter-」は、「～の間の、相互の（に）」という意味である。

さらに、ここで注目しておきたいのは、原因と結果の関係である。二者関係で見ていると、たとえば、学校に行く時間になっても準備をしない「私」を親が叱った。機嫌を損ねた「私」は親に暴言を吐き口論となった。口論（結果）になった原因は、学校の準備をしない「私」の行動ということになる。これは、「原因→結果」という**直線的な因果関係**でとらえる視点である（**図9-3**）。

それでは、「私」が学校で友だちに八つ当たりをしたのは、友だちがふざけた調子で話しかけたからなのか。友だちがふざけたことは、たしかに八つ当たりをするきっかけを「私」に与えたかもしれないが、そもそも、「私」はイライラした状態で登校していた。その原因は、家を出る前に、親と口論をしたからである。このように、事態を辿っていくと、そもそも、何が原因で、何が結果であるのかは容易に判定できないのが日常生活である。ある出来事は、原因であるかもしれないが、何かの結果である可能性もある。このような考え方を**円環的な因果関係**という（**図9-4**）。私たちは、生活のなかで、人や環境から、実に様々な影響を受け、そして、影響を与えているのであり、

必ず覚える用語

- ☐ 生態学的（エコロジカル）な視点
- ☐ 人と環境との交互作用
- ☐ 相互作用
- ☐ 円環的な因果関係
- ☐ 自己決定の尊重

Check

次の文の正誤を答えなさい。

　ジャーメイン（Germain, C）らは、生態学の視点を用いて、個人に焦点化した適応概念について説明した。

（答）×：援助の焦点は、人と環境との交互作用、その接点にあり、個人のみに焦点化されていない。
（第25回社会福祉士国家試験問題101より）

第9章
ソーシャルワーカーの現任研修
第1節 関係性に着目するソーシャルワーカー

これは，私たちが関係性のなかで生きていることを意味している。

関係性のなかで利用者の主体的な問題解決を支えるソーシャルワーカー

私たちは，関係性のなかで悩んだり問題をかかえたりするが，問題を解決するのもまた，関係性のなかであり，関係性を通してである。人と環境との交互作用を活かして，利用者自身が主体的に問題を解決できるように支援することがソーシャルワーカーには求められる。

社会福祉の現場では，利用者の**自己決定の尊重**[1]が重視される。自己決定には，自分で決定した結果に対して自ら責任を負うという意味合いが含まれている。利用者は，自己決定することにより責任を負う。それは，すべての責任は利用者にあり，ソーシャルワーカーが無責任であってもよいということではない。また，利用者が一人で何でも決定することが自己決定でもない。ソーシャルワーカーの支援を得ながら，利用者が自己決定することは十分に考えられることである。

責任（responsibility）とは，応答（response）する能力（ability）のことである。働きかけに対して，何らかの形で応答することによって，そこに責任が生まれてくる。責任が生まれてくるところに，自己決定の可能性があるといえる。たとえば，ソーシャルワーカーは，利用者に働きかけることによって，様々な生活上のニーズや課題を解決に結びつける。そこにはソーシャルワーカーと利用者との相互作用があり，一方的な働きかけのみによってニーズや課題が解決するのではなく，利用者を取り巻く様々な環境との交互作用がある。利用者は，その働きかけに何らかの形で応答することによって，すでに，責任を負っているととらえることもできる。結果に対する責任というよりも，むしろ過程（プロセス）に対する責任といえるだろう。

利用者は，決して無力な存在ではない。利用者の潜在的な可能性や力を信じて，働きかけることで，応答をうながし，利用者自身が直面している事態を乗り越えていくことを支援する。利用者の応答する能力が発揮されるように，その力を活用して，主体的に問題解決にかかわれるようにソーシャルワーカーが支援することが重要となる。

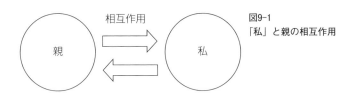

図9-1
「私」と親の相互作用

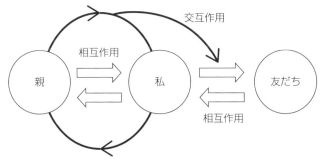

図9-2
親と「私」と友だちの交互作用

注：図9-1，図9-2は，相互作用と交互作用を単純化して図示している。実際には，親と「私」もとりまく環境との交互作用を行っており，友だちも同様に，「私」以外の環境との交互作用を行っている。

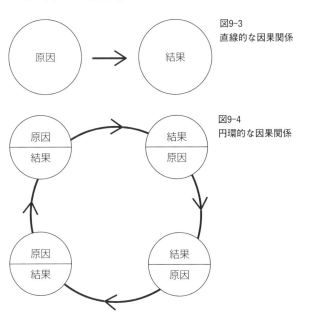

図9-3
直線的な因果関係

図9-4
円環的な因果関係

◆1　自己決定の尊重

バイステック（Biestek, F. P.）の「ケースワークの7原則」でも知られているもので，利用者の「自己決定を促し尊重する」とされている。自分の生活，自分にかかわりのあることについて，自由に選択し決定することを支える。自己決定の前提として判断能力の有無が問題とされることもあるが，いかなる状態の利用者であっても，自己決定権を有している。最大限，自己決定権を行使しうる状態をつくりだすこと，保障することがソーシャルワーカーの責務である。

Check

次の文の正誤を答えなさい。

パールマン（Perlman, H.）が提唱した問題解決アプローチでは，クライエントの問題に対して，「この原因がこの結果を生む」という原因と結果の直線的な関係からとらえようとした。

（答）×：クライエントの問題を直線的な因果関係でとらえようとするのは，治療モデルの考え方である。
（第24回社会福祉士国家試験問題92より）

注　(1) カレル・ジャーメイン他／小島蓉子編訳（1992）『エコロジカルソーシャルワーク──カレル・ジャーメイン名論文集』学苑社，89頁。

第2節 一人前になるために必要なトレーニング

この節のテーマ
- ソーシャルワーカーとして"一人前"になることの意味について考えよう。
- ソーシャルワーカーには学び続けることが必要であることの意味を理解しよう。

資格取得がスタート——知っていることを使えるように

ソーシャルワーカーを志し養成校で学ぶ学生たちが，社会福祉士の資格を取得し，社会福祉の現場に就職する。資格取得は，スタートラインに立ったことを意味する。ここから，ソーシャルワーカーとして一人前になるための道を歩みはじめるのである。つまり，資格を取得すれば立派なソーシャルワーカーになれるのではなく，資格取得を出発点として，ここからどのような道を歩むのかがその後の鍵を握る。

社会福祉の実践においては，ソーシャルワーカーとして必要な知識や支援の方法を知っているだけでは意味をなさない。知っていることを使ってこそ，意味をなす。なぜなら，ソーシャルワーカーは，人と環境とに働きかける（かかわる）ことを通して，利用者の生活を支えるからである。

ソーシャルワーカーには，問題状況で停滞している利用者の"いま"に変化をもたらすように働きかけることが求められる。したがって，知識やスキルを"知っている"ことは，資格取得には必要であるが，実践においては，知っているのみならず，使えることが重要となる。使えるといっても，単に使えるのではなく，駆使するという言葉がふさわしいように，状況に応じた判断と臨機応変で柔軟な対応が福祉現場では求められる。福祉現場にマニュアルは存在しない。あるのは，自分の支援を裏づける理論的なベースと学び続けることを忘れない真摯な姿勢，そして，それを支えてくれる仲間，利用者，関係者の存在である。

なぜ，学び続けることが必要なのか

なぜ，ソーシャルワーカーは学び続けることが必要なのか。その問いに端的に答えるならば，それは，対人援助職だからである。対人援助職とは，人とかかわる仕事であるが，ソーシャルワーカーがかかわるのは，**人の生活（life）**である。ライフには「**生命活動，日々の暮らし，生涯**」の3つの次元がある。私たちの生命活動が，日々の暮らしを形成し，日々の暮らしの積み重ねは，私たちの生涯を形成する。3つの次元は連続した営みであるが，その時々に独立した領域として，たとえば，日々の暮らしにスポットをあてた障害の緩和のためのリハビリテーションなど，一つの次元が支援の対象になることもある。

しかし，人が生きていくということは，連続した営みであることを忘れてはならない。その人が生きてきた歴史である過去を大事にしながら，将来の見通しをもって，人が生きていくこと，生活を支援すること，それがソーシャルワーカーの業務である。

人の生活は，環境の影響に左右される。このこ

とは，ソーシャルワーカーが社会情勢をふまえた支援を行うことが必要であることを意味する。社会情勢にも目を配りながら，利用者を取り巻く周囲の人間関係や様々な状況を見据えた多角的な視点に立ち，目の前にいる利用者の支援を考えるためには，新しい情報を取り入れ，多職種との連携を模索するなどの工夫が不可欠である。

　日常の業務に慣れることと，日常の業務を流すこと，とは紙一重である。慣れてきたからといって，機械のオートメーションのように業務を行うようなことがあってはならない。私たちが向き合っているのは，人であって，モノではない。だからこそ，ソーシャルワーカーには，倫理観が問われる。人の人生，生活は多様である。多様であり，個別性の高いものである。その人の人生と同じ人生を歩んでいる人は，ほかに誰一人としていない。そうであればこそ，私たちは，常に，目の前にいる利用者から学ばなければ，個別性の高い，その人の人生，生活を支えることなどできるわけがないのである。私たち，ソーシャルワーカーは，多様で，個別性の高い人の生命・生活・人生を左右する対人援助職だからこそ，学び続ける必要がある。

養成校での学びと福祉現場での学び

　ソーシャルワーカーに限らず，資格取得は，専門職としてのスタートラインに立ったことを意味しており，その後も私たちには，学び続けることが求められる。それでは，養成校での学びと福祉現場での学びの関係性は，いかなるものであろ

必ず覚える用語
- □ 人の生活（life）
- □ 倫理観
- □ いま・ここで

Check

次の文の正誤を答えなさい。
　入所施設では施設の公立的な経営が重視されるので，それに支障をきたさない範囲で利用者の要望に応えることが必要である。

（答）×：利用者，それぞれの個別のニーズに合わせたサービスを提供することが必要である。
（第24回社会福祉士国家試験問題85より）

第9章
ソーシャルワーカーの現任研修
第2節 一人前になるために必要なトレーニング

うか。養成校では，専門職としての基盤を形成することが，学びの目的となる。専門職としての基盤とは，たとえば，ソーシャルワーカーとしての**倫理観**，人間観，福祉観，援助観などを学び，その土台の上に，実践的な理論や知識，スキルを学び身につけていくことである。

それでは，人権を例に考えてみよう。人権とは，人が生まれながらにしてもっている権利のことであるが，私たちに求められる人権感覚は，生まれながらにしてもっている感覚ではない。**人権感覚**[◆1]とは，人とかかわることを通して育まれる感覚であり，人との相互作用を通して身についていくものである。ソーシャルワーカーには，優れた人権感覚を備えていることが求められる。なぜ人権感覚が必要であるのか，人権感覚を備えているとは具体的にいかなる態度や行為によって示すことができるのか，人権感覚に裏打ちされた支援とは，いかなるものであるのかについて，学び，考え続けることが必要である。人とかかわりながら，そのことを意識することによって，人権感覚は形成され，研ぎ澄まされる。その他，人権感覚と同様に，ソーシャルワーカーに求められる倫理観，価値，理論や実践的なスキル等についても，理念を学ぶと同時に，具体的な事例や演習を通して学ぶことが大切である。

養成校での学びがベースとなり，福祉現場における実践を通した学びがより深いものとなる。いわば，養成校での学びは，一人前のソーシャルワーカーになるための準備段階である。その準備段階を経て，福祉現場で実践を行う際には，養成校で学んだ理論やスキルを駆使して，その有用性を検証しながら，さらにより豊かな支援について模索することになる。当然のことながら，実践から新たな支援の方法や理論を構築することもあるだろう。

養成校での学びと福祉現場での学びを連動させることができるように，「**いま，ここで**」[◆2]の学びの機会を最大限，活かすことが望まれる。

◆1 人権感覚

人権感覚とは、一言で表現するならば、「自分を大切にし、他の人を大切にする」という価値観を含む感覚である。この「感覚」は、たとえば、知識として、「なぜ、人を大切にしなければならないか」を理解するだけで身につくものではない。人権感覚は、体験的に学ぶことを通して培われるものである。したがって、福祉を志すものは、日々の生活の中で、人とかかわりながら、人権感覚を研ぎ澄まし、高めることが求められる。

◆2 「いま、ここで」

「いま、ここで（here and now）」は、心理学において提唱された概念であるが、ソーシャルワークの支援においても重要な概念である。"いま、ここで"、ソーシャルワーカーは、利用者と向き合い、利用者は自分の課題と向き合い、ソーシャルワーカーと協同して問題解決に取り組む。「いま、ここで」という、その瞬間瞬間を大切にし、ていねいにかかわりを紡ぎだすことが、ソーシャルワーカーに求められる。

> **Check**
>
> 次の文の正誤を答えなさい。
>
> 社会福祉士及び介護福祉士法に定められた社会福祉士の義務として、専門性の維持・向上を目的として、5年に一度資格更新研修を受けなければならない。
>
> （答）×：認定社会福祉士には、認定を受けてから5年ごとに更新する義務があるが、社会福祉士にその義務はない。
> （第24回社会福祉士国家試験問題84より）

注
(1) 窪田暁子（2013）『福祉援助の臨床——共感する他者として』誠信書房、4頁。

第3節 一人前に向けてどのように何を学ぶのか──研修内容と方法

○ この節のテーマ
● ソーシャルワーカーの学びを支える方法・内容について理解しよう。

職場で・職場外で、自分で学ぶ

一人前に向けて、私たちは、どのように、何を学べばよいのだろうか。人材育成の一般的な柱として、**OJT**(On the Job Training:職務を通じての研修)、**OFF-JT**(Off the Job Training:職務を離れての研修)、**SDS**(Self Development System:自己啓発援助制度)の3つがある(図9-5)。

OJTとは、職務を通じて学ぶことであり、職場の理念や方針、業務内容や業務に必要とされる知識・スキルを先輩職員が後輩職員へ教え、伝えていく。一方、OFF-JTとは、職務を離れて学ぶことであり、職場内で行われる集合研修への参加、あるいは職場外で開催される研修に派遣されて学ぶ場合とがある。SDSとは、職場内外での自主的な学びを職場が応援する制度である。たとえば、研修費の補助や研修受講のための時間の保障、職場で勉強会を行うなどの際に場所を提供することなどが含まれる。この3つの柱を組み合わせながら、専門職としての学びを深めていく。

それでは、何を学ぶのであろうか。何を学ぶかは、その時々の職場の状況、自分の状況に応じて決定される。入職当初であれば、職場の理念や方針、価値観、また、業務遂行の手続きや所属するチームでの連携の仕方を学ぶことになる。年数を重ねると、後輩の育成に携わる機会も増え、任される業務の量・質ともに変化してくる。それに応じて、より専門的な知識が必要とされ、また、**多職種連携**のために他の職種の専門性や制度政策の理解などが求められるようになる。そして、自分が所属するチームという視点で業務をとらえていた状態から、徐々に、職場全体という視点から客観的にとらえることも必要となってくる。つまり、自分の業務が利用者にとって、また、チームにとって、さらには、職場全体にとって、どのような意味があるのかを考えることが、ソーシャルワーカーとしての成長のなかで求められるようになる。

職員・利用者・家族などの多様な関係性から学ぶ

職場の内外で、私たちの学びを支えてくれるのは、職員(他施設の職員、関連諸機関の職員等を含む)、利用者、家族である。熟練者、熟達者とは、ある特定の領域で、専門的なトレーニングや実践的な経験を積み重ね、専門的な知識と高度な技術(スキル)をもっている人を指す。

熟練者が熟練であると見なされるのは、ある特定の領域においてである。たとえば、手術における高度なスキルをもっている外科医は、そのスキルを料理に十分、活かせるのかと問われれば、たしかに、食材を器用に切るという点では適用できるかもしれないが、必ずしも料理が上手にできることとは結びつかない。しかし、自分が勤務する

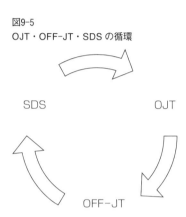

図9-5
OJT・OFF-JT・SDSの循環

必ず覚える用語
☐ OJT
☐ OFF-JT
☐ SDS
☐ 多職種連携
☐ 所属感

病院以外の病院での外科手術には，その手腕を活かすことができるだろう。手術室という現場で活きる熟練の技が，外科医の腕である。ただし，外科医のスキルが十分に発揮されるのは，外科医一人の手腕ではない。手術室では，麻酔を担当する医師やサポートをする医師，看護師などのチームワークが求められる。言うまでもなく，患者の「元気になりたい」と願う気持ちも，手術の行方を左右するであろう。チームワークがうまく機能してこそ，外科医のスキルは，真に活かされる。

つまり，その現場にいあわせる人たちとの関係性によって，熟練者の知識やスキルが意味をなすのであり，活かされるのである。福祉現場で，その現場にいあわせるのは，先にも述べた，職員，利用者，家族であり，その他，ボランティア，地域の人々などとなる。ソーシャルワーカーは，現場で一緒に働く先輩職員，同僚，後輩の実践を見たり聞いたりするなかで学び，実際に自分が働きかけたときの利用者，家族の反応から学ぶ。また，

Close up

OJT・OFF-JT・SDSの循環

人材育成の一般的な柱であるOJT・OFF-JT・SDSは，それぞれが独立して機能するというよりも，相互に関連しあって機能する。したがって，機能的，循環的に実施していくことが効果的である。職場の実態に即しながら，職員が効果的に学ぶことができる組み合わせを工夫し，人材育成に活用していくことが望ましい。

第 9 章
ソーシャルワーカーの現任研修
第3節　一人前に向けてどのように何を学ぶのか――研修内容と方法

家族やボランティア，地域の人と過ごす利用者の様子から，様々なことを感じとり，学びとる。そして，それを活かしながら，次の実践を紡ぎだし，その反応から，また，学ぶ。その循環のなかで，私たちは，学びを積み重ね，一人前の専門職になっていくのである。

学ぶことを支える所属感

私たちが，学ぶことができる環境とは，いかなるものであろうか。想像してみてほしい。たとえば，自分が転校生として，新しい学校に転入したとしよう。新しい学校での始まりは，何をどうすればよいのかわからないので，居心地の悪さを感じるだろう。わからないことが多い状況は，人を不安にする。そのため，まずは，様々な情報を入手することに細心の注意を払うのではないだろうか。トイレはどこにあるのか，給食の時間はどのように過ごすのか，この先生はどのような人なのか，クラスの人間関係はどのようになっているのか，様々な情報を入手するにしたがって，少しずつ，自分がどのようにふるまえばよいのかがわかるようになる。その際に，情報提供をしてくれるなど，支えてくれるクラスメイトに恵まれると，そのクラスメイトの人となりを知る機会となり，同時に，自分自身を知ってもらう機会ともなる。このような体験が増えるにつれて，少しずつ，居心地もよくなってくる。

程度の差はあるだろうが，私たちは，これに似たような体験をすでにしているだろう。たとえば，小学生から中学生になる時，すでに集団ができあがっているクラブ活動に加入する時，新年度でクラス替えがあった時，などである。

自分が所属する集団の一員であるといった実感，すなわち，**所属感**◆1を得ることは，学びにとって重要なベースとなる。なぜなら，所属する集団の情報を得ることに費やしていた時間とエネルギーを，その場に腰を落ち着けて何かに取り組むということにシフトすることができるからである。所属感が不安定な状況では，人は，安心して学ぶこと，生活することができない。このことは，所属感が得られていない実習先で，あるいは，ソーシャルワーカーとして社会に巣立つ先の職場で，今後，実感することになるかもしれない。その際には，上記のように，情報を得ながら，ネットワークを形成し，誰かとつながっていくことによって，所属感を感じられるのである。そのために必要な情報とは，何かを考えてほしい。職場の理念や方針，書類等の手続きの仕方，支援や情報共有の方法など様々な情報を得るなかで，徐々に自分の居場所を確立することができ，そのプロセスのなかで，多くの学びを得ていることだろう。

自分が徐々に，所属する集団の「一員」として受け入れられ，自分自身も，所属するメンバーを受け入れていくプロセスの体験は，職場に初めてやってくる利用者，家族，あるいは，後輩などの不安を理解する手がかりとなり，不安を解消するための支援を提供する際のヒントを与えてくれるはずである。この学びの体験は，支援のために，誰かの学びのために活かすことができることも忘れないでほしい。

◆1 所属感

所属感とは,ある集団や組織に,自分が所属(帰属)しているという意識のことである。安心して,居心地よく,集団や組織に所属できることは,利用者にとっては生活の基盤となるものであり,援助者にとっては,職務を遂行し,よりよいケアを提供する基盤となる。

Check

次の文の正誤を答えなさい。

OFF-JT(off-the-job Training)とは,教育訓練の方法の一つであり,作業遂行の過程で中断・再開して行う訓練法のことである。

(答)×:OFF-JT(off-the-job Training)は,職務を離れて学ぶことであり,職場内外の研修等への参加がこれに相当する。
(第22回社会福祉士国家試験問題115より。ただし「福祉サービスの組織と経営」からの出題)

第4節 かかわり続けることで培われるソーシャルワーカーの実践力

この節のテーマ
- ソーシャルワーカーの実践力について理解しよう。
- チームワークの重要性について理解しよう。

状況に対応するソーシャルワーカーの実践力

　前節で、熟練者が熟練であると見なされるのは、ある特定の領域においてである、と述べた。熟練者の熟練した技術（スキル）は、熟練者が実践する場で活用されることで意味をもつ。外科医の外科技術は、キッチンではなく、手術室で活かされる。熟練者が熟練であることを支える場とは、状況のことである。その状況に、誰がいあわせるのか、どのような環境であるのかに左右される。まさに、人と環境との交互作用である。

　ソーシャルワーカーがかかわる現場は、絶え間なく変化している場である。毎日、同じことの繰り返しと思うかもしれないが、昨日と今日はやはり違っており、明日もきっと違った一日になる。変化が穏やかな日もあれば、突発的なことが起き、慌ただしく現場で動き回ることもあるだろう。つまり、ソーシャルワーカーには状況の変化を察知しながら、柔軟に臨機応変に対応することが求められる。次に紹介する事例は、ある児童養護施設のソーシャルワーカーと子どもとのやりとりの場面である。

　　A児童養護施設のBグループでは、乱暴な行為を行った場合には、自分の部屋に入り、落ち着くまで出てこない、というルールが職員と子どもとの間で確立されていた。

　　ある時、小学生のCが、共有フロアーであるリビングで暴言を吐いたり、物を投げたりして、暴れ始めた。D職員は、周りの子どもたちに危害が及ばないかを慎重に見ながら、暴れるCのことを見守っていた。しばらくして、D職員は、Cに、「これ以上、暴れるのだったら、一度、自分の部屋で落ち着いてきて」と声をかけた。Cは、その声に気づいていたが、なおも暴れ続けた。D職員は、再び、「C、自分の部屋に行こう」と声をかけると、Cは、「うるさい。黙れ！」と叫んだ。

　　何度か、同じようなやりとりを繰り返し、Cは、吐き捨てるように、「死ね！」と言って、自分から部屋に向かった。その後、自分の部屋にこもり、しばらくして、D職員が、「C、話できる？」と尋ねると、「できる」と返事をして、部屋から出てきた。

状況に支えられて培われる私（個人）と私たち（集団）の実践力

　この事例の着目点は、2つある。1つは、Cは、暴言を吐きながらも、D職員に抱きかかえられてではなく、自ら部屋に入り、落ち着くまで静かに過ごしている。このような支援が成立するのは、「乱暴な行為を行った場合には、自分の部屋に入

り，落ち着くまで出てこないというルール」を職員と子どもが，時間をかけて，つくり上げてきたからである。ルールの適用当初は，「自分の部屋に行く」というよりも，「自分の部屋に連れて行かれる」という状況であったものが，子ども自らが，自分の状況をふまえ，自ら自分の部屋に行くことを選択できるようになっているのが現状である。

　なぜ，このようなルールを確立することができたのか。それは，Bグループの職員がチームとして**支援の一貫性**を保持し，子どもたちが「自分の部屋に入る」ことができない状況があっても，あきらめずにかかわり続けた結果であり，そのことに子どもたちが応えてくれた結果である。

　着目すべきもう1つの点は，暴れるCを冷静に見守っているD職員の姿である。周りの子どもへの安全確保に配慮しながら，Cを静かに見守っていたD職員は，なぜ，冷静でいられたのだろうか。そのことをD職員に尋ねてみると，以下のように語ってくれた。

　　Cには，前兆があったので，そろそろ爆発するのではないかと思っていた。前兆とは，物の言い方がぞんざいになったり，暴言がひどくなったり，イライラした様子が見られたこと。チームでの引き継ぎの場面でも，引き継ぎの日誌のなかにも，その日までのCの状況が書いてあり，チームメンバーで，Cが不安定な状況であることを把握していた。そのため，そろそろではないかと予測が立った。当日，そのグループの勤務に入っていた職員と隣のグループの職員に，「今日，Cが自分の

必ず覚える用語

- [ ] 個人の実践力・集団の実践力
- [ ] 支援の一貫性
- [ ] 職員集団
- [ ] チームワーク

Check

次の文の正誤を答えなさい。

　バーナード（Barnard, C.）は，組織成立の要件を，相互に意思を伝達できる人々がおり，それらの人々が行為を貢献しようとする意欲をもって，共通の目標の達成をめざすとき，としている。

（答）○：バーナードは組織の成立要件として，共通の目的，貢献意欲，コミュニケーションの3つをあげた。
（第22回社会福祉士国家試験問題113より。ただし「福祉サービスの組織と経営」からの出題）

第9章
ソーシャルワーカーの現任研修
第4節　かかわり続けることで培われるソーシャルワーカーの実践力

部屋に入らないといけないほどの暴言・暴力行為をしたら，私が話をしないといけない状況になると思うので，他の子どもたちのことをみておいて欲しい」と頼んだ。そして，「たぶん，今日は，Cと話をすることになると思う」と伝えて，グループの勤務に入った。

上記にあるように，D職員は，数日前から，この日が来ることを漠然とではあるが予想しており，それが，おそらく「今日ではないか」という予測のもとに，自分のグループの職員と隣のグループの職員に，そのような事態になりそうであること，そのような事態になった場合には「他の子どもたちをみておいてほしい」と連携の依頼をして，準備を整えていた。だからこそ，冷静にCの様子を見守ることができたのである。

それでは，なぜ，D職員には，このような事態を予測することができたのであろうか。それは，D職員が，Bグループという実践現場に身を置き続け，子どもたち，職員同士の相互作用を積み重ねてきたからである。

ソーシャルワーカーとしての実践力を，その現場の状況にあわせて，柔軟に臨機応変に判断し，対応する力とするならば，その実践力は，かかわり続けることで培われることが先の事例からもわかるだろう。D職員を含むBグループの**職員集団**は，チームとして，子どもたちが荒れた状況を改善するために何ができるのかを子どもたちとともに考え，ルールをつくった。そして，決めたルールが子どもたちから破られるという辛い体験を繰り返しながらも，チームとして一貫してルールを守ることに徹し，子どもたちに守るように働きかけたからこそ，そのルールを生活の場に根づかせることができた。それと同時に，子どもたちの状況を個別に，また，集団的に把握し，状況から得られる情報をもとに，事態の予測を立て，それに備え準備を行うという支援の段取りを組むことができるにいたっている。

福祉現場の支援は，**チームワーク**◆1で成り立っている。D職員のみならず，チームとしての実践力の形成は，日々の実践の積み重ねのなかで，チームが一貫した姿勢で課題に取り組むなど，お互いに支え合う関係のなかで培われるのである。

◆1 チームワーク

チームワークとは，同じ集団あるいは異なる集団に所属する複数のメンバー（チーム）が，共通の目標を達成するために，共同することである。メンバー間のコミュニケーションを通じて，達成する目標を明確化し，相互信頼に基づき，役割を分担したり，協力することが，チームワークの質を高める。

注
(1) 筆者が，2013年度に行った児童養護施設職員を対象としたインタビュー調査によって得られたものである。個人情報保護の観点から，施設等の情報の詳細を明らかにすることは控える。
(2) アメリカの心理学者ギブソン（Gibson, J.）は，アフォーダンス（affordance）という概念を提唱した。アフォーダンスとは，「与える，提供する」という意味の動詞，アフォード（afford）に由来するギブソンによる造語である。その意味は，「環境が動物に提供するもの，用意したり備えたりするもの」である。アフォーダンスは，環境に潜在する意味であり，私たちの行為のリソース（資源）になるものである。私たちは，この環境のなかにある情報である意味に導かれ，あるいは動機づけられ行為にいたる。ここで示す事例は，まさに，状況のなかにある情報の意味に動機づけられ，D職員が支援を行っているととらえることができる。詳しくは，佐々木正人（2008）『アフォーダンス入門──知性はどこに生まれるか』講談社学術文庫参照。

第5節 私の支援をふり返る──スーパービジョンの必要性

この節のテーマ
- スーパービジョンの必要性を理解しよう。
- スーパービジョンの形態と特徴を理解しよう。

スーパービジョンとは何か

スーパービジョンとは、「ソーシャルワークを行う施設や機関において、スーパーバイザーによって行われる専門職としてのソーシャルワーカーを養成する過程である」。スーパービジョンを行う人をスーパーバイザー、受ける人をスーパーバイジーと呼ぶ。スーパーバイザーは、スーパーバイジーとスーパービジョン関係を結ぶ。スーパーバイザーとスーパーバイジーが良好な関係を形成することが、ソーシャルワーカーが利用者と良好な関係を結ぶことにつながる。

たとえば、受容的な態度でスーパーバイザーから受け入れられたスーパーバイジーは、その体験を支えに、支援の場において、利用者を受容的な態度で受け入れることができる。逆に、スーパーバイザーから拒否的な態度を受けたり、しっかりと話を聞いてもらえなかったスーパーバイジーは、支援の場において利用者にそのような態度をとってしまうこともある。つまり、スーパービジョン関係は、援助関係に反映されるということである。これをパラレルプロセスと呼ぶ。職員を大切にする職場は、利用者も大切にする職場である。新人のソーシャルワーカーも、いずれは後輩の育成に携わる。

後輩の育成に携わらなくても、同僚や多様な関連職種とかかわることもある。その際には、パラレルプロセスを念頭に置いたかかわりが望まれる。利用者にかかわる人たちに、誠実に向き合ってほしいと思うのであれば、まずは自分がその人たちに、誠実に向き合うことから始める必要がある。

スーパービジョンの必要性

多忙を極める福祉現場の日常は、私たちから否応なく時間を奪っていく。時間的な余裕が失われると、心の余裕も失われ、日々の業務をふり返り、よりよい支援を考え工夫するためのエネルギーが枯渇する。あるいは、支援や業務において湧きあがった疑問や不安を解消する時間が捻出できず、場合によっては、**バーンアウト（燃え尽き症候群）** に陥ることもある。ソーシャルワーカーが職場で生き生きと業務に従事できるように、そして、一人前の専門職として成長する過程を支援するために、スーパービジョンは行われる。

スーパービジョンには、支持的機能、教育的機能、管理的機能の3つの機能がある。支持的機能とは、ソーシャルワーカーが日々の業務や支援において感じるストレスをスーパービジョンを通して緩和し、バーンアウトを予防したり、自分の

感情や葛藤と向き合い自己覚知をうながすことにより，自分自身のことを整理し，確認する機会とする機能をもつ。

　教育的機能とは，ソーシャルワーカーが直面する困難や葛藤の解決に向けて専門的な見地から助言を行ったり，業務に関連する知識やスキルを学ぶための研修会等の情報提供を行ったり，理論と実践を結びつける支援を行うことを意味している。ソーシャルワーカーは，自分の現状の支援でよいのか，自分の支援が利用者にとって意味のある支援となっているのか，と葛藤することが少なくない。その際に，スーパーバイザーのサポートを得ながら，支援の意味を確認し，その他の支援の可能性や工夫について話し合うなかで次なる支援への活路を見いだすことができる。教育的機能を通して，スーパーバイザーは，ソーシャルワーカーの人間観，福祉観，援助観を育てることができ，一人前に向けての支援が可能となる。

　福祉の現場は，組織やチームで成り立っている。管理的機能とは，ソーシャルワーカーが，所属する組織やチームの特性を最大限に活用しながら，自分の能力や専門性を十分に発揮できるように，職場環境を整えることに重点が置かれる。スーパービジョンのなかで，職場内の人間関係や労働環境を評価し，調整することを通して，組織として，チームとしての視点から，個人としてのソーシャルワーカーを支援することになる。

｜スーパービジョンの方法

　スーパービジョンの代表的な形態としては，個

◆1　バーンアウト（燃え尽き症候群）
バーンアウト（burnout）とは，燃え尽き症候群（バーンアウト・シンドローム）と呼ばれるように，極度の疲労・ストレスから心身のエネルギーが消耗してしまった状態である。まさに燃え尽きてしまったかのように，仕事に対する意欲・集中力の低下，人への配慮ができなくなったり，心身の症状として無気力感，疲労感，不満感，無感動などが現れることもある。蓄積されたストレスが原因であるため，蓄積される前に，スーパービジョン等でストレスの軽減・緩和に努めることが望まれる。

間違いやすい用語

「スーパービジョン」と「コンサルテーション」

スーパービジョンとは，「ソーシャルワークを行う施設や機関において，スーパーバイザーによって行われる専門職としてのソーシャルワーカーを養成する過程である」。コンサルテーションとは，「業務遂行上，ある特定の専門的な領域の知識や技術について助言を得る必要があるとき，その領域の専門職から助言を受け，新しい情報・知識・技術を習得する過程である」。その専門職をコンサルタント，受け手をコンサルティーと呼ぶ。スーパービジョンとの違いは，コンサルテーションでは，①機関外あるいはほかの部門からの人材に依頼されて行われること，②コンサルタントは，直接，援助活動に関与しないこと，③専門分野に関する特別な知識や技能を教示するという活動内容であること，④機関（ワーカーが所属する部門）の管理者としての機能を有しないこと，が挙げられる。

第9章
ソーシャルワーカーの現任研修
第5節　私の支援をふり返る──スーパービジョンの必要性

表9-1
代表的なスーパービジョンの形態とその特徴

形態	特徴	メリット	デメリット
個人スーパービジョン	スーパーバイザーとスーパーバイジーの1対1で行われるスーパービジョン。	自己覚知の促進や個人的な問題に焦点化することができる。	多忙な業務の中で，スーパービジョンの時間の確保が困難である。また，スーパービジョンを行うことができるスーパーバイザーが育っていないのが現状である。
グループ・スーパービジョン	1人のスーパーバイザーが，複数のスーパーバイジーに対して行うスーパービジョン。	メンバーの意見交換による学習効果が期待できる。	個人的な感情や問題が開示されない可能性が高い。
ライブ・スーパービジョン	実践現場で行われるスーパービジョン。実際に面接場面等に立ち会う場合，また，録音や録画を活用する場合がある。	実践場面に即して，スーパーバイジーに具体的な助言や支援を行うことができる。	利用者が目の前にいる状況で行う場合，スーパーバイザーには利用者，スーパーバイジーの双方への配慮という負担がかかってくる。
ピア・スーパービジョン	同僚や仲間（ピア）の間で行われるスーパービジョン。	同僚や仲間であることによる安心感に基づき，助言や意見交流ができる。	スーパービジョンについての理解が不十分な場合，単なる意見交流会にとどまる可能性も高い。また，ピアであるがゆえに境界線を明確にしたスーパービジョン関係の形成が困難である。
セルフ・スーパービジョン	自分自身で行うスーパービジョン。困難や葛藤に遭遇した場合，時間を確保し，客観的に自分の行動や気持ちをふり返り整理する。	自分の状況にあわせて，意識的に時間をつくりふり返ることで，現状を把握し，受け止め，次の展開を模索することができる。	ある程度の経験を要する。また，客観的に状況や自己を見つめる余裕の確保が多忙な日常では困難であるため，意識的に行うことが必要となる。

出所：社会福祉士養成講座編集委員会編（2010）『新・社会福祉士養成講座8　相談援助の理解と方法Ⅱ　第2版』中央法規出版，196-198頁。助川征雄・相川章子・田村綾子（2012）『福祉の現場で役立つスーパービジョンの本──さらなる飛躍のための理論と実践例』河出書房新社，45-52頁を参照し，筆者作成。

人スーパービジョン，グループ・スーパービジョン，ライブ・スーパービジョン，ピア・スーパービジョン，セルフ・スーパービジョンがある。その特徴とメリット，デメリットをまとめてみると**表9-1**のようになる。

　スーパービジョンは，ソーシャルワーカーの成長にとって不可欠であるといえる。しかし，多忙を極める福祉現場の現状においては，スーパービジョンを業務の一環として位置づけ，定期的に行うことが困難であることも事実である。そうではあるのだが，ソーシャルワーカーのバーンアウトや離職を防ぎ，一人でも多くのソーシャルワーカーが，継続的に利用者，家族の支援に携わることができるように，業務を通してソーシャルワーカー自身が生き生きと自己実現を図るためにも，スーパービジョンを実施できるしくみを構築することが求められる。当然のことながら，スーパービジョンは，スーパーバイジーのみならず，スーパーバイザーの成長の場ともなる。人を育てることによって，人は育てられる。人材育成の主要な一つの方法としてスーパービジョンをとらえていくことが重要である。

必ず覚える用語

☐ スーパービジョン
☐ バーンアウト（燃え尽き症候群）
☐ 個人スーパービジョン
☐ グループ・スーパービジョン
☐ ライブ・スーパービジョン
☐ ピア・スーパービジョン
☐ セルフ・スーパービジョン

Check

スーパービジョンに関する次の記述の正誤を答えなさい。

　スーパービジョン関係で起こるパラレルプロセスは，スーパーバイジーが過去の特定の人間関係をスーパーバイザーとの関係の中に投影することである。

（答）×：パラレルプロセスとは，スーパービジョン関係が援助関係に反映されることであり，過去の特定の人間関係の投影ではない。
（第26回社会福祉士国家試験問題114より）

注
(1) 社会福祉士養成講座編集委員会編（2010）『新・社会福祉士養成講座8　相談援助の理論と方法Ⅱ　第2版』中央法規出版，185頁。
(2) 同前書，185頁。
(3) 同前書，201頁。

さらに学びたい人への基本図書

助川征雄・相川章子・田村綾子『福祉の現場で役立つスーパービジョンの本
　　──さらなる飛躍のための理論と実践例』河出書房新社，2012年
スーパービジョンについてのわかりやすい解説とともに，豊富な実践例の紹介があり，福祉現場における具体的なスーパービジョンの実際にふれることができる。

第9章

問：ソーシャルワーカーとして成長していくプロセスにおいて必要なことは何かを述べなさい。

ヒント：人と環境との交互作用の観点から学ぶことについて，また，学ぶことを支えるしくみという観点から考えてみよう。

第10章

ソーシャルワークの実践研究

本章で学ぶこと

- ソーシャルワークにおける「実践」という言葉の意味を学ぶ。(第1節)
- 「実践研究」の枠組みと「言語化」の意味や方法を学ぶ。(第2節)
- 実践を深めるために有益な「事例検討会」の運営方法を学ぶ。(第3節)
- 実践研究の成果をまとめ,発表する際の方法やルールを学ぶ。(第4節)

第1節 実践とは何か

この節のテーマ
- ソーシャルワーク実践のイメージをつかもう。
- 理論と実践の関係をつかもう。
- 医学的なものの見方とソーシャルワーク的なものの見方の違いを知ろう。

学校で学んだ知識がそのまま使えるわけではない

ソーシャルワーカーといわれる人たちの多くは，社会福祉施設，病院，行政機関等，それぞれの所属先で，日々ソーシャルワーク実践に取り組んでいる。ソーシャルワークに従事している職員は，実践者とか実践家といわれることもある。ソーシャルワークの現場では利用者のニーズを充足するために学校等で学んだ様々なソーシャルワークの考え方や方法論を意識的に活用し，ソーシャルワークの**アセスメント**に基づいて多様な援助を試みている。そこでは，数え切れないほどの工夫や試行錯誤が繰り返されている。

もし，既存のソーシャルワークの方法論が相当程度の水準で一般性，普遍性をもっているとすれば，ソーシャルワーカーは，必要な方法論を学び，それを利用者の状況に応じて意識的に適用すればよい。しかし，現場では，既存の方法論は利用者の生活習慣，意思，志向，利用者を取り巻く環境，社会関係，**援助関係**の違い等によってそのままでは適用できず，一部または全部において加工，修正，応用する必要が生じる。これを方法論の個別化という。同様に，法律等に規定された介護保険をはじめとする社会サービスの諸制度をソーシャルワーカーが熟知し，適切に運用しさえすれば利用者の**ニーズ**が充足され，利益が守られるかといえば決してそうではない。社会サービスの制約や限界，あるいは矛盾をも視野に入れつつ，ソーシャルワーカーが様々な工夫や配慮を重ねた結果，利用者のニーズが充足していると考えるべきである。

ソーシャルワーカーという職種は，知識としての方法論のほか，観察力や洞察力，経験や勘等の**経験知，暗黙知**[1]といわれるものや職業的な**価値観**，熱意，感性等を総動員して援助にあたっている。ソーシャルワークにおけるこのような営みが実践というものである。もし，学校で学んだ方法論を適用するだけの援助行為で利用者のニーズが満たされるのであれば，それはそれで結構なことである。しかし，それは実践というよりも，むしろ，方法論の実際または方法論の適用と呼ぶべきである。

利用者と向き合い試行錯誤や創意工夫を繰り返す

では，学校で苦労して学んだソーシャルワークの方法論には，あまり意味がないということになるのだろうか。この問題を考えることはとても重要である。もしソーシャルワークという営みが，実証データに基づく科学的法則性で大方読み解けるのであれば，ソーシャルワーカーもその科学

的法則性，医学でいえば何が原因となって病気になり，どういう治療・手術・薬剤を施せば治る可能性があるか等の科学的な因果関係をしっかり学び，利用者と向き合うべきである。

　しかし，ソーシャルワークの現場には，科学的法則性だけで読み解けない世界がある。たとえば，援助を拒否する利用者と出会った時，私たちは，援助関係形成の難しさを実感しつつ，相手が拒否することの意味を吟味する。時に医療職が「疾患による症状」だと診断した拒否という行為を，ソーシャルワーカーは，「本人の意思」であるとアセスメントする場合がある。ソーシャルワークの現場では，疾患による症状だけではなく，利用者の価値観やスピリチュアルな側面，利用者を取り巻く環境上の問題等が複雑に絡みあって，利用者本人とその家族の「今」があることを思い知る場合が多い。

　国際生活機能分類（ICF）◆2に則していえば，利用者の「今」は，健康状態，心身機能・身体構造，活動，参加，背景因子の**相互作用**においてあるのであり，実証データだけではわからない事象は，利用者の目線で見直してみたり，距離を置いて俯瞰してみたり，時系列に整理し直してみたりと試行錯誤しながら多角的に検討しなければならない。ソーシャルワークにおける「実践」という言葉の中には，そのような試行錯誤や創意工夫という営みが多分に含まれている。

必ず覚える用語

- ☐ ソーシャルワーカー
- ☐ アセスメント
- ☐ 援助関係
- ☐ ニーズ
- ☐ 価値観
- ☐ 国際生活機能分類（ICF）
- ☐ 相互作用

Check

社会福祉士の相談援助におけるアカウンタビリティに関する次の記述の正誤を答えなさい。

　利用者が自分の権利や生活ニーズを表明できないときに，社会福祉士がサービス提供者や行政機関などに利用者に代わって要求することである。

（答）×：アカウンタビリティとは，説明責任の意味。この説明はアドボカシーのことである。
（第24回社会福祉士国家試験問題88より）

◆1　経験知，暗黙知
経験知は経験則ともいわれ体験によって得られた知識，暗黙知は言葉ではうまく説明できない知識や身体動作をいい，文章や数値によって得られた形式知に対して用いられる場合が多い。これらは一般に科学性や伝承性が希薄なものとして軽視されがちだが，ソーシャルワークでは蓄積，共有しながら実践に役立てるものとされている。実践研究はこの蓄積，共有のための手段でもある。

◆2　国際生活機能分類（ICF）
人の生活の全体像をとらえるための概念で，健康状態，心身機能・身体構造，活動，参加，環境因子，個人因子が相互に作用しあって人間の生活が営まれていると考える。医学モデル的なものの見方と社会モデル的なものの見方を融合したものとしてソーシャルワークのアセスメントやプランニングにおいても活用されている。

第2節 「実践研究」という言葉をどうとらえ言語化するか

この節のテーマ
- 実践→総括→再実践という過程を知ろう。
- 実践研究とエビデンスの関係を考えよう。
- 記録物を手がかりに，実践を綴る（書く）意味を考えよう。
- 日々の記録の要点を知ろう。

「実践→総括→再実践」の手段としての実践研究

ソーシャルワーカーは，専門職として利用者と向き合い，試行錯誤，創意工夫しながら援助活動をすると前節で述べた。そのような援助活動において，どのような援助観やアセスメントに基づき，どのような方法論や社会資源を用いて具体的な援助を展開したのか，また，利用者との間にどのような援助関係を形成し，その結果，利用者にどのような変化や援助効果が生じたのかはタイムリーに検証されなければならない（**評価・効果測定**◆1）。

もとよりソーシャルワーカーには，自らが行っている実践を利用者やその家族等に対してわかりやすく説明する社会的責任がある。もし説明できないとしたら，それは無責任な援助といわれても仕方がない。責任ある援助をするために法律や基準等を遵守することは当然であるが，加えて，日々の「実践」を個人や職場，地域においてタイムリーに「**総括**◆2」し，発展的に「再実践」に結びつける過程（「実践」→「総括」→「再実践」）が大切であり，時々「総括」に寄与するようなていねいな実践のふり返りを行う必要がある。

それは個人的にできないわけではないが，スーパービジョンや事例検討会の機会を活用し，時に小集団の力を活用しながら行った方が効果的である。ただし，一般にスーパービジョンは，**スーパーバイザー**◆3と**スーパーバイジー**が**スーパービジョン**関係を結んで行われるものであり，狭義の実践研究の範疇には含まないことが多い。しかし，スーパービジョンもソーシャルワーカーが自らの実践を総括し，より質の高い実践（再実践）につなげていくための手段の一つである。この点を確認しつつ，本章で取り上げる実践研究のフレーム（枠組み）は，便宜上，①実践を言語化する，②事例検討会に参加する，③研究成果を発表するという3つに設定する。

実践研究という言葉の整理

ところで，実践研究という言葉は，ソーシャルワークやその隣接領域において必ずしも明確な共通言語になっていない実情がある。そこで一定の整理を試みたい。

たとえば，緒方昭は，看護研究の立場から「**事例研究**」と「**事例検討**」という言葉について検討し，次のように述べている。

「事例研究とは特殊と考える事例，あるいはある意図をもって試みた事例を詳細に記述

説明した上で，その事例を根拠に推論する研究」で，「実際に観察した事例から，その背景にある普遍的法則性を推論するためになされる研究」である。その上で「事例研究と呼ばれるものは，看護実践者が，従来から一般的に行われている方法で看護を実施したところが，うまくいかなかったか，あるいは常識的に結果が得られなかった場合に，それは何故なのだろうか，と検討すること」であり，効果的に看護方法を考え出すため，また貴重な経験として心に積み重ねることが目的であり，「事例検討は事例研究の前段階のものであると位置づけることができる」[(1)]

また，ケースワーク研究の重鎮である佐藤豊道は，「ケース研究」という言葉を用いて検討し，ケース研究は「①学問・研究のためのケース研究と，②実践・学習のためのケース研究に分けることができる。広義のケース研究は，この①と②の双方を含む。そして，狭義のケース研究とは，前者①をさしていうことが多い。後者の②は事例検討と称して事例研究（ケース研究）と区別することが多い」[(2)]としている。

岩間伸之も「事例検討」と「事例研究」という言葉を用いて，その関係を，「事例研究は事例検討を含む上位概念といえる」[(3)]と述べている。

これらを要約すれば，自分が担当した（している）ケース（事例）を客観視してより深く理解したり，アセスメントの内容を見直したり，援助経過をふり返ったりして改めて学習し直すこと，そしてその学習の過程での学びや気づきを次の実践（「再実践」）に活かすことが「事例検討」であ

必ず覚える用語
☐ 評価・効果測定
☐ 総括
☐ スーパービジョン
☐ スーパーバイジー
☐ スーパービジョン関係
☐ 事例研究
☐ 事例検討
☐ 実践記録
☐ 介入

Check

次の文の正誤を答えなさい。

ソーシャルワークにおける効果測定は，ソーシャルワーカーの援助技術がどの程度向上したかについて，スーパーバイザーが評価することによって行われる。

（答）×：スーパーバイザーが一方的に評価するものではない。
（第24回社会福祉士国家試験問題98より）

◆1 評価・効果測定
評価とは，援助の終結時に援助過程や援助目標の達成度を確認するものであり，効果測定とは，導入したサービスや用いた方法論の有効性を計量的に検証することである。

◆2 総括
まとめという意味であるが，ソーシャルワークでは利用者の成長や変化，援助目標の達成度，アセスメントの適否，介入方法の適否，援助関係の結び方等を幅広くふり返り，真摯に反省する行為を意味する。

第10章
ソーシャルワークの実践研究
第2節 「実践研究」という言葉をどうとらえ言語化するか

る。そして,「事例検討」した結果や検討の延長線上において,その事例の中に今まであまり明らかになっていなかった(知られていなかった)アカデミックな**新知見**[4],実践上の新しい教訓等が見いだせれば,それが研究成果に値するもの＝事例研究・実践研究として評価されうるということである。参考までに辞書的定義による「事例研究法」の意味は,「一つまたは少数の事例について詳しく調査・研究し,それによって問題の所在・原因を究明し,一般的な法則・理論を発見しようとする方法」とされている。[4]

実践研究にはエビデンスがないのか

しかしながら,時に実践研究(特に一事例を題材にした研究)は,他の研究(たとえば,統計処理を施し有意差等を導き出した数量的研究に比べ**エビデンス**[5]が希薄であるといわれることがある。エビデンスという観点から論じれば,それは事実である。

しかし,数量的研究等で明らかにされる成果は「総体」としての研究事実にすぎない。つまり,数量的データは,利用者の特徴や援助についての一般的傾向の把握や一定の行動予測には寄与してきたが,個別のソーシャルワーク実践のダイナミズムによる利用者の成長や変化,ソーシャルワーカー自身の利用者理解の深まりや方法論への洞察が事例にもたらした効果等を総括し,実践の意味を検証するものとはならない。

先に述べたように,実際の利用者は,健康状態も心身機能も環境因子も異なる「ひと」であって,安易に類型化できないものであるため,常に個別・具体的に把握しなければならない。もっともらしいエビデンスも,もともとは個々の事例から抽出されたエッセンスである。もっともらしい方法論も,もともとは現場で行われていた実践を研究者等が集約し,一般化・普遍化したにすぎない。既存のエビデンスや方法論だけでは読み解けない事例が山ほどあるのがソーシャルワーク実践の現場である。したがって,エビデンスを踏まえた実践を心がけつつも,「研究すべき真理は,常に具体的なものの中に含まれている」と考えて,「普遍は個別に宿る」「個別の中に普遍を」という立場に立つことが,ソーシャルワーカーが実践研究に取り組む際の基本的な姿勢である。

実践を語る機会の確保と書く行為の活用

先に実践研究は,「実践」→「総括」→「再実践」という過程で進められるソーシャルワークの営みを豊かにする手段の一つであると述べ,総括に役立つものとしてスーパービジョンと事例検討会を例示した。スーパービジョンにしても事例検討会にしても,自らの実践を「総括」する際に大切なことは,所属している職場の仲間やソーシャルワーカーの**職能団体**[6]で自らの実践を真摯に「語る」ことである。仲間の中で真摯に「語る」ことによって,利用者に対する理解や援助過程が,語り手自身の胸中で再認識される。この時,聴き手が相手の「実践」を真摯に「聴く」態度も重要となる。聴き手は相手が語る「実践」の中に込められたソーシャルワーカーとしての思いを受け

止めながら，相手の「実践」を俯瞰することによって，相手の「実践」を自らのなかに再現することができるからである。つまり，「実践」を語り合うという共感的な相互作用によって「実践」の見直しが行われる場合がある。これは言語化の効力を借りた「総括」の仕方である。もし，この段階で語り手と聴き手の間に相互批判ができる関係や環境があれば，共感的な話し合いのレベルをより内省的なふり返り，チームとしての責任ある総括というレベルへと高めることができる可能性がある。

　しかしながら，語り合いによって得られた学びや気づきはその場限りのものになりやすい。そこで，「再実践」に役立つ学びや気づきを得るにはどうしても文字で再現するという行為が必要となる。文字で再現する，つまり書くという行為には論理的思考がともなうため，書く行為を通じて自らの「実践」がより客観視されやすい。客観化される過程で改めて冷静に自らの「実践」をふり返るという機会が確保されるのである。書くという行為について，教育学者の小川太郎は，次のように述べている。これは，当時の教育方法論の一つである生活綴方教育の意義について述べたものであるが，ソーシャルワーク実践の「総括」においても共通する書く行為の重要性を示唆している。

　「話しことばは，表現の抵抗が少ないので，反省の余地がなく，因襲の枠への抵抗が行われにくい」のに対して，「書くときは表現の抵抗が強いために，かえって反省のゆとりを生じ，そこに真実にふれ，事実にせまる認

◆3　スーパーバイザー
スーパービジョンにおいて，助言・教育する側の立場をスーパーバイザー，教え等を受ける立場をスーパーバイジーという。

◆4　新知見
事物に対して新たに得られた正しい認識。ソーシャルワークでは実践を通して新たに得られた知識や用いた方法論の有効性の証明，または従来の認識とは異なる知見や考察が得られた場合に用いる。

◆5　エビデンス
科学的根拠，理論的裏づけという意味。医学では診断の科学的根拠やその治療法がよいとされる証拠を意味する。経験則に頼りがちなソーシャルワーク実践に対する批判として，できるだけエビデンスに沿った実践を行うべきである等という文脈で用いられることも多い。

◆6　職能団体
同じ職業や同じ資格をもつもの同士が構成する団体。ソーシャルワークの職能団体としては日本社会福祉士会，日本精神保健福祉士協会，日本医療社会福祉協会，日本ソーシャルワーカー協会等があり，それぞれの団体で研究発表，実践交流等を行っている。会員から投稿論文を募り，研究誌等を発行している団体もある。

第10章
ソーシャルワークの実践研究
第2節 「実践研究」という言葉をどうとらえ言語化するか

識」が成立しやすいのであり、「自分が主体的に見つめ考える自由をはるかに多く与える」ことになる。

実践記録を手がかりにする

ところで、「実践」→「総括」→「再実践」のなかで、自らの実践を「総括」するには当然資料が必要となる。「総括」に必要な資料が、実践記録（事例にまつわる記録）である。ここでいう**実践記録**には、職場の業務日誌やケース記録のほか、制度上作成が義務づけられている各種の書類が含まれる。

実践を「総括」する際に、ソーシャルワーカーは手元にある実践記録を読み直し、援助過程を客観視する必要がある。その際、当該事例において転機になったシーンや重要事項を抽出し、冷静な分析を加えながら事例をまとめ直したりする。日々の実践のなかでは余裕がなく、そうしたことはなかなかできない場合が多いが、与えられた機会と記録物があれば、それを手がかりに記憶に頼らない「総括」ができうる。もちろん手元にある記録物等がそのままの状態で総括に役立つ資料になるわけではない。「総括」に資する記録を準備しようと思えば、日頃から、①利用者自身の状況と変化を事実に即して時系列に綴っておく、②利用者の環境にも関心を向け、環境の変化を綴っておく、③利用者の言動については要約しすぎず、**叙述体**や**逐語体**でも綴っておく、④ソーシャルワーカーとしての**介入**の事実を、その時々の介入の目的やそこで意識的に活用した方法論等を添えて綴っておく、⑤利用者と利用者を取り巻く環境に対して、援助過程で考察・分析した内容を綴っておくことが必要である。手間もかかるし、準備も面倒であるが、ソーシャルワーカーが専門職を自認するのであれば、それくらいのものは備えておかなければならない。そもそも日々の記録には管理的な側面と教育・学習的な側面がある。記録という行為は、援助職の**観察力**を鍛え、あわせて論理的思考をうながす手段や機会であることも確認しておきたい。

このように語り合う機会を確保し、書く行為を習慣づけるという手間は、ソーシャルワーカーが社会的認知を得ようとするならば惜しんではならない。時として、職場等においてこのようなやりとりを経ることなく、自己完結的な実践経過の紹介が「実践研究」と称して学会等で発表されることがある。しかし、自らの実践を客観視する機会をもたず、真摯な検証や内省的なふり返りをおろそかにしたものは「素人のど自慢」の域にとどまるおそれがあり、これでは実践の質を高めることができない。

◆7　叙述体
事実に即して時系列に事例を記述する記録のスタイル・文体のこと。叙述体では記録者としての見解や考察は書かないのが一般的である。これに対して説明体では、記録者の見解や考察を含めて書くが、その際には、事実の部分と見解・考察の部分を明確に区別して書く必要がある。

◆8　逐語体
会話や面接時のやりとりを発語通りに記録する文体のこと。

◆9　観察力
ソーシャルワーカーに求められるものの一つで、利用者の言動を客観的に観察する能力である。ただし、観察そのものを目的とするのではなく観察を通して利用者を的確にアセスメントやモニタリングするための基礎となる能力である。

注
(1) 緒方昭（1994）『看護研究への招待』金芳堂、44-57頁。
(2) 久保紘章・高橋重宏・佐藤豊道編著（1998）『ケースワーク』川島書店、201頁。
(3) 岩間伸之（2005）『援助を深める事例研究の方法〔第2版〕』ミネルヴァ書房、19頁。
(4) 新村出編（1998）『広辞苑』（第五版）岩波書店、1362頁。
(5) 小川太郎（1954）「生活綴方的教育方法」『教育』国土社、4（7）、36-48頁。

参考文献
奥川幸子（2007）『身体知と言語』中央法規出版。
大泉溥（2005）『実践記録論への展開』三学出版。

Check
相談援助における記録に関する次の記述の正誤を答えなさい。

叙述体による記録では、実践の説明責任を示す根拠となるよう、事実の経過とともに、面接のやりとりを発話どおりに文字化する。

（答）×：逐語体の説明。
（第25回社会福祉士国家試験問題118より）

第3節 事例検討会を運営する方法

この節のテーマ
- 事例検討会の意義を知ろう。
- 事例検討会の進め方をイメージしよう。
- 事例検討会に参加する際の基本姿勢を学ぼう。

事例検討会への参加と意義

先に実践事例を言語化する方法には、①語ることと、②書くことがあると述べたが、これらを複合した形でソーシャルワーク実践を総括する場として事例検討会がある。

事例検討会への参加方法には、事例提供者もしくは検討メンバーとして参加するのが一般的である。事例提供者として参加する場合は、①事例検討会という場を活用して、自分が担当した（現在、担当している）事例を**内省的**◆1に総括し、利用者理解の着眼点、援助方法のバリエーション等を学ぶことができる。また、どちらの立場であっても、②提供された事例を題材に利用者理解、**援助関係**、援助過程（介入・反応・分析）、援助効果等に焦点をあてたていねいなふり返りを行い、多面的に事例を理解する力をつけることができる。そして、③事例検討を通じて、事例提供者、検討メンバー双方が何らかの気づきや知識を得て、総合的な援助能力を向上させることができる。

また、職場や地域で事例検討会が開催され、それに継続的に参加することができれば、その結果として次のような効果が得られる場合があり、それは事例検討会そのものの意義であるともいえる。

・事例の見立て、支援の見立てに関連する力がつく。
・自分の知らない領域の知識や技法が学べる。（または再確認できる）
・参加者相互の**ネットワーク**◆2や情緒的な支え合いが生まれる。
・地域や地域資源、制度上の課題が見いだされる場合がある。
・具体的な事例が題材になることで、間接体験を通したリアリティのある学びが得られる。

事例検討会の基本的ルールと展開──序盤

事例検討会といっても様々な運営方法があるが、本章では基本となる運営方法を①～⑦で示しあわせてルールを示しておく。

① 所要時間・参加人数等

事例検討会に要する時間は、通常2時間～2時間半くらいが適当である。長いという印象をもたれるかもしれないが、開会にはじまり事例の発表から質疑応答、事例の共有化を経て、検討課題の提示、意見交換、ふり返り等をていねいに行おうとすればそれくらいの時間が必要となる。

参加人数はグループワークの適正規模とされる8～15人くらいが適切であろう。この人数はメンバーが時間内で等しく発言できる規模である

とともに、相互に意見交換することによってグループ効果を体感できる規模である。また、司会者をはじめ参加者がメンバーの特徴等を把握し、個別認識ができる規模でもある。

② 開会

定刻に開始し、司会者自身の簡単な自己紹介を行い、終了予定時間を明らかにする。

③ 事例の発表

事例提供者には、機械的な時間の制限を設けずに発表してもらう。また、配布した資料（事例およびレジメ）等にまとめてあることは、すべて口にしてもらうとよい。時間の制限を設けないことのねらいは、事例の状況、事例に対する提供者のかかわりや思い等をできるだけリアルに検討メンバーに伝えるためである。機械的に発表時間を10分、20分と制限してしまう検討会もみられるが、制限されることによって大事な情報が漏れたり、利用者像が充分に伝えきれなかったりするおそれもある。一方で30分を大きく超える発表を黙って聞き続けることはメンバーにとっては辛いものとなり、集中力を欠くおそれが生じる。したがって、実際にはその事例を理解してもらうに必要な時間がどれくらいなのかを、あらかじめ事務局や司会者と事例提供者の間で打ち合わせして決めておくことが必要となる。

配布資料に記載されていることを原則として事例提供者にすべて口にしてもらうのは、漏れなく情報を伝える目的と事例への集中力を高めるためである。なお、事例等の資料は事前配布ではなく当日配布した方がよい。事前配布しても参加者全員が読んでくるわけではないので、その場で

必ず覚える用語

- [ ] 援助関係
- [ ] ネットワーク
- [ ] 事例の見立て
- [ ] 自己洞察
- [ ] サポーティブな雰囲気
- [ ] 助言者
- [ ] 言語化

◆1 内省的

自分の内面や実践過程を深くかえりみる働きや志向を意味する。ドナルド・ショーンという哲学者は、ソーシャルワーカーや教師等の対人援助職は、省察的（反省的）実践家であるべきとして、適切な内省を通して実践の質を高め、技能を磨く必要性を唱えている。

◆2 ネットワーク

人と人とのつながり、協力的な結びつきを意味する。事例研討会で事例への理解を深めることで関係機関のネットワークが強化される場合がある。

Check

社会福祉施設内でのケース会議開催の留意点に関する次の記述の正誤を答えなさい。

施設や利用者に対する地域の理解を促すために、希望する地域住民にはケース会議の傍聴を認め、啓発活動の機会とする。

（答）×：個人情報の保護の観点などから倫理的な問題がある。
（第25回社会福祉士国家試験問題113より）

第10章
ソーシャルワークの実践研究
第3節　事例検討会を運営する方法

配布しスタートラインを揃え、集中力を高める方がよい。事例検討会ではこのような**ライブ感**（臨場感）を大切にすることによって、利用者像や事例提供者のかかわりをリアルにとらえることが可能となる。

なお、事例提供者にはあらかじめ発表事例にタイトルをつけてきてもらい、そのタイトルを含めた資料を提示してもらう。また、発表の際には必ず「この事例を取り上げた理由」を述べてもらう。これらを通じて、事例提供者の思いや**事例の見立て**、事例へのかかわり方が見えてくることが多いからである。

事例検討会の基本的ルールと展開──中盤

④　質疑を通じた事例の共有化

事例の発表が終わったら、司会者は事例提供者にきちんと謝意を表すようにする。そして、参加者のなかに他にかかわっている機関の職員等がいれば、発表された事例についての補足説明をしてもらう。その後は、質問を通じて事例を共有していく段階に移る。この際、質疑応答はできるだけ「一問一答」のパターンで進めるとよい。それは、事例提供者および検討メンバーが**自己洞察**しながら質疑に参加することを助けるためである。

質疑に充分な時間をかける目的は、客観的事実の確認と事例に対する多面的な理解を図るためである。利用者像と利用者の変化、事例提供者をはじめとする援助チームのアプローチや援助者側の思い等を個々の検討メンバーが共感的に理解することが大切であるが、同時に事例提供者は質問を受けながら自らの事例へのかかわり方やアセスメントの仕方を真摯にふり返ることが大切である。また、検討メンバーは他者の質問を聞くことによって事例を整理していくための着眼点を学び、質問やそれに対する答えに沿って明らかにされる新たな事実から事例への理解をさらに深めることができる。

「一問一答」の原則が崩れると、事例提供者も出された質問に答えることに精一杯になってしまい、お互いに自己洞察をする余裕がなくなってしまう。

また大まかな質問の順序としては「事実確認」に関する質問を優先し、事実確認をある程度終えてから、事例提供者の「かかわり方」に関する質問に移るとよい。はじめから「かかわり方」に関する質問が多くなると、どうしても事例提供者を評価するような雰囲気になりがちであるが、事実確認が済んでいない段階での事例提供者に対する「評価」「批判」「攻撃」等は厳に慎むべきである。なお、質疑の際には最初の3人の質問者には必ず「事例提供者へのねぎらいの言葉」をかけてから質問するよう司会者が促すことが望ましい。事例提供者に敬意を表すことを通じて、**サポーティブな雰囲気**が形成され、事例検討会を円滑に進行することができる。

事例検討会の基本的ルールと展開──終盤

⑤　検討課題の明確化

事例の共有という段階を経て、この日（回）の事例検討会で「何を検討するか」を決める。この

検討課題は、基本的に事例提供者が事例をまとめるなかでメンバーに検討してほしいことを整理してくるのであるが、できるだけ事例提供者が「検討したい事柄」と他のメンバーが「検討したい事柄」を一致させることが望ましい。あらかじめ、ある程度は司会者、事例提供者、助言者の三者で絞っておく必要があるが、事例の共有化の状況やメンバーの関心をふまえて、その場において三者で協議し、最終的に検討課題を3つくらいに焦点化していくとよい。そのため、質疑応答による事例の共有化を終えた時点で、いったん休憩を取り、その間に三者で調整するのがよい。

⑥　検討課題に関する意見交換

検討課題が絞られれば、その後はその検討課題に沿ってメンバー全員が自由に発言できるよう促す。この際、メンバーの発言の一つひとつに事例提供者が逐一応じる必要はなく、一通り意見が出されたところで事例提供者としての見解や気づきを話してもらえばよい。この段階までにサポーティブな雰囲気が形成されていれば、検討段階で多少事例提供者の実践に対する批判的な意見が出ても受容できるものである。

⑦　まとめ・閉会

助言者（スーパーバイザー）[5]が配置されている場合は、検討課題の検討を終えた段階でコメントを求める。助言者がいてもいなくても、その回の事例検討会を通じて学んだこと、気づいたこと等を中心にメンバーが一言ずつ感想を述べあう。それを受けて、事例提供者が提供者としての所感を述べる。この際、学んだこと、気づいたことをきちんと口にすること（**言語化**）を通じて、自らの

認識を整理することができる。最後に司会者は、改めて事例提供者にねぎらいの言葉をかけ、参加者の拍手によって事例検討会を終了する。

◆3　自己洞察
心理療法等で用いられる用語であるが、ここでは事例検討会の席上で「自分だったらどうしただろう」「自分ならばこう考える」等と自分に置き換えて事例提供者の実践過程や利用者の言動をとらえ直してみる志向を意味している。

◆4　サポーティブな雰囲気
事例検討会の席上で、事例提供者を攻撃したり、一方的に批判したりすることがないようにメンバー間で形成するべき共感的な話し合いのための一体感のこと。このために司会者が事例提供者に謝意を表す言葉を述べたり、メンバーが質疑応答の前に一言ねぎらったりする等のルールがある。批判的な意見を封じ込めるためのものではない。

◆5　助言者
事例検討会に同席し、事例のとらえ方や出された意見に対してコメントをしたり、検討会の進行自体をサポートしたりする役割を担う人。準備段階から運営に関してアドバイスをする場合もある。

参考文献
岩間伸之（2005）『援助を深める事例研究の方法〔第2版〕』ミネルヴァ書房
渡部律子編著（2007）『基礎から学ぶ気づきの事例検討会』中央法規出版

第4節 研究成果を発表する方法

この節のテーマ
- 発表するのにふさわしい事例は何かを知ろう。
- 論文形式でまとめる際の要点を学ぼう。

研究の対象となる実践事例を選ぶ

個々の研究成果を、研究というに値する新知見を含むかどうか、社会的意義があるかどうかを誰がどう評価するかは、学会や研究会によって差異があり、実際にはあいまいな面がある。いずれにせよ、学会等での発表や研究誌等に投稿する際には、研究テーマ、研究目的、研究方法、研究内容等が簡潔に整理される必要がある。なお研究の対象となる事例に明確なモデルがあるわけではないが、以下のように例示できる。

① 稀な事例

一般的ではないが希少価値がある事例の場合、どのような経過をたどってどのような終結にいたったかを紹介することは、これまでのアセスメントの枠組みや介入方法自体に大きな見直しの機会を与える場合がある。たとえば、類型化されていない虐待事例、刑期を終えた人の社会復帰支援等に関する事例等が紹介されると、従来の介入や援助システムが有効かどうかを検討する機会が与えられる。たとえ多くのソーシャルワーカーがかかわっている領域の事例であっても、事例の個別性が高かったり援助展開が稀だったりする場合はこの部類にあてはまる。

② 苦労した、試行錯誤した事例（成功、失敗を含む）

援助拒否の事例、医療依存度の高い利用者、多問題家族、就労移行等、アセスメントや介入、関係形成等において特段の苦労や工夫をしながら援助した事例がこの部類にあてはまる。

③ 予想外な経過をたどった事例（成功、失敗を含む）

比較的よくあるケース概況（疾病、障害、家族構成、援助課題等）であっても、予想外の経過をたどった事例がこの部類にあてはまる。予想外の経過をたどった要因、背景、それへの対応を紹介することは、新知見（気づきや学び）を共有するものとなりうる。ただし、発表者が「予想外」と思っていても、聞き手や読者にとってそうではない事例もありうるので価値判断を要する。

④ 既存の援助の方法論や制度等がピッタリ活用できた事例

ストレングスモデル[1]、**解決志向モデル**[2]、危機介入モデル、行動変容モデル、**バイステックの7原則**、介護保険制度、成年後見制度等、教科書にあるような既存の方法論や制度がうまく活用できた事例がこの部類にあてはまる。結果的にこれらの有効性や活用のポイントが共有できる。

⑤ 既存の方法論等を活用する上で留意点を検証したり、矛盾や限界を見いだしたりした事例

上記④のようにピッタリ活用できなかった場合、活用上の留意点を提起したり、既存の方法論や制度を批判的に検討したり、あるいは矛盾や限界を明らかにできるような事例がこの部類にあてはまる。教科書では触れられていない弱点や問題等（これも新知見の一つ）が共有できる。

論文形式で発表する際の留意点

次に論文形式でまとめる際の留意点を、体裁に則して述べる。一般に実践研究の体裁は「タイトル」「はじめに」「研究方法」「**倫理的配慮**」「事例の概要」「事例紹介」「考察」「おわりに」というスタイルをとることが多い。以下、この項目順に留意点を述べる。

① タイトル

事例の内容や結論を象徴するようなインパクトのある「タイトル」をつけるとよい。タイトルに魅力がないと読んでもらえないことがあるので、このネーミングは重要である。利用者像がイメージできる表現や執筆者が何をテーマにしているのかがわかる表現が求められる。必要に応じてサブタイトルをつけてもよい。なお、タイトルはテーマとほぼ同義であるが、テーマという表現が研究目的に近い概念であるのに対してタイトルにはそれを周知するための見出しやキャッチコピーのような意味がある。

◆1　ストレングスモデル
利用者の弱点や問題点に焦点をあて、不足や欠点を補うという病理モデル（医学モデル）の援助観・援助モデルとは異なり、利用者が本来有する潜在的能力や長所、可能性、意欲、経験等の強さ（ストレングス）を見いだし、利用者と共有し、それらを活用しつつ、協働的な援助関係の中で利用者の問題解決を図る視点をいう。

◆2　解決志向モデル
利用者がかかえる問題の因果関係を探り、できていない事実を詳細に分析する援助モデルとは一線を画して、今、利用者ができることやこれまでやりくりしてきた事実を評価しながら、未来志向（解決志向）で利用者とともに課題に取り組む援助観。問題が解決した状態をイメージしたり、すでにうまくいっている部分に焦点をあてたりする点に特徴があり、利用者は過去の問題をくよくよ考えるよりも前向きになれると考える。

Check

サリービーの唱えるストレングス視点に関する次の記述の正誤を答えなさい。

ストレングスを高めることと、クライエントの目に見えない潜在力の強化とは相反するものである。

（答）×：潜在力や主観的側面もストレングス概念に含まれる。
（第22回社会福祉士国家試験問題91より）

第10章
ソーシャルワークの実践研究
第4節 研究成果を発表する方法

② はじめに

実践研究の動機やねらいを書く。なぜこのテーマの実践研究をしてみようと思ったのか，何を明らかにしたいのか，社会的な背景との関係でどういう意義があるのか等を書くようにする。ただし，本文を書いていくなかで徐々に思考が整理され，自分がこの実践事例で得たものが後になってより鮮明になってくることもあるため，実際には「はじめに」を最後に書くことも少なくない。ある程度まとまった実践事例であっても，文章にするという客観化作業の中で，論文の書きはじめにはあいまいだった焦点が徐々にはっきりしてくる場合があることは決して不自然なことではない。

③ 研究方法

実践研究の「研究方法」は，支援経過をふり返りながらいくつかの視点（切り口）を設けて事例を考察するというスタイルなので，そういう方法である旨を記載する。経過の長い事例は，時期区分が明確になるように「**操作化**」[3]するとよい。「操作化」とは，事例を援助経過の節目や利用者の変化の節目等に沿っていくつかの段階に区切るということである。はっきりと時期区分できない事例もあるが，後で述べる「事例紹介」において時期区分があると読みやすい。時期区分ができてもできなくても，研究方法では考察の視点を明らかにしておく必要がある。たとえば，援助関係を考察対象としたのか，援助方法なのか，利用者理解なのか，連携なのか，方法論や社会資源の有効性なのか等である。「コミュニティ・ソーシャルワークのあり方を考察する」等という大きな視点で

も構わないが，実践研究は実験や統計調査等による計量的な調査研究ではないので，考察の視点を明示しないと研究の方法論がないものと見なされる。

④ 倫理的配慮

実践研究として発表するということは，利用者や援助関係者のプライベートな情報が外に出る可能性があることを意味する。したがって，匿名性を確保するための何らかの配慮をすることが不可欠である。また，発表にあたって利用者や事例に登場する援助関係者に，当該事例を発表することについての了承を得る必要がある。

⑤ 事例の概要

「事例の紹介」に入る前に事例に関する基本情報として**フェイスシート**[4]部分や事例のアウトラインを提示するとよい。それによって事例を理解しやすくなることが多いからである。また，長い経過のある事例でありながら「事例紹介」で紹介される内容が援助過程の途中からである場合は，そこにいたるまでの概況を簡潔に記載するとよい。

⑥ 事例紹介（経過説明）

事例を知らない人にも援助経過がわかるように書くように努める。文章で説明すると冗長になる場合は，経過表などを作成し見やすいように工夫することも必要となる。「③研究方法」でも述べたとおり，可能ならば「操作化」して時系列に時期区分をしてみる。時期区分した場合には，それぞれの区分がどういう時期なのかがわかるように小見出しをつける。これは執筆者から見た利用者の変化を軸とした区分でもよいし，利用者から見た変化が軸になっていてもよい。できるだけ

5W2H[5]を意識して，事例にまつわる事実と執筆者の見解等が区別されるような書き方にすることが必要であるが，ここで執筆者の見解等の記述が多くなると事例にまつわる「事実」が伝わりにくくなるという問題と後の「考察」に書くべき内容と重複してくるという問題が生じる。したがって，できるだけ利用者と援助職の言動，環境の変化等を中心に叙述体で記述することが望ましい。

⑦ 考　察

「**考察**」では研究方法として設けたいくつかの視点（切り口）を通して実践を総括し，得られた結果を書くのであるが，経験則だけのひとりよがりな考察にならないようにすることが大切である。もちろん経験則にも新知見や教訓は含まれうるが，読む側がそんなことはとっくに知っていて執筆者の主観的な見解だと思うような内容であれば実践研究論文のレベルは低いということになる。したがって，できるだけ先行研究等をレビュー[6]し，今までに確認された研究成果と自らの実践研究の結果を結びつけた内容にすることが必要である。個々の実践研究によって，必ずしも社会福祉の業界を揺るがすような新知見が続々と出てくるわけではないが，すでに文献等で紹介されている理論や方法の有用性や意義が再確認されたり，逆にそれらの問題点や弱点が見いだされたりすれば，それが価値ある研究となる。こうした研究方法は，理論を事例にあてはめて検証する演繹法的研究に対して，事例から普遍的な理論を導き出す帰納法といわれる方法である。

なお，事例紹介で時期区分をした場合には，「考察」も時期区分ごとに行った方がわかりやすいが，

必ず覚える用語

☐ ストレングスモデル
☐ 解決志向モデル
☐ バイステックの7原則
☐ 倫理的配慮
☐ 操作化
☐ フェイスシート

◆3　操作化
何らかの事象をわかりやすく見せるために意図的に加工すること。実践研究において事例を紹介する際には，執筆者が後付けで事例の節目や転機に応じた時期区分をすることがある。実際の事例は時系列に連続しているのであるが，利用者の変化や介入方法の変更等に応じて整理したほうが読者にわかりやすい場合があるからである。

◆4　フェイスシート
利用者の基本情報にあたる部分で，氏名，年齢，性別，家族構成，家族関係，健康状態，ADL，相談経路，主訴，生活歴等を簡潔に記録したもの。

◆5　5W2H
Who, When, Where, What, How, Why, How much を指し，個々の事例の現状や背景がわかるよう的確に記録するための指標となるもの。

◆6　レビュー
自分の研究テーマの関連する本や論文を読むなど先行研究を学び，すでに研究され明らかになっているものとそうでないものをあらかじめ把握しておくこと。

第10章
ソーシャルワークの実践研究
第4節　研究成果を発表する方法

援助の全過程を通じて「考察」するという方法もある。その場合は，利用者のどのような反応（変化），自らが行ったどのような援助を考察の対象としたのかがわかるように書く必要がある。そうした「考察」の根拠になった事実を示しながら，先行研究との比較検討を行うとよい。

⑧　おわりに

「おわりに」には，実践研究論文を書き終えての感想，その論文で明らかにできたことやできなかったこと，執筆者のこれからの課題等を簡潔に書く。

⑨　引用文献・参考文献の記載

一般に引用文献とは，文中で引用した文献である。掲載誌の編集方針等によって記載の仕方は異なるが，一般に著者，書名（論文名），出版社，出版年，該当頁の順に書くことが多い。参考文献には，引用文献とは別に論文を書く上で参考にした文献を列挙する。

⑩　推敲等

実践研究に基づく論文を発表する際にも，手間を惜しまず推敲を重ねる必要がある。推敲は執筆者の責任において行うことは当然であるが，必ず他者（第三者）にも見てもらった方がよい。他者に読んでもらうことによって，ひとりよがりな記述や考察等が見つかる場合があり，そうした内容を見直す中で改めて自らの実践が客観化できる場合が少なくない。他者による点検と推敲の積み重ねは，文章力を向上させるための鍛錬の機会ともなる。その意味では論文作成や学会誌等への掲載はゴールではなく，いまだ実践研究のプロセスであるという認識が必要である。発表したものを多くの人に読んでもらうこと，そして読者からの評価や建設的な批判を受けてさらに実践事例への理解を深めることが発表後の執筆者の課題となる。

参考文献
日本社会福祉実践理論学会監修（2004）『事例研究・教育法』川島書店
坂田三允・萱間真美編著（2003）『精神科看護のための事例研究』精神看護出版
田垣正晋（2008）『これからはじめる医療・福祉の質的研究入門』中央法規出版
久田則夫編（2003）『社会福祉の研究入門』中央法規出版
中川利彦（2006）「事例研究とプライバシー保護」『そだちと臨床』VOL.1，明石書店
真柄明子（2008）「頭部外傷を負った独居の認知症高齢者への支援——行政，近隣を巻き込んだケアマネジメントを通して」『社会福祉士第15号』日本社会福祉士会

さらに学びたい人への基本図書

宮本ふみ『無名の語り』医学書院，2006年
保健師である筆者が現場で出会った無名の家族の姿を援助的な視点で綴っている。確固たる人権感覚をもち，粘り強く利用者家族にかかわった実践の数々はソーシャルワークにおいても大いに参考になる。

杉本貴代栄他編著『ソーシャルワーカーの仕事と生活』学陽書房，2009年
現職のソーシャルワーカー21人が自らの実践と福祉の現場で働く意味，仕事のやりがいを具体的な事例をまじえて綴っている。実践領域も多岐にわたり，実践研究のダイジェスト版としても読める。

栗田修司『わかりやすい福祉支援の記録』相川書房，2010年
実践研究のもとになる日々の記録の書き方を，文字通りわかりやすく説明している。具体的な記録の例示もあり，また各章の記載量が少ないので読者の関心に沿って読むことができる。

六車由実『驚きの介護民俗学』医学書院，2012年
民俗学研究の視点から，介護の現場で利用者の話をていねいに聞き取るなかで見えてきた一人ひとりの人間像がみずみずしく描かれている。観察と聞き取りが援助の基本であることを思い知らされる力作である。

宮本節子『ソーシャルワーカーという仕事』ちくまプリマー新書，2013年
筆者自身の体験をふまえ，利用者を4つの類型からとらえる見方を提示しながら，それぞれに対して望ましいワーカーの向き合い方を整理している。初学者にもわかりやすい事例が多く掲載されている。

Try! 第10章

問：実践研究のために日頃からソーシャルワーカーが心がけるべきことは何かを述べなさい。

ヒント：実践の意味と実践を総括する方法をふまえて整理してみよう。

さくいん

ページ数太字は用語解説のあるもの

あ行

アウトリーチ　146, 149
アガペー　54
アセスメント　124, 146, 182
アダムス, J.　56
アドボカシー　134
阿部志郎　103
アルコール依存症　101
医学モデル　61
居場所づくり　118
いま, ここで　166
医療的ケア　144
インテーク　124
運営適正化委員会　135
エコシステム論　60
エコロジカル・アプローチ　65
エビデンス　186
円環的な因果関係　161
援助関係　122, 182, 190
援助計画　126
援助目標　126
エンパワメント　85, 140
　　──と解放　48
オンブズパーソン　136

か行

解決志向モデル　194
介護福祉士　30, 146
介護保険制度　34, 121
介護予防マネジメント　156
介入　126, 188
カウンセリング　122
家族ソーシャルワーク　112
価値観　182
価値と倫理　38
価値のジレンマ　98
観察力　188
カンファレンス　156
機能学派　58
機能主義派　58
機能派アプローチ　65
基本的人権　9
教育を受ける権利　69
共生　99
業務独占　40
キング牧師 (King, M. L.)　59

苦情解決　135
クライエント　10
クラスアドボカシー　134
グリーンウッド, E.　91
グループ・スーパービジョン　178, 179
グループダイナミクス　114
グループワーク　56, 60
ケアマネジメント　121
経験知, 暗黙知　182
傾聴　124
啓発活動　140
契約　125
ケースアドボカシー　134
ケースカンファレンス　126
ケースワーク　58, 78
健康で文化的な最低限度の生活　9
言語化　193
言語聴覚士　146
権利侵害　132
権利の主体　138
権利擁護　34, 134
権利擁護センター　43
考察　197
更生　14
幸福追求権　10
高齢者虐待　12
高齢者の介護　17
国際人権規約　74
国際生活機能分類 (ICF)　183
国際ソーシャルワーカー連盟 (IFSW)　48, 96
国民の基本的人権の永久不可侵性　73
個人スーパービジョン　178, 179
個人と社会環境　18
個人の実践力　172
個人の尊厳　34
個人の尊重　10, 73
子育て支援　17
国家資格　38
子どもへの虐待　76
子どもの貧困　14
コミュニティ・オーガニゼーション　62
コミュニティ・ソーシャルワーカー　146, 154
コミュニティワーク　116
孤立死　14
コンサルテーション　122

201

さ行

災害時のソーシャルワーク　20
サポーティブな雰囲気　192
ジェネラリスト・アプローチ　65
ジェネラリスト・ソーシャルワーク　64, 157
ジェネリック・ソーシャル・ケースワーク　62
支援の一貫性　173
自己覚知　122
自己決定の尊重　138, 162
自己実現　100
自己洞察　192
事後評価　126
自殺（自死）　14, 84
自殺者の内訳　84
自殺総合対策大綱　84
慈善組織化協会（COS）　54
思想　70
自治会　117
失業　108
実践記録　188
児童虐待　13
児童相談所　20
ジャーメインとギッターマン（Germain, C. B. & Gitterman, A.）　60, 63
社会　8
社会環境　16
社会参加　12
社会資源　12
『社会診断』　56
社会正義　50, 77, 85
社会的結束　48
社会的孤立　118, 132
　――の予防　118
社会的存在　8
社会的な援護を要する人々に対する社会福祉のあり方に関する検討会報告書　86
社会的な問題　12
社会的排除　49, 86
社会的包摂　86
社会福祉　8
社会福祉運営管理（ソーシャルウェルフェアアドミニストレーション）　121
社会福祉援助　6
社会福祉援助活動　109
社会福祉基礎構造改革　130, 144
社会福祉協議会　20, 145
社会福祉計画法（ソーシャル・ウェルフェアプランニング）　120
社会福祉サービス　6
　――の質　120
社会福祉士　30
　――の行動規範　43
社会福祉士及び介護福祉士法　30, 34, 94

『社会福祉実践の共通基盤』　62
社会福祉士認証・認定機構　32
社会福祉主事　30
社会福祉法　10
社会復帰　5
社団法人日本精神保健福祉士協会　44
終結　127
集団的責任　51
集団の実践力　172
生涯　164
生涯研修制度　43
障害者総合支援法　121
状況の中にいる人　108
情報の提供　125
職員集団　174
職業倫理　70
職能団体　39, 42, 186
助言者　193
叙述体　188
所属感　170
書面の交付　125
自立　80, 118
自立助長　81
自立生活運動（IL運動）　81, 82
自立生活センター　82
事例研究　184
事例検討　184
事例の見立て　192
ジレンマと葛藤　100
人権　50
　――の尊重　77
人権感覚　166
人口の高齢化　12
人口の少子化　28
人生の主人公　28
診断学派　58
診断主義派　58
新知見　186
信用失墜行為の禁止　34
心理・社会的アプローチ　65
スーパーバイザー　184
スーパーバイジー　184
スーパービジョン　112, 122, 184
スーパービジョン関係　184
スクールソーシャルワーク　21
スクールソーシャルワーカー　146
ストレングス　64, 138
ストレングスモデル　194
生活権　73
生活者　27
生活の質（QOL）　13, 139
生活の場　20

生活モデル（ライフモデル）　60, 61, 63
誠実義務　34
精神障害　5
精神保健福祉士　30, 146
精神保健福祉士法　30, 94
生存権　9, 73
生態学的（エコロジカル）な視点　160
制度の狭間にこぼれ落ちている人々のニーズ　150
成年後見制度　136
生命活動　164
セーフティネット　20, 118
セツルメント運動　48
セルフ・スーパービジョン　178, 179
セルフネグレクト　132
全国保育士会　42
全米ソーシャルワーカー協会（NASW）　62
専門職　38
　──の条件　38
専門職団体　39
総括　184
総合相談支援　156
相互援助関係　114
相互作用　160, 183
操作化　196
相談援助　30
送致　127
ソーシャルアクション　112, 120, 134, 140
ソーシャル・インクルージョン　17, 74, 87
ソーシャル・グループワーク　114
ソーシャル・ケースワーク　112
『ソーシャル・ケースワークとは何か』　56
ソーシャルサポートネットワーク　121
ソーシャルワーカー　26, 144, 182
ソーシャルワーカーの倫理綱領　96, 134
ソーシャルワーク　6, 38, 40, 52
　──における権利擁護の実践　130
　──における自立支援　81
　──における倫理的ジレンマ　100
　──の価値　70
　──のグローバル定義　52
　──の構成要素　110
　──の実践分野　20
　──の展開過程　124
　──の目的　77
　──を支える理念　70
『ソーシャルワーク実践の共通基盤』　70
ソーシャルワーク（の）実践　109
　──の活動範囲　52
　──の形態　109
ソーシャルワークの定義　96
　──の3つのレベル　53
ソーシャルワークリサーチ　120

た行

措置制度　130
尊厳の保持　77
退院支援　101
第三者評価　135
多職種連携　144, 152, 168
多様性の尊重　52
地域ケア会議　156
地域福祉　26
地域福祉計画　36
地域包括支援センター　20, 145, 156
地域を基盤としたソーシャルワーク　110
地域を支えるソーシャルワーク　116
チームアプローチ　35
チームワーク　174
逐語体　188
直線的な因果関係　161
追跡調査　127
つながりづくり　118
トインビー，A.　56
ドメスティック・バイオレンス　21

な行

内省的　190
仲村優一　90
ニーズ　120, 182
ニィリエ，B.　86
日常生活　80
日常生活自立支援事業　135
日本医療社会事業協会　42
日本介護福祉士会　42
日本国憲法第25条　9, 73
日本社会福祉士会　39, 42
　──の倫理綱領　77
日本スクールソーシャルワーク協会　42
日本ソーシャルワーカー協会　43, 96
任意後見制度　136
認知症　5
認定社会福祉士　32
認定上級社会福祉士　32
ネットカフェ難民　150
ネットワーキング　121
ネットワーク　190
ノーマライゼーション　17, 86

は行

バートレット，H. M.　62, 70, 110
バーネット，S.　56
パールマン，H. H.　59
バーンアウト（燃え尽き症候群）　176
バイステック，F. P.　92, 78, 101
バイステックの7原則　78, 194
発達障害　114
バリアフリー　116

ハルハウス　56
バンク-ミケルセン，N.E.　86
ピア・スーパービジョン　178, 179
ひきこもり　114
"人と環境"との交互作用　160
人の生活（life）　164
日々の暮らし　164
秘密保持義務　34
評価・効果測定　184
ピンカスとミナハン（Pincus, A. & Minahan, A.）　60
フェイスシート　196
福祉　8
福祉事務所　20
不登校　5, 14
ブレーンストーミング　156
フレックスナー，A.　56, 91
フロイト，S.　58
包括的継続的マネジメント　156
法定後見制度　136
法の下の平等　74
ホームレス　118
母子生活支援施設　102

ま行

マンパワー　30
民生委員・児童委員　36, 117
無縁社会　117
名称独占　40
メイヤー，C.H.　60
モニタリング　126

問題解決アプローチ　65

ら・わ行

ライフ（Life）　18, 80
ライブ・スーパービジョン　178, 179
ライブ感　192
ランク，O.　58
リッチモンド，M.　55, 112
利用者本位　74, 76, 130
臨床検査技師　152
臨床工学技士　152
倫理観　166
倫理綱領　39, 42, 90, 94
倫理的ジレンマ　101
倫理的配慮　195
レビュー　197
連携　34
老人ホーム　26
労働分野でのソーシャルワーク　110
ロック，C.S.　54
ワンストップ　150

欧文他

5W2H　197
ADA（アメリカ障害者法）　82
NPO　10
OFF-JT　168
OJT　168
SDS　168

執筆者紹介　(所属：分担。執筆順。＊は編者)

＊空閑　浩人（くが　ひろと）　（編著者紹介参照：はじめに，第1，2，6，7章）
市瀬　晶子（いちのせ　あきこ）　（関西学院大学人間福祉学部助教：第3章）
伊部　恭子（いべ　きょうこ）　（佛教大学社会福祉学部教授：第4章）
樽井　康彦（たるい　やすひこ）　（龍谷大学社会学部准教授：第5章）
野村　裕美（のむら　ゆみ）　（同志社大学社会学部准教授：第8章）
岡本　晴美（おかもと　はるみ）　（広島国際大学医療福祉学部教授：第9章）
長岩　嘉文（ながいわ　よしふみ）　（日本福祉大学中央福祉専門学校校長：第10章）

編著者紹介

空閑　浩人（くが・ひろと）

1964年　生まれ。
1988年　同志社大学文学部文化研究科教育専攻卒業。
2000年　同志社大学大学院文学研究科社会福祉学専攻後期課程満期退学。
現　在　同志社大学社会学部教授。博士（社会福祉学）。社会福祉士。
主　著　『ソーシャルワークにおける「生活場モデル」の構築』（単著）ミネルヴァ書房，2014年。

新・基礎からの社会福祉②

ソーシャルワーク

| 2015年2月20日 | 初版第1刷発行 |
| 2019年3月30日 | 初版第3刷発行 |

〈検印省略〉
定価はカバーに表示しています

編著者　空　閑　浩　人
発行者　杉　田　啓　三
印刷者　田　中　雅　博

発行所　株式会社　ミネルヴァ書房
607-8494　京都市山科区日ノ岡堤谷町1
電話代表　(075)581-5191
振替口座　01020-0-8076

©空閑浩人ほか，2015　　創栄図書印刷・清水製本

ISBN978-4-623-07238-5
Printed in Japan

新・基礎からの社会福祉

B5判美装

- ① 社会福祉
- ② ソーシャルワーク
- ③ 高齢者福祉
- ④ 障害者福祉
- ⑤ 社会保障
- ⑥ 地域福祉
- ⑦ 子ども家庭福祉
- ⑧ 権利擁護とソーシャルワーク

———— ミネルヴァ書房 ————
http://www.minervashobo.co.jp/